Jesús y la Virgen María
En el Espíritu Santo de Dios

Jesús y la Virgen María
En el Espíritu Santo de Dios

Revelaciones acerca de la parte femenina de Dios y la verdadera composición de la Santísima Trinidad.

JUAN DE LA CRUZ

Número de Control de la Biblioteca del Congreso de EE. UU.:   2013941405
ISBN: Tapa Blanda   978-1-4633-5865-5
                   Libro Electrónico   978-1-4633-5866-2

Este libro fue impreso en los Estados Unidos de América.

Fecha de revisión: 14/06/2013

Para realizar pedidos de este libro, contacte con:
Palibrio
1663 Liberty Drive
Suite 200
Bloomington, IN 47403
Gratis desde EE. UU. al 877.407.5847
Gratis desde México al 01.800.288.2243
Gratis desde España al 900.866.949
Desde otro país al +1.812.671.9757
Fax: 01.812.355.1576
ventas@palibrio.com
451923

Índice

1

Marco Teológico.

El Espíritu Santo de Dios es el elemento y el todo más importante del universo, es la verdadera esencia de aquel Ente Divino llamado Dios, el cual se auto llamó frente a Moisés, cuando éste le preguntó por su nombre; "di que el que existe (YHVH) te manda" y de esa combinación de letras (YHVH) provienen los nombres Yahvé y Jehová. Él es el Padre que engendro al Hijo en el vientre de la parte femenina de su Propio Ser, María.

"No hay ningún asunto más importante en religión que el del Espíritu Santo. A menos que sea entendido en forma apropiada, una gran porción de la Biblia, y especialmente el Nuevo Testamento, permanecerá indescifrable. Por otra parte, una revisión justa del tema ayudará más que una ilustración de cualquier otro tópico particular para dar armonía, claridad y consistencia de lo que pudiera ser aprendido de todos los otros asuntos presentados en la Palabra de Dios." (The Office Of The Holy Spirit, Richardson.)

Pero a pesar de su importancia para entender las Escrituras como un todo, hay mucha confusión y superstición en las mentes de muchas personas en lo relacionado al Espíritu Santo de Dios. Es mi intención en este libro presentar mi entendimiento de lo que el Espíritu Santo trató de enseñar a través de los libros Sagrados que inspiró a escribir pero que más tarde fueron mal interpretados o manipulados en la creación del compendio de la Biblia hecho por el emperador Romano Constantino I y un grupo de Obispos representantes de la naciente iglesia cristiana.

Los miembros de la Sociedad del Vigía o "Testigos de Jehová", manifiestan en "La Verdad Que Lleva a la Vida Eterna" que el Espíritu Santo no es una persona, sino una fuerza activa de Dios. Sin embargo, la Biblia revela al Espíritu Santo con atributos que solo puede poseer una persona. Por ejemplo, Él habla claramente; en 1 Timoteo 4:1, Hechos 8:29, Hechos 10:19-20, Hechos 13:1-4. Él enseñó todas las cosas a los apóstoles, según Juan 14:26. Él iba a testificar sobre Jesús como se puede leer en Juan 15:26-27. Jesús siempre se refirió a Él como persona, usando el artículo personal "él", según Juan 14:16-17. Él llevaría adelante y completaría la obra empezada por Jesús, según se lee en Juan 16:12-13. Él previno a Pablo y a sus compañeros de ir a ciertas áreas de Asia; Esto lo hizo "prohibiéndoles", y no "permitiéndoles" a pesar de sus esfuerzos iniciales, según Hechos 16:6-7. El Espíritu Santo mismo intercede por nosotros, como nos dice Pablo en Romano 8:26, igual como Cristo "intercede por nosotros", según Romano 8:34. Y Romano 8:27 nos dice que Él tiene una mente, por lo cual tiene pensamientos propios. Él "sabe las cosas de Dios", 1 Corintios 2:11. En Romano 15:30, Pablo habla de "el amor del Espíritu". Corintios 12:11 nos dice: "Pero todas estas cosas las hace uno y el mismo Espíritu, repartiendo a cada uno en particular como él quiere". Fue el Espíritu Santo quien decidió que persona recibió tales dones. Él sufre los desaires e injurias "no contristéis al Espíritu Santo de Dios", Efesios 4:30. Él Puede ser entristecido por medio de nuestra negligencia voluntaria. Atribuir sus acciones al trabajo de Satanás, es "pecado imperdonable", Mateo 12:31-32.

Alguien que ha "pisoteado al Hijo de Dios" también ha "afrentado al Espíritu de gracia", Hechos 10:29. Hay quienes le mienten al Espíritu Santo de Dios, como Ananías y su esposa Safira fueron culpados de hacerlo "...por qué llenó Satanás tu corazón para que mintieses al Espíritu Santo...?". Hechos 5:3.

El Espíritu Santo de Dios es el Ente Divino de la Creación, fue Él quien se le apareció en cada ocasión a los Patriarcas del Antiguo Testamento, fue Él quien le entregó los Mandamientos a Moisés, fue Él quien se encarno en la figura de María, fue Él quien engendró a su Hijo Jesús en el vientre de su Propio Ser en un proceso a través del cual Él entregó su vida por nosotros. Es Él el verdadero y único Dios. Él es la Real Persona Divina, el Padre, la Madre y el Hijo son en Sí Él mismo; "Las Tres Divinas Personas".

Tertuliano fue el primero en usar el término Trinidad (trinitas), en el año 215 d. C., aunque anteriormente, Teófilo de Antioquía ya había usado la palabra griega τριάς (tríada) en su obra A Autólico (c. 180) para referirse a Dios, su Verbo (Logos) y su Sabiduría (Sophia). Tertuliano diría en Adversus Praxeam II que "los tres son uno, por el hecho de que los tres proceden de uno, por unidad de sustancia".

La fórmula fue adquiriendo forma con el paso de los años y no fue establecida definitivamente hasta el siglo IV:

La definición del Concilio de Nicea, sostenida desde entonces con mínimos cambios por las principales denominaciones cristianas, fue la de afirmar que el Hijo era consustancial con el Padre (ὁμοούσιον, homousion, literalmente de la misma sustancia que el Padre). Esta fórmula fue cuestionada y la Iglesia pasó por una generación de debates y conflictos, hasta que la "fe de Nicea" fue reafirmada en Constantinopla en el año 381 d.C.

En el Concilio de Nicea (325 d.c.) toda la atención fue concentrada en la relación entre el Padre y el Hijo, inclusive mediante el rechazo de algunas frases típicas arrianas mediante algunos anatemas anexados al credo; y no se hizo ninguna afirmación similar acerca del Espíritu Santo. Pero, en el Concilio de Constantinopla (381 d.c.) se indicó que éste es adorado y glorificado junto con Padre e Hijo (συμπροσκυνούμενον καὶ συνδοξαζόμενον), sugiriendo que era también consustancial a Ellos. Esta doctrina fue posteriormente ratificada por el Concilio de Calcedonia (451 d.c.), sin alterar la sustancia de la doctrina aprobada en Nicea. (lacuestionarriana.wordpress.com/.../el-credo-niceno.)

La doctrina cristiana está basada en el monoteísmo; la existencia de un solo Dios. Por lo cual, en el Concilio de Nicea se hizo necesario hacer los ajustes necesarios a lo que decía la Escritura con respecto al Padre, al Hijo y el Espíritu Santo. Los teólogos cristianos que estructuraron los libros que fueron incluidos en la Biblia elaboraron explicaciones confusas que generaron varias corrientes de pensamiento y una intensa polémica. Esta polémica se acentuó teniendo el emperador Constantino I que tomar cartas en el asunto para llegar a un consenso y es a partir de esta situación cuando los dirigentes de la Iglesia comenzaron a contar con el apoyo imperial y es el emperador quien precisó cuál sería la doctrina unificadora compartida por las diversas comunidades cristianas, naciendo así la Iglesia Católica Romana. Es así como frente a esta posición algunos teólogos plantearon que, si estas tres personas compartían diferentes cualidades y características divinas exclusivas de Dios: señorío, eternidad, omnipotencia, omnisciencia, omnipresencia, santidad, etc., se tendría que utilizar la fórmula matemática $1x1x1=1$ en vez de $1+1+1=3$, ya que ésta rompe el monoteísmo de Dios y se convierte en politeísmo o henoteísmo. El emperador romana Constantino I fue quien decidió que las tres personas eran en sí una sola, un solo Dios, sellando así la exclusión de la parte femenina de Dios y en su lugar colocando la figura del Espíritu Santo y el Padre como dos diferentes personas, cuando en realidad es una sola. (Santísima Trinidad, Wikipedia, 2013)

1.2.- Perspectivas bíblicas sobre la Trinidad de Dios.

En la Biblia se encuentran alusiones tanto al Padre como al Hijo y al Espíritu Santo que se han presentado como menciones implícitas de la naturaleza trinitaria de Dios.

- Citas del Tanaj (Antiguo Testamento judío) en las que aparecen referencias a Dios en plural:

  o "Dios dijo: "**Hagamos** al hombre a **nuestra** imagen, según **nuestra** semejanza...""" (Génesis 1,26)
  o "El hombre ha llegado a ser como uno de **nosotros** en el conocimiento del bien y del mal." (Génesis 3,22).
  o "Y dijo Yahvé: "Veo que todos forman un solo pueblo y tienen una misma lengua. Si esto va adelante, nada les impedirá desde ahora que consigan todo lo que se propongan. Pues bien, **bajemos** y **confundamos** ahí mismo su lengua, de modo que no se entiendan los unos a los otros"". (Génesis 11,6-7)
  o "Yo oí la voz del Señor que decía: "¿A quién enviaré y quién irá por **nosotros**?". Yo respondí: "¡Aquí estoy: envíame!"". (Isaías 6,8).

- o También se presenta como argumento la utilización de la palabra Elohim, que es plural, para referirse a Dios (Génesis 20,13 y 2 Sam 7,23). (Santísima trinidad, Wikipedia, 2013)

- Citas del Nuevo Testamento en las que se identifica a Jesús como Dios:

  - o El inicio del Evangelio de Juan: "En el principio existía el Verbo y el Verbo estaba con Dios, y el Verbo era Dios" (Juan 1,1);
  - o El reconocimiento de Tomás hacia Jesús con la expresión: "Señor mío y Dios mío". (Juan 20,28);
  - o El reconocimiento de la omnisciencia de Jesús, atributo de Dios (Juan 21,17; Juan 16,30);
  - o "El que me ha visto a mí, ha visto al Padre" (Juan 14,9);
  - o "Yo estoy en el Padre y el Padre está en mí" (Juan 14,11);
  - o "Todo lo que tiene el Padre es mío" (Juan 16,15);
  - o La acusación de los judíos de hacerse Jesús igual a Dios (Juan 5,18);
  - o La capacidad de Jesús de perdonar los pecados (Marco 2,5-10).

- Citas del Nuevo Testamento en las que se menciona a las tres entidades:

  - o El bautismo en el nombre del Padre y del Hijo y del Espíritu Santo (Mateo 28,19);
  - o El saludo paulino: "La gracia del Señor Jesucristo, el amor de Dios y la comunión del Espíritu Santo sean con todos vosotros". (2 Corintios 13,13).

o   Fuera de los libros considerados canónicos, la fórmula trinitaria está presente en la Didaché, documento cristiano datado del siglo I por la mayoría de los estudiosos contemporáneos: "Os bautizaréis en el nombre del Padre y del Hijo y del Espíritu Santo en agua viva. Pero si no tienes agua corriente, entonces bautízate en otra agua [...]. Pero si no tienes ni una ni otra, entonces derrama agua sobre la cabeza tres veces en el nombre del Padre y del Hijo y del Espíritu Santo". (Did 7,1-3). (Santísima trinidad, Wikipedia, 2013)

o   Además de la polémica sobre la naturaleza de Jesús —si era humana, divina, o ambas a la vez—, de su origen —si eterno o temporal— y de cuestiones similares relativas al Espíritu Santo, el problema central del dogma trinitario es justificar la división entre "sustancia" única y triple "personalidad". La mayoría de las iglesias protestantes, así como las ortodoxas y la Iglesia Católica, sostienen que se trata de un misterio inaccesible para la inteligencia humana. (Santísima trinidad, Wikipedia, 2013)

1.3.- Perspectivas de las iglesias cristianas sobre la Trinidad de Dios.

Según the Catholic Encyclopedia, la Santísima Trinidad de Dios es un dogma y a la vez un misterio, por lo cual plantea que: "Un dogma tan misterioso presupone una revelación divina".

Para la Iglesia Católica Apostólica Romana "La Trinidad de Dios es el término con que se designa la doctrina central de la religión cristiana [...] Así, en las palabras del Símbolo Quicumque: "el Padre es Dios, el Hijo es Dios y el

Espíritu Santo es Dios, y sin embargo no hay tres Dioses, sino un solo Dios". En esta Trinidad [...] las Personas son co-eternas y co-iguales: todas, igualmente, son increadas y omnipotentes. [...]". (The Catholic Encyclopedia).

Para la Iglesia Ortodoxas Griega la Trinidad es lo siguiente: "Dios es trino y uno. El Padre es totalmente Dios. El Hijo es totalmente Dios. El Espíritu Santo es totalmente Dios". (Our Orthodox Christian Faith)

Las Iglesias Cristianas Evangélicas plantean que dentro de la unidad de un Único Dios existen tres distintas personas; el Padre, el Hijo y el Espíritu Santo. Los tres comparten los mismos atributos y la misma naturaleza, por lo tanto estos tres constituyen el único Dios.

Según todas estas doctrinas:

- El **Padre**. Es increado y no engendrado.

- El **Hijo**. No es creado sino engendrado eternamente por el Padre.

- El **Espíritu Santo**. No es creado, ni engendrado, sino que procede eternamente del Padre y del Hijo (según las Iglesias Evangélicas y la Iglesia Católico Romana) o sólo del Padre (según la Iglesia Católica Ortodoxa).

Según el Dogma católico definido en el Primer Concilio de Constantinopla (381 d.C.), las tres personas de la Trinidad son realmente distintas pero son un solo Dios verdadero. Esto es algo posible de formular pero inaccesible a la razón humana, por lo que se le considera un misterio de fe. Para explicar este misterio, en ocasiones los teólogos cristianos han recurrido a símiles. Así, Agustín de Hipona comparó la Trinidad con la mente, el pensamiento que surge de ella y el amor que las une. Por otro lado, el teólogo clásico Guillermo de Occam afirma la imposibilidad de la comprensión intelectual de la naturaleza divina y postula su simple aceptación a través de la fe. (Santísima Trinidad, Wikipedia, 2013)

El evangelio de Felipe dice: "Algunos dicen que María ha concebido por obra del Espíritu Santo: éstos se equivocan, no saben lo que dicen. *¿Cuándo jamás ha concebido una mujer de otra mujer?* María es la virgen a quien ninguna Potencia ha manchado. Ella es un gran anatema para los judíos, que son los apóstoles y los apostólicos. Esta virgen que ninguna Potencia ha violado, (... mientras que) las Potencias se contaminaron. (Si analizamos este párrafo por parte veremos que Felipe aquí se está refiriendo a que María es en sí el Espíritu Santo "...jamás ha concebido de mujer una mujer", esto quiere decir que Felipe pensaba que el Espíritu Santo es de género femenino.)

"... Ahora bien, toda relación sexual entre seres no semejantes entre sí es adulterio."(De forma que según plantea Felipe; María debe ser de la misma naturales del Espíritu Santo para que Jesús no sea considerado hijo del adulterio.)

"El término **semidiós** se usa para describir las figuras mitológicas que nacen del fruto de la unión sexual entre un dios y un mortal o ser humano...[ ]." Vista la definición de semidiós y comparada con las explicaciones que ha dado la iglesia acerca del nacimiento de Jesús debemos de colegir que siendo Él hijo de Dios Padre y de una simple sierva llamada María, entonces deberíamos considerarlo un semidiós y no Dios.

Pero como no cabe ninguna duda de que Jesús es Dios y eterno, esto deja una concluyente afirmación de que María también es Dios. María es la parte femenina del Espíritu Santo de Dios hecha mujer para ser Madre. El Espíritu Santo parte masculina engendró en María, su parte femenina, a su propio ser, en un proceso divino e incomprensible para la ciencia humana. Dios es varón y hembra al mismo tiempo y su Ser puede estar junto como un solo o reproducido en tantas veces como la mente humana no puede imaginar.

"Cristo encierra todo en sí mismo —ya sea "hombre", ya sea "ángel", ya sea "misterio"—, **incluso al Padre y a la Madre**, y Ellos a la vez lo encierran a Él, ya que los tres forman un solo Ser Divino llamado Espíritu Santo de Dios."

"Padre" e "Hijo" son nombres simples; **"Espíritu Santo"** es un nombre compuesto. Aquéllos se encuentran de hecho en todas partes: arriba, abajo, en lo secreto y en lo manifiesto. **El Espíritu Santo** está en lo revelado, abajo, en lo secreto y arriba. El Espíritu Santo es el Padre de Jesús: "Jesús fue concebido por obra y gracia del Espíritu Santo". María es el Espíritu Santo encarnado como mujer: "... enviare una mujer la cual aplastará las descendencias de la serpiente del mal".

"Las Potencias malignas están al servicio de los santos, después de haber sido reducidas a ceguera por el **Espíritu Santo** para que crean que están sirviendo a un hombre, siendo así que están operando en favor de los santos. Por eso, (cuando) un día un discípulo le pidió al Señor una cosa del mundo, Él le dijo: "Pide a tu madre y ella te hará partícipe de las cosas ajenas."

"Los apóstoles dijeron a los discípulos: "que toda nuestra ofrenda se procure sal a sí misma". Ellos llamaban "sal" a (la

Sofía), (pues) sin ella ninguna ofrenda (es) aceptable." "La Sofía es estéril, (sin) hijo(s); por eso se la llama (también) "sal". El lugar en que aquéllos (...) a su manera (es) **el Espíritu Santo**; (por esto) son numerosos sus hijos."

"... El **Espíritu Santo** apacienta a todos y ejerce su dominio sobre (todas) las Potencias, lo mismo sobre las dóciles que sobre las (indóciles) y solitarias, pues él (...) las recluye para que (...) cuando quieran."

"Si alguien —después de bajar a las aguas— sale de ellas sin haber recibido nada y dice "soy cristiano", este nombre lo ha recibido (sólo) en préstamo. Más si recibe al Espíritu Santo, queda en posesión de (dicho) nombre a título de donación. A quien ha recibido un regalo nadie se lo quita, pero a quien se le da un préstamo, se le reclama. (Aquí Felipe plantea que es más importante recibir al Espíritu Santo que decir que se es cristiano por el simple hecho de haber recibido el agua bautismal.)

"Nosotros somos —es verdad— engendrados por el **Espíritu Santo**, pero re-engendrados por Cristo. En ambos (casos) somos asimismo ungidos por el **espíritu (santo)**, y —al ser engendrados— hemos sido también unidos." Evangelio de Felipe.

"Digamos —si es permitido— un secreto: el Padre del Todo se unió con la virgen que había descendido y un fuego le iluminó aquel día. Él dio a conocer la gran cámara nupcial, y por eso su cuerpo —que tuvo origen aquel día— salió de la cámara nupcial como uno que ha sido engendrado por el esposo y la esposa. Y asimismo gracias a éstos enderezó Jesús el Todo en ella, siendo preciso que todos y cada uno de sus discípulos entren en su lugar de reposo." Evangelio de Felipe.

En el párrafo anterior el apóstol Felipe establece claramente que la Virgen María no fue engendrada, sino que descendió aquel día con la iluminación del Espíritu Santo, Su Propio Ser. Y al propio tiempo deja claro que el Padre, la Madre y el Hijo son una misma persona, y que las tres entidades tuvieron cuerpo, aquel mismo día; proviniendo los tres de un mismo cuerpo o mejor dicho de un mismo espíritu, el Espíritu Santo de Dios.

1.4.- Jesús hablando de Sí Mismo.

"(...) Yo vine de Dios (...)" (Juan 8:42).

"(...) Él Me envió" (Juan 8:42).

"(...) Yo he descendido del Cielo no para hacer Mi propia voluntad, sino la Voluntad de Aquel Que Me envió" (Juan 6:38).

"(...) Así como el Padre Me conoce, y Yo conozco al Padre" (Juan 10:15).

"Yo y el Padre somos uno" (Juan 10:30).

"El Padre está en Mí, y Yo estoy en el Padre" (Juan 10:38).

"(...) Yo declaro al mundo lo que Yo he escuchado de Él" (Juan 8:26).

"Yo declaro lo que Yo he visto en la presencia del Padre (...)" (Juan 8:38).

"Él Que Me envió está Conmigo; Él no Me ha dejado solo, porque Yo siempre hago lo que Le agrada a Él" (Juan 8:29).

"Yo no puedo hacer nada de Mí Mismo" (Juan 5:30).

"(...) Yo amo al Padre (...)" (Juan 14:31).

"¡Padre justo, (...) Yo Te he conocido!" (Juan 17:25).

"¡Yo vine a traer fuego a la Tierra, y cómo deseo que ya fuese encendido!" (Lucas 12:49).

"Yo he entrado como Luz en el mundo, para que todo el que crea en Mí no tenga que permanecer en la oscuridad" (Juan 12:46).

"Yo soy la Luz del mundo. El que Me siga nunca caminará en la oscuridad (...)" (Juan 8:12).

"Yo soy la puerta; quien entra por Mí se salvará (...)" (Juan 10:9).

"Yo vine para que tengan vida, y la tengan en abundancia" (Juan 10:10).

"Yo soy el buen Pastor. El buen Pastor entrega su vida por las ovejas" (Juan 10:11).

"(...) Yo entrego Mi vida por las ovejas" (Juan 10:16).

"Mis ovejas oyen Mi voz; Yo las conozco, y ellas Me siguen" (Juan 10:27).

"(...) Aprendan de Mí (...), y hallarán tranquilidad (...)" (Mateo 11:29).

"Yo soy el Camino, la Verdad y la Vida (...). Si ustedes Me conocieran, conocerían también a Mi Padre (...)" (Juan 14:6-7).

"(...) Yo sé de donde he venido y a donde voy (...)" (Juan 8:14).

"Adonde Yo voy, ustedes no pueden ir (ahora)" (Juan 8:21).

"Por esta razón el Padre Me ama, porque Yo entrego Mi vida para tomarla de nuevo. Nadie la toma de Mí, pero Yo la entrego de Mi propio acuerdo. Yo tengo autoridad para entregarla y Yo tengo poder para tomarla de nuevo. Yo he recibido este mandamiento de Mi Padre". (Juan 10:17-18)

"(...) Permanezcan en Mi amor. Si guardan Mis mandamientos, permanecerán en Mi amor, así como Yo he guardado los mandamientos de Mi Padre, y permanezco en Su amor" (Juan 15:9-10).

"El que está cerca de Mí está cerca del Fuego, y el que está lejos de Mí está lejos del Reino (del Espíritu Santo de Dios)" (*El Evangelio de Tomás*, 82).

"Yo voy al Padre, porque el Padre es mayor que Yo" (Juan 14:28). ("La Enseñanza Original de Jesús Cristo", Dr.Vladimir Antonov.)

"Yo todavía tengo muchas cosas que decirles, pero no debo revelarlas ahora". (Juan 16:12).

1.5.- El Ministerio de Jesús está basado en su esencia en el Espíritu Santo.

"María quedó embarazada por OBRA Y GRACIA DEL ESPIRITU SANTO", por tanto debemos colegir que El Padre de Jesús es el Espíritu Santo.

Veamos algunas afirmaciones bíblicas acerca del Espíritu Santo que corroboran con este razonamiento:

*"**Él es el Espíritu Original**" (El Apócrifo de Juan, 4:35; 5:10,15). "(...) Existe (...) sólo Él, único (...). Él ha existido desde toda la eternidad, y Su existencia no tendrá ningún fin. Él no tiene a nadie igual ni en el Cielo ni en la Tierra.*

"Los secretos de la naturaleza están en las manos de (el Espíritu Santo de) Dios. Porque el mundo, antes de que apareciera, existió ya en la profundidad del pensamiento Divino; se hizo material y visible por la voluntad del Espíritu Santo."

"Cuando ustedes se dirijan a Él, vuélvanse de nuevo como los niños, pues ustedes no conocen ni el pasado ni el presente ni el futuro, mientras (el Espíritu Santo de) Dios es el Amo de todo el tiempo" (La Vida de San Issa, 11: 12-15).

"(Él) es una Monocracia con nada por encima de Ella. (...) Él es Dios y Padre de todo, **el Espíritu** invisible Quien está por encima de todo, (...) Quien está en pura luz, quien ningún ojo puede ver.

"**Él es el Espíritu**. No es correcto pensar en Él como en dioses o algo similar. (...) **Todo existe en Él.** (...) **Él es ilimitado**, debido a que no hay nada anterior a Él que lo limite. (...) Él es inmensurable, debido a que no hubo nadie antes que Él, que lo midiera a Él. (...) Él es eterno (...). Él existe eternamente (...). **No hay ninguna manera de decir Su cantidad** (...). Él no está contenido en el tiempo (...).

"El Gran Creador (el Espíritu Santo de Dios) no ha compartido Su Poder con ningún ser viviente, (...) Él es el único Quien posee omnipotencia" (La Vida de San Issa, 5:16-17).

"El Eterno Legislador es uno; no hay ningún otro dios más que Él. Él no ha dividido el mundo con nadie, tampoco Él ha informado a nadie de Sus intenciones". (*La Vida de San Issa*,6:10)

"(...) El Señor nuestro Dios (el Espíritu Santo de Dios) es todo-poderoso, omnisciente y omnipresente. Es Él Quien posee toda la sabiduría y toda la luz. Es a Él, (en su Santísima Trinidad), a Quien deben dirigirse para ser consolados en sus dolores, ayudados en sus obras y curados en sus enfermedades. Quienquiera que recurra a Su Santísima Trinidad (Jesús, María y el Espíritu Santo) su petición no será negada.

"Él es la Vida Que da la vida. Él es el Bendito Que da la bendición. Él es la Sabiduría Que da la sabiduría. Él es el Amor Que da salvación y amor."

"Él es inamovible; Él reside en tranquilidad y en silencio. (...) Él dirige Sus deseos dentro de Su flujo de Luz. Él es la Fuente de este flujo de Luz (...)" (*El Apócrifo de Juan*, 2:25-4:25).

"Éste es el mensaje que hemos oído de Jesús, y lo manifestamos a ustedes: Dios es Luz, y en Él no hay ninguna oscuridad en absoluto" (1 Juan 1:5).

"(...) El bienaventurado y único Soberano (...) Quien exclusivamente tiene la Inmortalidad y mora en la Luz (...)" (1 Timoteo 6:15-16).

"Ahora al Rey eterno, inmortal, invisible, al único Dios sabio, sea el honor y la gloria por siempre jamás. Amén" (1 Timoteo 1:17).

La mayoría de estas palabras de Jesús no fueron incluidas en el Nuevo Testamento por los líderes de la iglesia del siglo IV, cuando por orden del emperador Constantino I se preparó el compendio de la Biblia. La mayoría de los cristianos se han olvidado de Dios el Padre, aunque Él y el Camino a Él eran la esencia de las prédicas de Jesús. Pero más aun, se distorsionó la esencia que encierran estas palabras en las que se deduce claramente que Jesús llama "Padre" al Espíritu de Dios, es decir al Espíritu Santo de Dios. ("La Enseñanza Original de Jesús Cristo", Dr.Vladimir Antonov.)

Realidades: Jesús está en el **Padre; El Padre** está en **Jesús; El Padre** es el **Espíritu Santo; Jesús** es el **Espíritu Santo; María** es el **Espíritu Santo; Jesús** está en **María; María** está en **Jesús.**

La Verdadera Trinidad Cristiana está formada por el Espíritu Santo (El Padre), la Virgen María (La Madre) y Jesucristo (El Hijo). (Los Verdaderos Misterios del Cristianismo. Juan De La Cruz. Editora palibrio, 2012.)

El **Espíritu Santo, María y Jesús forman** el único *Ente Divino, Ser supremo o Dios.* Por tanto, existe un solo y único *Ser Divino* llamado *"Espíritu Santo de Dios",* el cual está compuesto por las tres divinas personas, que son: el *Padre,* la *Madre* y el *Hijo.* El Espíritu Santo *(Padre) se auto llamó* **YHVH (que en el idioma antiguo de los judíos significaba –"El que Existe"- y se pronuncia** *Yahvé y en castellano se adaptó la pronunciación a Jehová),* la *Madre* es llamada la *Virgen María,* y el *Hijo* es llamado *Jesucristo.* De forma tal, tenemos tres personas en un mismo y único Ser, que por su divinidad, omnipotencia, omnisciencia y omnipresencia pueden actual juntos y/o por separado y al mismo tiempo cada uno de Ellos puede asumir diferentes figuraciones sin importar tiempo ni espacio.

Espíritu Santo de Dios = Padre x Madre x Hijo =
Padre + Madre + Hijo = 1

Espíritu Santo de Dios (o YHVH) = MARÍA =
JESÚS = ES + MARÍA + JESÚS = 1

Espíritu Santo de Dios + María + Jesús =
Santísima Trinidad de Dios = 1

2

Introducción

Es digno de alabanzas que nuestra generación se preocupe e interese por el estudio de la Persona y la Obra del *Espíritu Santo de Dios*. Durante su ministerio Nuestro Señor Jesucristo habló abundantemente acerca del ministerio pleno y variado del Espíritu Santo de Dios. En Hechos encontramos un registro vívido de los resultados benditos del ministerio del Espíritu Santo de Dios en las vidas de individuos y congregaciones. También las Epístolas de Pablo de Tarso contienen abundantes referencias a la persona y obra del Espíritu Santo de Dios. "Cuando la gente se hizo consciente del Espíritu Divino, cuando vivían y andaban en el Espíritu Divino, la iglesia se fortaleció y se extendió."

En los primeros siglos del cristianismo, cuando surgieron las controversias, la iglesia estableció con duro trabajo su confesión sobre el Espíritu Santo como la conocemos hasta hoy. Luego de varios siglos, comenzaron a aparecer eruditos con diferentes pensamientos que escribieron acerca del Espíritu Santo y su obra, pero por error o por omisión nadie hasta hoy había tenido el privilegio de revelar la verdadera composición de la *Santísima Trinidad del Espíritu Santo de Dios*.

Con un lenguaje directo y sencillo conduciré a mis lectores hacia el camino de las revelaciones de la verdadera composición de la Santísima Trinidad del *Espíritu Santo de Dios*. Primero veremos como El **Espíritu Santo de Dios** se revela en la **Biblia,** luego las diferentes **interpretaciones** que se han hecho del **Espíritu Santo**, los **dones** y **características** del *Espíritu Santo de Dios*, siguiendo con la **Verdadera Composición** de la *Santísima Trinidad del Espíritu Santo de Dios*, las diferentes **Personas Divinas** asumidas por el *Espíritu Santo de Dios*, para concluir con *la Virgen María en el Espíritu Santo de Dios*, su misión antes y después de su ascensión, y sus Obras y Milagros a través de sus diferentes advocaciones, con lo cual se demuestra que ella posee un poder divino igual al del Padre y al del Hijo, ya que los tres son un mismo y único *Espíritu Santo de Dios*.

Para guiar al lector en la búsqueda de la verdad hare un amplio uso de referencias bíblicas y algunos libros de diferentes analistas que han tratado el tema de una u otra forma, para reforzar mis argumentos y hacer de este libro un documento valioso para el estudio de la verdadera composición de la *Santísima Trinidad del Espíritu Santo de Dios*. Veremos referencias que demuestran que el Espíritu Santo tiene las características plenas de una persona – Isaías 11:1-2 – tiene sabiduría, por encima de toda imaginación humana; Romanos 8:27 – tiene una mente ultra o sobre humana; 1 Corintios 12:11 – posee voluntad; actúa y reacciona como una persona – Génesis 6:3 – pierde la paciencia con el aumento de la maldad; Juan 15:26 – sirve como un instructor; Efesios 4:30 – se entristece por la vida impía; Hechos 5:3-10 – se le puede mentir con consecuencias fatales; tiene pronombres que indican que es una persona – Juan 16:13,14.

He titulado este libro *"Jesús y la Virgen María en el Espíritu Santo de Dios",* para sentar las bases para el desarrollo de un importante debate acerca de la verdadera composición de la *Santísima Trinidad del Espíritu Santo de Dios;* su persona, su composición y su obra. Haciendo consciencia de la verdadera composición del *Espíritu Santo de Dios* podemos conocer más acerca de su forma y medios a través de los cuales actúa sobre cada individuo. Algunos autores plantean que: "El Espíritu Santo es la tercera persona de la una indivisa trinidad; que eternamente procede del Padre y del Hijo; verdadero Dios con ellos, de majestad y gloria co-igual; como ellos eterno, omnipotente, omnipresente, omnisciente, justo, misericordioso; que junto con el Padre y el Hijo es el Santo, el Señor de los ejércitos. Como tal puede hacer la obra que él, según el consejo de Dios, debe hacer — la santificación de la humanidad pecaminosa, trayendo a los pecadores a la fe en su Salvador, preservando y fortaleciéndolos en esta fe, capacitándolos para demostrar su fe con buenas obras, y finalmente reuniéndolos en los graneros celestiales." (*Abiding Word*, Barbara Reid and Cardinal Francis George, Vol. I, p. 57).

Como se puede ver en la anterior cita durante el transcurso de la historia del cristianismo los grandes analistas han considerado el Espíritu Santo como la tercera persona de la divinidad de Dios, sin embargo, en esta oportunidad les voy a demostrar a mis lectores y al mundo que todas las teorías expuestas hasta ahora son incompletas, ya que el Espíritu Santo es en realidad el *Espíritu de Dios*, es decir, el Espíritu Santo es la esencia divina de "Aquel Todo" llamado Dios. Y todas las demás personas divinas no son más que las diferentes expresiones o figuraciones humanas asumidas por el *Espíritu Santo de Dios* a través de las cuales Él ha encarnado para hacerse ver y sentir entre los diferentes pueblos del mundo.

En cuanto a las expresiones o figuraciones del *Espíritu Santo de Dios* debemos considerar que en los primeros años de la civilización, el pueblo judío adoraba a Éste como una figura femenina la cual era llamada *"la diosa Asherah"* incluso los registros y hallazgos arqueológicos demuestran este hecho y el que ésta era la pareja de Yahweh, los cuales formaban las simbologías del Padre y la Madre, y como consortes. Algunos libros de la época del éxodo que no fueron incluidos en las actuales Biblias recogen estos relatos. Sin embargo, al menos existe un libro que recoge estos relatos, el cual es mencionado por los profetas Isaías y Malaquías como *"un libro muy importante"*. En este se resalta que la tradición religiosa judío-cristiana comienza con la espera del hijo de ambos que vendría a liberar al pueblo de Dios de todos los males acarreados por el pecado original de Adán y Eva, según las predicas de Marian, la líder religiosa de las tribus judías en los tiempos antes de éxodo.

Pero resulta que con la llegada de Moisés, a la comunidad judía, el machismo se apoderó del pueblo judío y la figura de Asherah fue eliminada de todos los actos, ritos y ceremonias de adoración a Dios. También Marian que había sido la líder espiritual del pueblo judío hasta la época del éxodo fue hecha presa y eliminada de todos los escenarios, por Moisés y su hermano Aarón para dar comienzo a lo que ha sido en la religión judío-cristiana el poder del macho sobre la hembra.

Es aquí en donde el hombre comienza a distorsionar la historia y la expresión divina de Asherah se transforma en la simple figura de una sierva llamada María que fue, supuestamente, utilizada por Jehová o Yahwéh para Él poder encarnarse en su Hijo, Jesús.

En este libro veremos que María no es la simple sierva del Señor Jehová sino que más que eso, Ella es la viva expresión que originó el "Ente Divino de la Creación" que conforma el *Espíritu Santo de Dios*. **Ella es, en Sí, Aquel Infinito que por no tener comienzo tampoco tendrá fin**. Pero primero vamos a analizar los diferentes planteamientos de nuestro marco teológico y las diferentes teorías e interpretaciones que se han dado sobre el Espíritu Santo durante el transcurso de la historia de la humanidad.

3

El Espíritu Santo de Dios; origen y procedencia.

El vocablo "espíritu" proviene del griego "πνευμα" (pneuma) y el hebreo "ruaj o ruach". Se trata de una traducción incompleta ya que "ruaj" y "pneuma" también se traducen como "aire" (de ahí proviene la palabra "neumático"). Aire y espíritu son cosas distintas para nosotros hoy día, pero aparecían relacionadas entre sí, en el griego y el hebreo antiguos. Lo que actualmente es una doble acepción era en esos idiomas una identidad de conceptos.

Sobre la procedencia del Espíritu Santo, existe cierta unanimidad entre las diferentes confesiones cristianas. A excepción de la interpretación triteísta, que asume al Espíritu Santo como un ser increado e independiente de Dios, las otras interpretaciones consideran que procede de Dios, aunque se diferencian en la forma. Por ejemplo; en el modalismo, procede como fuerza, en el arrianismo como criatura y en el trinitarismo como persona. El trinitarismo aborda, además, una cuestión adicional propia de su marco teológico. Distingue entre la procedencia del Padre y la procedencia del Hijo, cuestión conocida como cláusula filioque. Pero ninguna teoría hasta ahora había tratado sobre las partes femenina y masculina de Dios, es decir, sobre *"Jesús y la Virgen María en el Espíritu Santo de Dios."*

3.1.- Naturaleza del Espíritu Santo.

En la teología cristiana, el Espíritu Santo (o sus equivalentes, Espíritu de Dios, Espíritu de verdad o Paráclito: acción o presencia de Dios, del griego παράκλητον *parakleton*: aquel que es invocado, y que proviene del latín Spiritus Sanctus) es una expresión bíblica que se refiere a una compleja noción teológica a través de la cual se describe una realidad espiritual suprema, que ha tenido múltiples interpretaciones en las diferentes confesiones cristianas y escuelas teológicas.

De esta realidad espiritual se habla en muchos pasajes de la Biblia, con las expresiones citadas, sin que se dé una definición única. Este fue el motivo de una serie de controversias que se produjeron principalmente a lo largo de tres periodos históricos: el siglo IV como siglo trinitario por excelencia, las crisis cismáticas de oriente y occidente acaecidas entre los siglos IX y XI y, por último, las distintas revisiones doctrinales nacidas de la reforma protestante. Pero todas las definiciones dadas hasta ahora se habían quedado cortas e incompletas hasta la publicación de mi libro *"Los Verdaderos Misterios del Cristianismo"*, las cuales serán amplia y exclusivamente tratadas en el presente libro que lleva como título: *"Jesús y la Virgen María en el Espíritu Santo de Dios"*.

En torno a la naturaleza del *Espíritu Santo de Dios* los eruditos sostienen básicamente cuatro interpretaciones que señalo aquí a grandes rasgos para más adelante abundar sobre cada una de ellas, para luego concluir con la real y verdadera composición de la ***Santísima Trinidad del Espíritu Santo de Dios:***

- Para los modalistas, el Espíritu Santo es una *fuerza o cualidad divina* tal como la sabiduría, la belleza, el amor o la bondad. La teoría del unitarismo, si bien guarda diferencias teológicas básicas con la del modalismo, comparte esta visión de un Espíritu Santo impersonal que actúa siendo el Poder o Fuerza Activa de Dios. En todo caso, ambas corrientes comparten la visión de que el Espíritu Santo no es "alguien" sino "*algo*".

- Según las interpretaciones de carácter arriano, el Espíritu Santo es una *entidad espiritual* o naturaleza angélica de carácter excelso, muy cercana a la divinidad, pero diferente a ella por su condición de criatura.

- Según las interpretaciones de carácter triteísta el Espíritu Santo es *otro Dios*, quizá de carácter inferior al Dios principal, pero que comparte con él la cualidad de ser increado.

- Las interpretaciones de carácter trinitario consideran al Espíritu Santo como una *persona divina*, noción con la que se asume la divinidad del Espíritu Santo, manteniendo, sin embargo, la unicidad del principio divino. Esta es la doctrina del cristianismo católico, del cristianismo ortodoxo y de algunas denominaciones protestantes.

Como hemos podido ir viendo desde los primeros siglos de la iglesia cristiana los teólogos han tenido grandes confusiones acerca de la Divina Trinidad. Oriente y

Occidente han tenido diferentes puntos de vista; por un lado se ha proclamado fuertemente la distinción del Padre, Hijo y Espíritu Santo, por el otro se mantuvo firme la proclama de que Dios es uno. Tanto Oriente como Occidente luchaban por evitar lo que para ellos es el error del Triteísmo, o la doctrina falsa de que haya tres dioses. (Espíritu Santo, Wikipedia, 2013)

Hacia fines del siglo II como resultado de estas luchas por encontrar la verdad, comenzó una doctrina conocida como el monarquianismo en el Oriente y se extendió a Occidente. Fue un intento de proclamar la unidad de Dios, que desafortunadamente destruyó la Trinidad. Una forma de esta doctrina buscaba preservar la unidad de Dios, la deidad de Cristo y la deidad del Espíritu Santo, enseñando que el Hijo y el Espíritu Santo sólo eran modos o manifestaciones de Dios Padre. Se llamaba el monarquianismo modalista, (modal, que aparece en diferentes papeles, monarca, un ser principal). Otro nombre fue el Patripasionismo, porque insistía que el Padre sufría en su papel como Hijo. (Espíritu Santo, Wikipedia, 2013)

Otra doctrina monarquiana distinta, el monarquianismo dinamista, también intentó preservar la unidad de Dios, pero lo hizo negando la deidad de Cristo y del Espíritu Santo. Especuló que Dios, el único gobernante, levantó a Jesús a un nivel casi divino, llenándolo de poderes, llamados "el logos" y "el espíritu".

Además una tercera conclusión destructiva acerca de la Trinidad especulaba que el único Dios verdadero es el Padre y que las otras dos personas divinas sólo son manifestaciones temporales, algo inferiores, que fluyen del Padre. Esta doctrina llegó a conocerse como el subordinacionismo.

"En el tiempo de estas controversias había muchas opiniones diferentes acerca del Espíritu Santo quien fue identificado por algunos teólogos como una energía, una criatura o un ángel. Sin embargo, podemos estar seguros basándonos en las afirmaciones sencillas del Credo Apostólico que la iglesia antigua creía en la personalidad y la deidad del Espíritu Santo. "Pero no fue hasta el siglo IV que la personalidad y la divinidad del Espíritu Santo se hicieron prominentes."(E. H. Klotsche, The History of Christian Doctrine, Grand Rapids, MI: Baker Book House, 1979, p. 69; Neve, A History of Christian Thought, The United Lutheran Publication House, 1943, vol. 1, p. 119;)

Cerca de 150 d.C. ciertas personas en la parte griega de la iglesia que querían evitar lo que a su consideración era la herejía del triteísmo declararon que Jesucristo no es Dios pero es casi Dios. Dijeron que el Logos, que se hizo carne en Jesucristo, estuvo en un nivel inferior al Padre.

Orígenes de Alejandría en Egipto pulió algunas de las asperezas de este pensamiento conocida como subordinacionismo (del latín, teniendo una naturaleza inferior). Luchando contra los monarquianistas, insistió en que el Padre, el Hijo y el Espíritu eran tres personas eternamente distintas pero no los creía iguales. Su concepto de la Trinidad era de tres círculos concéntricos que formaban un triángulo invertido, y se extiende de Dios al hombre. Orígenes razonaba que "puesto que todas las cosas han llegado a existir por medio del Logos, sigue que el Espíritu Santo es el primero de los espíritus engendrados del Padre mediante el Hijo." Enseñó que las tres personas tienen la misma esencia pero no la misma existencia. Jesús y el Espíritu Santo eran parte de un puente que descendía entre el cielo y la tierra. El papel del Espíritu Santo fue proceder del Padre mediante el Hijo para santificar a los hombres. (Neve, op. Cit. vol. 1, p. 87)

Así, según Orígenes, el Hijo y el Espíritu Santo estaban subordinados al Padre y el Espíritu Santo también estuvo subordinado al Hijo. Esta distorsión que alcanzó amplia distribución, no fue claramente corregida hasta el Concilio de Nicea en 325 d.C.

Teodoto de Bizancio intentó preservar la unidad de Dios de otra manera. Él planteaba que Cristo y el Espíritu Santo no son iguales a Dios Padre, sosteniendo que el hombre Jesús fue elevado a un nivel similar a Dios cuando recibió un *dínamis,* un poder que procedía de Dios. Cerca de fines del siglo II Teodoto se trasladó a Roma llevando consigo su teoría que llegó a ser conocido como el monarquianismo dinamista o el adopcionismo. Según esta doctrina, "como resultado de la morada del Logos y del Espíritu Santo, Jesús fue "adoptado" como el Hijo de Dios, recibió el poder de hacer milagros, y finalmente alcanzó una unidad permanente con Dios." (Pieper, Francis D.D., Christian Dogmatics, St. Louis, MO: Concordia Publishing House, 1951, Vol. 1, p. 383.)

En el siglo III el obispo en Antioquía Pablo de Samosata promovió la misma teoría. Enseñó que el hombre Jesucristo fue elevado al nivel de la divinidad mediante un "dínamis", un poder que consistía del Logos y el Espíritu Santo que le fue dado por Dios. Enseñó que "es permitido hablar de un Logos o Hijo y de una Sabiduría o Espíritu en Dios, pero que éstos no son más que atributos de Dios, influencias impersonales." (Neve, op. Cit., tomo 1, p. 109)

Las confesiones luteranas en los Artículos Principales de la fe, artículo 1, de Dios, condenan la enseñanza de los samosatenses por negar la personalidad y deidad del Logos y del Espíritu Santo. Rechazan también la de los samosatenses, antiguos y modernos, que sostienen que sólo hay una persona y aseveran sofísticamente que las otras dos, el Verbo y el Espíritu Santo, no son necesariamente personas distintas, sino que el Verbo significa la palabra eterna o la voz, y que el Espíritu Santo es una energía engendrada en los seres creados."

Ario, un maestro de la iglesia de Alejandría, también estuvo en desacuerdo con los samosatenses, pero basó su desacuerdo en un argumento de extremado subordinacionismo. Llegó a la conclusión de que Jesús era más que un hombre que fue adoptado por Dios, Jesús era el logos, el Hijo de Dios, que existía antes de la creación del mundo. Sin embargo, no era eterno. Según Ario, Jesús era una primera criatura de suprema importancia que ayudó a Dios a crear todo lo demás. Si era una criatura, como Ario insistió, no podía ser Dios. Tampoco podía el Espíritu Santo ser verdadero Dios, desde su punto de vista. Ario enseñaba que el Espíritu Santo era la primera criatura que el Hijo hizo. Hoy los Testigos de Jehová enseñan esto, sin embargo ellos consideran que el Espíritu Santo es solamente una fuerza que procede de Dios. (Neve, op. Cit., tomo 1, p. 115)

El que tomó el liderazgo en corregir equivocación Arriana fue Atanasio, obispo de Alejandría en el concilio general de los obispos orientales de Nicea (325 d. C.). Con la palabra homoousios, declaró que el Padre y el Hijo son un Dios, que tienen la misma sustancia o naturaleza. También defendió el homoousios del Espíritu Santo en el sínodo de Alejandría en 362 d.C., enseñando que el Espíritu Santo es Dios, porque solamente un Espíritu divino podía hacer a personas "participantes de la naturaleza divina". Atanasio estuvo convencido de que la fórmula para el Bautismo revela la naturaleza divina del Espíritu Santo. Si el Espíritu fuera solamente una criatura no estaría incluida bajo el mismo nombre con el Padre y el Hijo. (Eerdman's Handbook to the History of Christianity, Grand Rapids, MI: Wm. B. Eerdmans Publishing Co., 1977, p. 164)

Hasta entonces no se había dicho mucho acerca de la tercera persona de la Trinidad, pero en los años siguientes se dio mucha más atención a la identidad del Espíritu Santo. El obispo Macedonio de Constantinopla se opuso a la posición de Atanasio e insistía que el Espíritu Santo es una criatura subordinada al Hijo.

Pero el sínodo de Alejandría de 362 d.C., impulsado por el tratado de Basilio de Cesarea sobre el Espíritu Santo, condenó tanto el arrianismo como la enseñanza similar de los pneumatomaquianos (del griego, los que luchan contra el Espíritu Santo), que también fueron llamados los macedonios. Basilio fue el primero en formalizar la terminología aceptada para la Trinidad: una sustancia (ousia) y tres personas (hupostaseis).

El amigo de Basilio, Gregorio Nacianzeno, notó la distinción bíblica entre las tres personas de la Trinidad, es decir, que el Padre es no engendrado, el Hijo es engendrado, y el Espíritu Santo procede del Padre por el Hijo. Esta distinción útil fue aceptada por la iglesia en un sínodo celebrado en Roma en 380 d.C. Un año más tarde, en Constantinopla, la iglesia siguió un paso más adelante afirmando la plena deidad del Espíritu Santo, declarando que él era el Señor y dador que procede del Padre, adorado y glorificado con el Padre y el Hijo. En 451 d.C., en Calcedonia, las partes oriental y occidental de la iglesia formalmente adoptaron esta expresión en el Credo Niceno. (J. L. Gonzalez, A History of Christian Thought, Nashville, TN: Abingdon Press, 1970, vol. 1, p. 323)

El monarquianismo modalista, la idea herética de que Dios Padre temporalmente asumió los papeles del Hijo y del Espíritu, también comenzó en la iglesia oriental. *Práxeas* (190 d. C.) era uno de los primeros en traer esta forma del modalismo desde el oriente, en donde algunos años más tarde Orígenes se opondría a esta creencia, a occidente, donde enfrentó la oposición de Tertuliano en Cartago, el norte de África. Tertuliano dijo que Práxeas hizo dos obras en servicio del diablo en Roma, echó a huir al Paracleto, y crucificó al Padre. La doctrina falsa de Práxeas destruyó la naturaleza trina de Dios. (Eerdman's, op. Cit., p. 112)

El ejemplo más significante del monarquianismo modalista en Roma apareció unos años más tarde, cerca de 215 d. C. Sabelio de Libia elaboró el error de Práxeas, enseñando que el único Dios verdadero se reveló cronológicamente en tres diferentes papeles temporales, como Padre Creador en el Antiguo Testamento, como Hijo Redentor en la vida de Jesús, y finalmente como Espíritu Santificador en la iglesia. En otras palabras, estaba diciendo que Dios es una sola persona, una unidad.

Tertuliano luchó contra la teoría modalista, enseñando correctamente que el Padre, el Hijo y el Espíritu Santo son tres personas distintas, eternas, que coexisten, que juntos conforman el único Dios trino. Para expresar su pensamiento utilizó la palabra trinitas (Trinidad). Tertuliano, sin embargo, no estuvo sin errores. Sostenía una subordinación del Hijo y del Espíritu al Padre. Para ilustrar esto sacó analogías de la naturaleza. El Padre, el Hijo y el Espíritu Santo están relacionados uno al otro como un manantial, una ribera, y un río. El Padre es toda la sustancia, mientras el Hijo y el Espíritu descienden del Padre. (Neve, op. Cit., tomo 1, p. 107; Klotsche, op. Cit., p. 54)

Agustín agregó un énfasis nuevo a la relación de las tres personas de la Trinidad 200 años más tarde, cuando formó la costumbre de decir que el Espíritu procede de ambos, el Padre "y el Hijo", (latín, filioque). Cuando habló de la procesión del Espíritu, hablaba de la eterna procesión del Espíritu del Padre y el Hijo, no solamente el enviar al Espíritu Santo en Pentecostés. Agustín razonó que si el Espíritu Santo procede del Padre también tiene que proceder del Hijo, porque tienen la misma naturaleza divina.

Pero Agustín también contribuyó a la confusión de la teología moderna cuando trató de explicar lo inexplicable. Para hacer una distinción entre la "generación" del Hijo del Padre, y la "procesión" del Espíritu Santo del Padre y del Hijo, expresó la teoría de que el Espíritu Santo es una sustancia misteriosa, eterna, común tanto al Padre y al Hijo, que también se puede llamar una "amistad" o "vinculo de amor". En su gran obra La Trinidad escribió: "Por tanto el Espíritu Santo, sea lo que sea, es algo común tanto al Padre y al Hijo, pero esa comunión misma es consustancial y coeterna, y si se puede llamar amistad con propiedad, que así se le llama, pero más aptamente se llama amor. Y eso también es una sustancia, ya que Dios es una sustancia, y Dios es amor, como está escrito." (González, op. Cit., pp 340-341)

En 589 d. C., en el tercer concilio de Toledo en España, se encuentra la primera evidencia de que el filioque se ha hallado en una versión occidental del Credo Niceno. Esto se hizo para refutar a los arrianos. La iglesia española estaba perturbada por un grupo de arrianos, que negaban la plena deidad del Hijo, pero esos arrianos estaban dispuestos a decir que el Espíritu Santo era Dios. Eso hizo a sus opositores contestar que Jesús también tiene que ser Dios, porque el Espíritu procede del Padre y del Hijo, filioque, y Dios sólo puede proceder de Dios. Esto no significa que el término filioque fue ampliamente aceptado en ese tiempo. De hecho el filioque fue resistido tanto en occidente y oriente por generaciones. Los teólogos de occidente sabían que la iglesia oriental no había aceptado el concepto. El Papa León III, por ejemplo, rehusó permitir agregar la frase durante su vida. De hecho, ordenó inscribir el Credo en latín y griego sin filioque en dos platos de plata para adornar las paredes de la Basílica de San Pedro en Roma. Lo hizo a pesar de que él estuvo de acuerdo con el filioque en cuanto a doctrina.

Los teólogos orientales, que temían que el filioque enseñaba el sabelianismo, insistían que sólo podía haber un Dios que es el Padre, y que el Padre tiene que ser la fuente de ambos; del Hijo y del Espíritu Santo.

Cuando el Papa Benito VIII declaró oficialmente que la afirmación del filioque sería parte del Credo que se confesaba en la misa latina en 1014 d. C., ofendió profundamente a los líderes de la iglesia oriental. Cuarenta años más tarde, en 1054 d. C., después de varios siglos de controversia acerca de la doctrina y la práctica con relación a éste y otros asuntos, sucedió una ruptura entre la iglesia romana de occidente y la iglesia ortodoxa de oriente que perdura hasta la actualidad.

Entrada la época moderna el teólogo Robert W. Jensen considera que tiene una misión de enmendar la doctrina recibida hasta el momento. Según él, Espíritu era un término que la teología bíblica suplió para describir lo que precede de un encuentro entre Dios y el creyente. El "Espíritu" es "el conocimiento de Dios por la fe". Éste sostuvo que: "En verdad, la Trinidad es sencillamente el Padre y el hombre Jesús y su Espíritu como el Espíritu de la comunidad creyente." Llama al "Espíritu" un "dinamismo" que captó la iglesia cuando esperaba el futuro regreso de Jesús. Ya que cree que el Espíritu Santo no es una persona de la Trinidad, sino un poder que proviene de Dios, Jensen es un ejemplo moderno del monarquianismo dinámico. Pieper, a su vez, escribe que "la mayoría de los unitarios ingleses, norteamericanos y alemanes son monarquianos dinámicos."(Braaten y Jensen, editores, Christian Dogmatics, Philadelphia, PA: Fortress Press, 1984, tomo 1, p. 93, 108, 155, 156, 400; Pieper, op. Cit., p. 383)

La teología moderna, con su rechazo de la autoridad de la Escritura, presenta la especulación humana acerca de la Trinidad. Los académicos liberales niegan abiertamente la deidad del Hijo y del Espíritu Santo. Usan las palabras Padre, Hijo y Espíritu Santo, pero las explican como tres operaciones divinas de una persona divina, lo cual denota un monarquianismo modalista. (Braaten y Jensen, editores, Christian Dogmatics, Philadelphia, PA: Fortress Press, 1984, tomo 1, p. 400)

El teólogo reformador prusiano, Schleiermacher, recomendó que el nombre Padre se usara para el Dios verdadero, y que los nombres Hijo y Espíritu Santo se usaran para representar las maneras temporales en las que el Padre se revelaba. "El Espíritu Santo era solamente el espíritu de la comunidad creyente que procede de Cristo, una fuerza espiritual activa" que según él tenía la tendencia de estar de acuerdo con Imanuel Kant quien pensaba que no se puede conocer a Dios. Sugirió que dar el Espíritu en Pentecostés significaba solamente que el Cristo resucitado había causado el comienzo de una entidad organizada que se conoce como la iglesia. (Neve, op. Cit., tomo 2, p. 113; Justo González, A History of Christian Thought, New York, NY: Abingdon Press, tomo 3, p. 329)

Más tarde, en el siglo IXX Alberto Ritschl, un agnóstico, repitió y modificó un poco la doctrina de Schleiermacher al decir que el Espíritu Santo era un poder impersonal que emanaba de Dios y moraba en la iglesia. (Neve, op. Cit., tomo 2, p. 151)

El modalismo moderno intenta hacer la doctrina de la Trinidad razonable diciendo: "Dios es amor. El Padre es el amor que se ha dado en el pasado, el Hijo es el amor manifestado en el presente y el Espíritu es el amor que se extiende al futuro."

También hay subordinacionistas modernos, que incluyen algunos arminianos, que arguyen que el Hijo es más joven que el Padre, y que el Espíritu Santo es más joven que ambos porque procede de ellos. En contraste, el Credo Atanasiano dice: "Y en esta Trinidad ninguno es primero o postrero; ninguno mayor o menor; sino que todas las tres personas son coeternas juntamente y coiguales."

- *En este libro se revela que el Ente Creador, el Ser Supremo, el Dios que existe y da vida es el Espíritu Santo de Dios, y que Éste se ha presentado al ser humano en diferentes figuraciones y expresiones; humanas y no humanas. Y que las figuraciones humanas o personas divinas que el Espíritu Santo de Dios ha asumido son: la de la Virgen María, como Mujer y Madre y la de Jesús, como Hombre e Hijo. Cuando Jesús hablaba de Su Padre estaba hablando del Espíritu Santo de Dios, como lo dice la Sagrada Escritura: "... fue engendrado por Obra y Gracia del Espíritu Santo en el vientre de María". Y para que Jesús sea Dios, entonces; María también es Dios. De otra manera, Jesús solo sería un semidiós. En un hecho sin precedente y fuera de toda lógica del conocimiento humano:*

María es Madre y compañera a la vez y ambos entraron al umbral de la encarnación humana al mismo tiempo. El Espíritu Santo de Dios en su omnipotencia y omnipresencia se hizo mujer y hombre a la misma vez. Lo que para el ser humano de aquel entonces pareció suceder en tiempos muy distantes, en realidad sucedió en un mismo instante de vida divina. Y desde la creación y por toda la eternidad; María, Jesús y el Espíritu Santo son una única y absoluta creación llamada la Santísima Trinidad de Dios. Y los tres en realidad son un único Ser Supremo; el Ser Creador.

3.2.- El Espíritu Santo de Dios; Cualidades, Nombres, Dones y Frutos.

En lo referente a las cualidades del *Espíritu Santo de Dios*, los teólogos cristianos asumen que es portador de dones sobrenaturales muy diversos que pueden transmitirse al hombre por su mediación. Si bien la enumeración de los dones puede variar de unos autores a otros y entre distintas confesiones, existe un amplio consenso en cuanto a su excelencia y magnanimidad.

La mayor parte de las iglesias cristianas, y entre ellas las principales, se declaran trinitarias. Existen también iglesias no trinitarias que confiesan alguna de las otras modalidades interpretativas. (Interpretaciones cristianas sobre el Espíritu Santo, Wiki pedía, 2012)

Los textos judío cristianos contiene un conjunto de expresiones que aluden a una "realidad divina" en la que creen el judaísmo y el cristianismo, las principales son:

Espíritu Santo, Espíritu de Dios, Espíritu de la Verdad, Espíritu de Santidad, Espíritu Recto, Espíritu Generoso, Espíritu de Adopción, Mente de Cristo, Espíritu del Señor, Señor mismo, Espíritu de Libertad, Dedo de Dios, Paráclito y *Espíritu Santo de Dios*. De todas estas, "Espíritu Santo" es la expresión principal, la más conocida y la que más se usa en el cristianismo.

En el judaísmo y el cristianismo se cree que el Espíritu Santo puede acercarse al alma y transmitirle ciertas disposiciones que la perfeccionan. Estos hábitos se conocen como los "Dones del Espíritu Santo". La relación de dones varía entre las diferentes denominaciones cristianas. En la Biblia existe una cita del profeta Isaías en donde se enumeran los "Dones del Espíritu Santo", estos son:

Espíritu de sabiduría, inteligencia, consejo, fuerza, ciencia, piedad y temor de Dios. (Isaías 11:2)

Estos dones se complementan con los "7 frutos del Espíritu" que aparecen en la Epístola a los gálatas:

"Más el fruto del Espíritu es: caridad, gozo, paz, tolerancia, benignidad, bondad, fe, mansedumbre, templanza; contra tales cosas no hay ley." (Gálatas 5:22-23)

Todos estos nombres, dones o frutos van implícitos en la expresión *"Espíritu Santo de Dios"* y enriquecen toda noción teológica. Sin embargo, a pesar de esta diversidad de nombres, en la teología cristiana se dice que no existe más que un solo y único Espíritu: *El Espíritu Santo de Dios*, el cual se expresa a través de diferentes personalidades divinas: Jehová o Yahvé, la Virgen María y Jesucristo.

3.3.- Personalidad del Espíritu Santo de Dios.

La forma como fue definida la verdad escritural de que Dios el Padre (el *Espíritu Santo de Dios*) subsiste o existe en tres Personas -el Padre, el Hijo y el Espíritu Santo-, fue erróneamente reconocida por la gran mayoría de las congregaciones cristianas. Basando su definición en su interpretación de La Escritura plantean que el Espíritu Santo es una Persona tanto como Dios el Padre y Dios el Hijo, y que como se ve en el estudio de la doctrina de la Trinidad, las tres Personas forman un Dios y no tres. El error de esta interpretación está en que se considera al Espíritu Santo como una persona y al Padre como otra persona pero no se hace mención de la personalidad femenina del Espíritu Santo. Cuando la realidad trinitaria es que el *Espíritu Santo de Dios* encarnó su parte femenina en María y el Espíritu Santo parte masculina (El Padre) se unió a ésta para entre las dos partes engendrar su Propio Ser en Jesús. De forma tal que, El *Espíritu Santo de Dios* es "el todo" que contiene las partes que conforma las tres realidades conocidas por el cristianismo: el Padre (el propio Espíritu Santo de Dios), la Madre (la Virgen María) y el Hijo (Jesucristo), y los tres son en sí un solo: **el Espíritu Santo de Dios.**

En la interpretación de las verdades fundamentales relativas al *Espíritu Santo de Dios* debemos hacer un énfasis especial sobre el hecho de su personalidad. Ya que el Espíritu Santo no habla de sí mismo; según Juan 16:13 y Hechos 13:2, Él habla lo que Él oye, y Juan 16:14 dice que Él ha venido al mundo para glorificar a Cristo, de tal forma también glorifica al Padre y a la Virgen María. En cambio la Escritura solo representa al Padre y al Hijo, hablando de sí mismos con autoridad final y en una eminente conversión, el uno con el otro. Pero la verdad es que nada de esto tiende a hacer menos real la personalidad del *Espíritu Santo de Dios*, el hecho de que Él no hable de sí mismo está en que Él prefirió hablar con Su Obra a través de la *Virgen María* y de *Jesús* que son a la vez Él mismo, y a través de los verdaderos portadores de la fe que son inspirados a escribir en su Glorioso Nombre.

En realidad la personalidad del *Espíritu Santo de Dios* fue descuidada durante varios siglos; sólo cuando la doctrina del Padre y del Hijo fue aceptada en el Concilio de Nicea (325 d.C.), el Espíritu Santo fue reconocido como una personalidad en los credos de la Iglesia. Pero lamentablemente en esta misma ocasión es donde se elimina la figura femenina de la Santísima Trinidad del *Espíritu Santo de Dios* dando paso al machismo religioso que ha maleado el cristianismo desde el mismo momento de la ascensión de *Jesús*.

3.4.- El Espíritu Santo de Dios; fundador y cabeza principal del cristianismo.

El *Espíritu Santo de Dios* creó el cristianismo miles de años antes de su encarnación humana como *Jesús*, cuando inspiro a los profetas y patriarcas de la antigüedad a propagar y escribir acerca de la venida del Cristo, el Mesías, el Hijo de Dios, el Hijo de sus propias entrañas, aquel que daría su vida para salvar la humanidad. Es decir que antes de *Jesús* venir al mundo humano ya tenía seguidores, personas que seguían todas las señales dadas acerca de la forma y lugar en que éste llegaría al mundo, entres éstos estaban los reyes de oriente y los esenios encabezados por Juan el Bautista.

Más esto es lo dicho por el profeta Joel: ***"Y en los postreros días, dice Dios, Derramaré de mi Espíritu Santo sobre toda carne, Y vuestros hijos y vuestras hijas*** *profetizarán; Vuestros jóvenes verán visiones, y vuestros ancianos soñarán sueños; Y de cierto sobre mis siervos y sobre mis siervas en aquellos días derramaré de mi Espíritu, y profetizarán. Y daré prodigios arriba en el cielo, y señales abajo en la tierra,... antes que venga el día de que Yo demuestre a los incrédulos Que existo, grande y manifiesto; y todo aquel que invocare mi Nombre, será salvo".*

Todos los que profetizamos estamos entre aquellos siervos que somos iluminados, gracias al *Espíritu Santo de Dios*. Utilizando la Escritura como su herramienta, el *Espíritu Santo de Dios* nos induce a proclamar el "misterio que se ha mantenido oculto desde tiempos eternos", que Jesucristo, el Cordero de Dios, es el Salvador de todos. Él es el Salvador que todo el mundo necesita conocer y en quien necesita confiar para librarse del juicio venidero del Espíritu Santo de Dios. El Espíritu Santo es el Espíritu de Dios, el Espíritu de YHVH "El que existe", el Espíritu del Padre, el Espíritu de Jesús, el Espíritu de María y el Espíritu de la fe en "El que existe".

El *Espíritu Santo de Dios* es quien crea nuestra fe en lo divino, es quien nos bautiza, es quien convierte el pan y el vino en el cuerpo y la sangre de Cristo, es quien consagra todos los sacramentos, es quien guía nuestras vidas en la fe como creyentes y quien nos da poder para nuestra actividad de proclamar a Jesús como nuestro Salvador, a Jehová o Yahvé como nuestro Padre celestial y a la *Virgen María* como nuestra Divina Madre, todos los milagros hechos sobre la faz de la tierra son realizados por Obra y Gracia del *Espíritu Santo de Dios*.

El apóstol Pedro hizo un anuncio importante que está escrito en el libro de Hechos. Al describir el milagro que sucedía en Jerusalén en Pentecostés, declaró el principio de la venida especial del *Espíritu Santo de Dios*. Esto había sido prometido a los profetas del Antiguo Testamento como una señal de los últimos días antes del glorioso advenimiento final de Cristo. Pero este relato fue manipulado por los hombres del comienzo de la era cristiana, para ocultar la verdadera procedencia de la *Virgen María*. En realidad el día de Pentecostés, cuando todos los Apóstoles estaban reunidos con miedo e incrédulos acerca del poder de *Jesús*, la *Virgen María* se le presentó a ellos y les demostró que Ella era el *Espíritu Santo de Dios* encarnado en la figura de una simple mujer y que *Jesús* era el *Espíritu Santo de Dios* encarnado en la figura de un hombre aparentemente mortal, que los tres son un solo Ente y que aunque *María y Jesús* lucían como de carne y huesos en realidad sus cuerpos no poseían elementos de corrupción como los del cuerpo humano.

El día de Pentecostés *María* revestida del *Espíritu Santo de Dios* es quién da los dones que inspiran y dan la fuerza suficiente a los Apóstoles para salir a predicar el evangelio después de la muerte de *Jesús*. Y es Ella que ha seguido inspirando a millones de hombres y mujeres a mantener y fomentar la fe de la Iglesia Cristiana por todo el mundo, a través de sus diferentes advocaciones, como por ejemplo: Nuestra Señora de La Altagracia, la Virgen de Guadalupe, la Virgen de las Mercedes, la Virgen de la Caridad del Cobre, Nuestra Señora del Rosario, la Virgen de Fátima, la Virgen de Regla, la Virgen de Lourdes, la Virgen del Carme, la Virgen del Pilar, entre otras. Siendo todas en realidad diferentes advocaciones de una misma deidad; La Virgen María, la que dio vida a Dios y al mundo.

La Biblia testifica en 2 Pedro 1:21 acerca de nuestro Salvador Jesucristo solamente porque los escritores de la misma fueron "impulsados" a hacerlo por el *Espíritu Santo de Dios*, como barcos impulsados por el viento. El *Espíritu Santo de Dios* fue quien enseñó a los profetas y a los apóstoles qué decir y que escribir. El *Espíritu Santo de Dios* es el verdadero autor de los reales Libros Sagrados, lo cual también se revela en dichos libros, aunque éstos fueron manipulados por el hombre con el transcurso de los tiempos, lo que ha dado como resultado las diferentes versiones de la Biblia que tenemos hoy, que tienen muchas alteraciones de la Palabra del *Espíritu Santo de Dios*.

"Dios no es autor de confusión." (1 Corintios 14:33) La manipulación que los hombres malvados han hecho en las escrituras para su propio provecho ha creado la confusión. Cuando Jesús se refería al Padre estaba hablando del *Espíritu Santo de Dios*. La propia Biblia dice: "*María* (la Madre de Dios) concibió a su *Hijo Jesús* (el Hijo de Dios) por Obra y Gracia del Espíritu Santo (de Dios)." Aquí queda claro que "Dios Padre" es el propio Espíritu Santo.

Las primeras oraciones de Génesis proveen una introducción dinámica al *Espíritu Santo de Dios,* cuando dice: **"Contra un fondo frío, oscuro, sin vida, el Espíritu de Dios se movía sobre la faz de las aguas."** (Génesis 1:2; Romanos 16:25). El Génesis no se refiere aquí a Jehová, Yahvé ni al Padre, sino que aquí se expresa claramente que el primero en existir es el *Espíritu Santo de Dios*. Estas primeras oraciones demuestran que el primero que existió fue el *Espíritu Santo de Dios*, y que luego Éste tomó la forma femenina de la creación la cual fue llamada por los judíos anteriores al Éxodo "La Diosa Ashera." Queda claro, aquí también, que el Espíritu Santo es "Padre/Madre de la Creación y Padre/Madre de Dios; su propio Ser."

Una y otra vez, siete veces más, el Pentateuco revela el poder del Espíritu Santo, diciendo que dio habilidad y conocimiento excepcional a ciertas personas escogidas (una vez más debemos resaltar que se está hablando del *Espíritu Santo de Dios*, no de nadie más). A veces los dotó de manera física, pero con más frecuencia los bendijo espiritualmente en asuntos de la fe. Entre ellos están Josué, Gedeón, Sansón y Saúl quienes se convirtieron en líderes sobresalientes de Israel bajo la influencia del *Espíritu Santo de Dios*. David, el rey que escribió los Salmos, explicó su don lírico diciendo: "El Espíritu de Dios ha hablado por mí, y su palabra ha estado en mi lengua." El Espíritu también recibe el crédito por poner en la mente de David los planes para el templo futuro. El Antiguo Testamento dice repetidamente que el Espíritu de Dios, o el Espíritu del Señor, vino sobre los profetas, guiando sus pensamientos, palabras y acciones. El *Espíritu Santo de Dios* recibe alabanza y la bendición a través de toda la época del Antiguo Testamento. (Génesis 41:38; Éxodo 31:3, 35:31; Números 11:17, 11:25,26; 27:18 y 34:9 los setenta ancianos; Jueces 3:10; 6:34; 13:25; 14:6,19 y 15:14; 1 Samuel 10:6,10; 11:6 y 19:23; 2 Samuel 23:2).

Debemos hacer notar aquí que los escritores de la Edad Media cuando comenzaron a traducir la Biblia en donde decía el espíritu del que existe o el espíritu de Dios, escribieron el Espíritu de Jehová o el Espíritu de Yahvé, o simplemente Yahvé o Jehová.

"Así como en un principio, antes de que hubiera vida en el mundo, ya el Espíritu Santo estaba "moviéndose sobre las aguas", así también cuando llegó el cumplimiento del tiempo, el omnipotente, omnipresente y omnisciente encarnó en *María Virgen* para luego echar en su vientre a su Hijo *Jesús*, como esencia de su propia esencia, sustancia de su propia sustancia. Desde mucho antes del comienzo de ese gran evento, el *Espíritu Santo de Dios* hizo que una persona tras otra testificara acerca de *Jesús*, su propio Yo encarnado. Comenzó con los Profetas y Patriarcas de la Antigua Alianza y luego con Elizabeth, María, Zacarías y los magos y siguió con los pastores, Simeón y Ana. Luego **el *Espíritu Santo de Dios*** ungió al propio *Jesús*, su Yo encarnado, para predicar las buenas nuevas. Después de la ascensión del Mesías **el *Espíritu Santo de Dios* derramó sus dones** sobre sus discípulos, a través de la divina persona de la *Virgen María*, para que entendieran las Escrituras y la predicaran por todo el mundo, y les dio potestad para que perdonaran los pecados en su nombre. **El *Espíritu Santo de Dios*** eliminó las barreras de las lenguas, disolvió temores, y preparó a los creyentes para dar testimonio de *Jesús* como nuestro Salvador. Lo que comenzó a hacer en Pentecostés, el *Espíritu Santo de Dios* ha seguido haciéndolo por toda la eternidad.; "***El Espíritu Santo vendrá sobre ti, y el poder del Altísimo te cubrirá con su sombra.*** " "***El Espíritu del Señor está sobre mí, Por cuanto me ha ungido para dar buenas nuevas a los humildes***"; "***Esto dijo el Espíritu que habían de recibir los que creyesen en él; pues aún no había venido el Espíritu Santo, porque Jesús y la Virgen María no habían sido aún glorificados.***"; "***Pero cuando venga el Espíritu de verdad, él os guiará a toda la verdad.***" "***Sopló, y les dijo: Recibid el Espíritu Santo. A quienes remitiereis los pecados, les son remitidos; y a quienes se los retuviereis, les son retenidos.***"(Lucas 1:35; 4:18; Juan 7:39; 16:13; 20:22,23; Hechos 2:1; 1 Corintios 12:11)

"Los hombres pueden hacer enojar al Espíritu, pueden contristarle, pueden resistirle, pueden blasfemarle, pueden mentirle, pueden hacerle afrenta, pueden hablar en contra de Él". (Isaías 63:10; Efesios 4:30; Mateo 12:31,32; Hechos 5:3; Hebreo 10:29).

"Y por cuanto sois hijos, Dios envió a vuestros corazones al Espíritu de su Hijo, el cual clama: ¡Abba, Padre!" (Gálata 4:6).

"Dijo el Espíritu Santo: Apartadme a Bernabé y a Saulo para la obra a que los he llamado". (Hechos 13:2; 20:28).

"Y cuando el Espíritu Santo venga, convencerá al mundo de pecado, de justicia y de juicio". (Juan 16:8).

"El Espíritu Santo está El mismo sujeto a un plan" (a su propio plan divino). (Juan 15:26).

"El Espíritu Santo os enseñará todas las cosas" (Juan 14:26; 16:13-15; Nehemías 9:20; 1 Juan 2:27).

"El Padre le envía al mundo" (Juan. 14:16, 26), y "el Hijo le envía al mundo" (Juan 16:7). En verdad "el Espíritu Santo como Padre y Creador envió su Hijo al mundo para nuestra salvación".

El *Espíritu Santo de Dios* envió a la Madre, la *Virgen María*, para a través de Ella traer su Hijo *Jesús* al mundo en una forma humana.

"Guiados por el Espíritu" (Gálata 5:18; Hechos. 8:29; 10:19; 13:2; 16:6-7; 20:23; Romano 8:14).

"Pero el Espíritu mismo intercede por nosotros con gemidos indecibles". (Romano 8:26)

"Él es llamado "otro Consolador", lo cual indica que Él es una persona tanto como lo es Cristo". (Juan 14:16-17; 26; 16:7; 1 Juan 2:1-2).

"El Espíritu Santo ministra": "Él regenera" (Juan 3:6), "Él sella" (Efesio 4:30), "Él bautiza" (1 Corintio 12:13), "Él llena" (Efesio. 5:18), Él consagra el matrimonio y el Culto (N.A).

"A Él se le llama Espíritu en el mismo sentido personal que Dios es llamado Espíritu" (Juan 4:24). Porque en verdad Él es un mismo Ser, un solo Ser: "el Espíritu Santo de Dios". (N.A)

"Los pronombres usados para el Espíritu implican su personalidad. En el idioma griego la palabra "espíritu" es un nombre neutro, el cual, naturalmente, requiere un pronombre neutro, y en unas pocas oportunidades es usado. Los antiguos conocedores de la verdadera esencia de Dios sabían que el *Espíritu Santo de Dios* era ambas cosas; varón y hembra, por esta razón usaban un pronombre neutro para llamarle; pero luego que el machismo se apoderó del mundo comenzó a usarse solo la forma masculina del pronombre", enfatizando como un hecho que la personalidad del Espíritu Santo es solo masculina, algo realmente falso. (Romano 8:16,26; Juan 14:16-17; 16:7-15; N.A).

Este hecho se verá comparando Isaías 6:8-9 con Hechos 28:25-26; Jeremías 31:31-34 con Hebreos 10:15-17, también en 2 Corintios 3:18 y Hechos 5:3,4. "¿Por qué llenó Satanás tu corazón para que mintieses al Espíritu Santo?... No has mentido a los hombres sino a Dios". A pesar de que los juicios de Dios han caído tan drásticamente sobre algunos que han mentido contra el Espíritu y aunque a los hombres evidentemente no se les permite jurar en el nombre del Espíritu Santo, y aunque Él es llamado el Espíritu Santo, es cierto que Él no es más santo que el Padre, (la Madre) o el Hijo; la absoluta santidad es el primer atributo del Trino Dios, lo cual hace a las tres personas del *Espíritu Santo de Dios* exactamente iguales, son tres; Padre, Madre e Hijo, que a la vez son un solo Ser en el *Espíritu Santo de Dios*. (Hechos 5:3)

"El Espíritu Santo tiene los atributos de Dios". (Génesis. 1:2; Job 26:13; 1 Corintios. 2:9-11; Hebreo 9:14).

"Oye, Israel: Jehová, nuestro Dios, Jehová uno es" (Deuteronomio 6:4). Aquí en donde dice Jehová decía YHVH – que quiere decir "Yo soy El que existe".

"El Espíritu Santo ejecuta las obras de Dios", (es decir sus propias obras). (Job 33:4; Salmos. 104:30; Lucas. 12:11-12; Hechos 1:5; 20:28; 1 Corintios 6:11; 2:8-11; 2 P. 1:21; N.A).

"Como un objeto de fe, Él es también Alguien a quien se le debe de obedecer. El creyente en Cristo, caminando en compañerismo con el Espíritu, experimenta su poder, su guía, su instrucción y su suficiencia, y confirma experimentalmente las grandes doctrinas concernientes a la personalidad del Espíritu, la cual es revelada en la Escritura". (Salmos 51:11; Mateo 28:19; Hechos 10:19-21).

3.5.- El Espíritu Santo tiene nombres y atributos divinos.

Las Escrituras revelan que el Espíritu Santo es Dios acreditándole nombres, obras y atributos divinos. Ya vimos que la palabra espíritu literalmente significa aire, "aliento" o "viento" y que proviene del hebreo (ruaj o *ruach*) y del griego (*pneuma*). La palabra "espíritu" en sí no da a entender la divinidad, de igual forma que las palabras Padre e Hijo tampoco insinúan en sí la divinidad. Pero el hecho de que a este Espíritu con frecuencia se le llama Espíritu Santo claramente indica que él es Dios. Las traducciones de la Biblia por lo general lo reconocen, poniendo la palabra Espíritu en mayúscula cuando el contexto revela que está hablando del *Espíritu Santo de Dios*. (Salmo 99:9 "Exaltad a Jehová nuestro Dios, y postraos ante su santo monte, porque Jehová nuestro Dios es santo." Isaías 6:3 "Santo, santo, santo, Jehová de los ejércitos; toda la tierra está llena de su gloria.")

El apóstol Pablo dio los nombres "Señor" y "Dios" al Espíritu Santo cuando escribió de dones espirituales: "Hay diversidad de dones, pero el Espíritu es el mismo. Y hay diversidad de ministerios, pero el Señor es el mismo. Y hay diversidad de operaciones, pero Dios, que hace todas las cosas en todos, es el mismo... Pero todas estas cosas las hace uno y el mismo Espíritu." (1 Corintios 12:4; 6:11). San Pablo también dijo en 1 Corintios 6:19, "Vuestro cuerpo es templo del Espíritu Santo, el cual está en vosotros", es decir que el cuerpo del cristiano es un templo de Dios ya que el Espíritu habita en él.

El Credo Niceno alaba al Espíritu Santo como "el dador de vida". Es una descripción apropiada de la actividad divina del Espíritu Santo durante la creación del mundo. También merece esta alabanza porque el don de la vida se puede transmitir de una generación a otra. Como dijo Job, "El espíritu de Dios me hizo, Y el soplo del Omnipotente me dio vida." Pero aun más importante que el don de la vida física es el nuevo nacimiento, la vida espiritual que el Espíritu Santo obra mediante el Evangelio en el Sacramento del Santo Bautismo y mediante el Evangelio en sí. Dios "nos salvó... por el lavamiento de la regeneración y por la renovación en el Espíritu Santo." "Dios os ha escogido desde el principio para salvación, mediante la santificación por el Espíritu y la fe en la verdad, a lo cual os llamó mediante nuestro evangelio, para alcanzar la gloria de nuestro Señor Jesucristo." (Génesis 1:1,2; Job 33:4; Tito 3:4,5; 2 Tesalonicenses 2:13,14).

Además, el Espíritu Santo también preserva la vida del pueblo de Dios orando por ellos: "Y de igual manera el Espíritu nos ayuda en nuestra debilidad; pues qué hemos de pedir como conviene, no lo sabemos, pero el Espíritu mismo intercede por nosotros..." (Romanos 8:26) Esas actividades de creación y de preservación afirman que el *Espíritu Santo es Dios*. Como Dios, el Espíritu Santo también nos convence del pecado, nos testifica de Cristo, nos conduce a la fe en nuestro Salvador y nos preserva nuestra fe.

Se debe notar que las tres personas que conforman el *Espíritu Santo de Dios*; el propio Espíritu Santo (el Padre), la Virgen María (la Madre) y Jesús (el Hijo), hacen en común todas estas obras divinas. Las tres personas tienen la misma naturaleza divina y juntas están activas en todas las obras divinas que se hacen hacia el exterior del *Espíritu Santo de Dios*, para la creación y para la preservación y evolución de la creación. El mundo está lleno de milagros hechos por las tres divina personas del *Espíritu Santo de Dios*.

Cuando se instituyó el bautismo, se nombró a las tres personas que conforman el Espíritu Santo de Dios pero el machismo de la época eliminó la parte femenina del Ser Supremo y para lograrlo duplicaron las menciones Espíritu Santo como tal y como Padre. En Mateo 28:19 se lee; "bautizándolos en el nombre del Padre, y del Hijo, y del Espíritu Santo." Según los teólogos, el hecho de que se nombró al Espíritu Santo de último no indica que tenga una posición inferior, o que se originó en otro tiempo. Tampoco el hecho de que cada una de las tres personas se nombre por separado quiere decir que cada una tenga su propia naturaleza divina. La naturaleza divina del Espíritu Santo no está separada de la naturaleza divina del Padre, de la Madre y del Hijo. La Escritura enseña que hay un Dios, con una naturaleza divina. Las palabras apropiadas son: "Te bautizo en el nombre del Espíritu Santo de Dios, que es Padre, Madre e Hijo". Ya que no hay tres dioses con tres naturalezas divinas, hay un solo Espíritu Santo de Dios que ha poseído tres figuraciones diferentes para llevar a cabo acciones diferentes. Cada una de las tres personas asumidas por el Espíritu Santo de Dios posee una única e indivisible esencia divina en su totalidad. Porque en verdad existe un solo Dios que recibe el nombre de Espíritu Santo y que éste se ha hecho presente entre los humanos en tres personas o figuraciones divinas; el Padre, la Madre y el Hijo, y que cada cultura los ha llamados por diferentes nombres. (1 Corintios 8:4; Mateo 28:19; Francis Pieper, D.D., Christian Dogmatics, St. Louis, MO: Concordia Publishing House, 1951, Vol. 1, p. 385.)

Consistente con esto, la Biblia demuestra que los atributos del Espíritu Santo son los mismos que los del Padre y del Hijo, aunque se omitieron los atributos de la *Virgen María* cuando se reescribió la Biblia en el siglo IV después de Cristo. Por ejemplo, el Espíritu Santo está presente en todas partes. "¿A dónde me iré de tu Espíritu?" Salmo 139:7 ¿Y a dónde huiré de tu presencia?". Es eterno. Hebreos 9:14 "Cristo, el cual mediante el Espíritu eterno se ofreció a sí mismo sin mancha a Dios." Conoce todo, "el Espíritu todo lo escudriña". 1 Corintios 2:10 "El Espíritu todo lo escudriña, aun lo profundo de Dios." Es omnipotente y santo. Salmo 33:6 "Por la palabra de Jehová fueron hechos los cielos, y todo el ejército de ellos por el aliento de su boca." Salmo 51:11 "No me eches de delante de ti, y no quites de mí tu santo Espíritu." Es el "Espíritu de gracia" y de amor. Romanos 15:30 "Pero os ruego, hermanos, por nuestro

Señor Jesucristo y por el amor del Espíritu, que me ayudéis orando por mí a Dios." Si el Espíritu Santo fuera solamente una fuerza o un poder que procediera de Dios no se describiría como hablando, como contristado, o teniendo una voluntad propia. Hechos 13:2 "Ministrando éstos al Señor, y ayunando, dijo el Espíritu Santo: Apartadme a Bernabé y a Saulo...".

"A veces leemos una referencia en plural al Espíritu Santo en la Biblia. Eso puede tener referencia a las características séptuples del Espíritu Santo que fueron dadas a Cristo como el profeta Isaías predijo: "Y reposará sobre él el *Espíritu de Jehová; espíritu de sabiduría y de inteligencia, espíritu de consejo y de poder, espíritu de conocimiento y de temor de Jehová.*" (Apocalipsis 1:4; 3:1; 4:5; 5:6; Isaías 11:2; Lucas 4:18)

"El Espíritu Santo fue dado a la naturaleza humana de Jesús "sin límite". Por esta razón y también porque Jesús y el Espíritu Santo tienen la misma naturaleza divina, a Jesús se le puede llamar, **"el Señor que es el Espíritu Santo."** La perfecta cooperación y unidad divina de estas dos personalidades del Ser Divino no cambia el hecho de que las dos personas son distintas y separadas en espacio y tiempo. El Hijo está en el Espíritu Santo y el Espíritu Santo está en el Hijo, lo propio pasa con la Madre. Las Tres divinas personas; Padre, Madre e Hijo, están en el Espíritu Santo tanto como el Espíritu Santo está en cada uno de ellos. El *Espíritu Santo de Dios* es como un triangulo equilátero formado por el Padre (el Espíritu Santo), la Madre (la Virgen maría) y el Hijo (Jesús) en donde ellos son el todo y las partes al mismo tiempo.

"Porque el Señor es el Espíritu; y donde está el Espíritu del Señor, allí hay libertad. Por tanto, nosotros todos, mirando a cara descubierta como en un espejo la gloria del Señor, somos transformados de gloria en gloria en la misma imagen, como por el Espíritu del Señor." En este pasaje las palabra "el Señor", la gloria del Señor" y "la misma imagen" tienen referencia a Jesucristo. "El Espíritu" tiene referencia al Espíritu Santo. De manera semejante, el Hijo es y no es el Padre (el Espíritu Santo de Dios), y el Padre (el Espíritu Santo de Dios) es y no es el Hijo, ya que Jesús dijo: "Yo y el Padre uno somos", y "El que me ha visto a mí, ha visto al Padre." (Juan 3:34; 10:30 y 14:8-11; 2 Corintios 3:17.18). Cuando Jesús habla del Padre se está refiriendo al Espíritu Santo.

"Porque el que Dios envió, las palabras de Dios habla; pues Dios nos da el Espíritu por medida."

La Escritura advierte en contra de ofender al Espíritu Santo. Cuando el Rey Saúl se apartó de Dios, "el Espíritu de Dios" se apartó de él. Cuando el Rey David reconoció que su pecado y falta de arrepentimiento había contristado al Espíritu Santo, se arrepintió con todo su corazón. Dios advirtió al Israel impenitente que eran "rebeldes, e hicieron enojar su santo espíritu" y que por eso "les volvió enemigo, y él mismo peleó contra ellos." Un juicio terrible cayó sobre Ananías y su esposa Safira cuando rehusaron arrepentirse o inclusive admitir que habían mentido al Espíritu Santo.

De la misma manera los hebreos fueron advertidos: "Porque si pecáremos voluntariamente después de haber recibido el conocimiento de la verdad, ya no queda más sacrificio por los pecados, sino una horrenda expectación de juicio, y de hervor de fuego que ha de devorar a los adversarios. El que viola la ley de Moisés, por el testimonio de dos o de tres testigos muere irremisiblemente.

¿Cuánto mayor castigo pensáis que merecerá el que pisoteare al Hijo de Dios, y tuviere por inmunda la sangre del pacto en la cual fue santificado, e hiciere afrenta al Espíritu de gracia? Pues conocemos al que dijo: Mía es la venganza, yo daré el pago, dice el Señor. Y otra vez: El Señor juzgará a su pueblo. ¡Horrenda cosa es caer en manos del Dios vivo! (1 Samuel 16:14; Salmo 51:1-11; Isaías 63:10; Hebreos 10:26-31).

El Espíritu Santo merece la adoración y el respeto del pueblo de Dios. El pecado lo entristece, la vida santificada lo honra. (Efesios 4:30-31 "Y no contristéis al Espíritu Santo de Dios, con el cual fuisteis sellados para el día de la redención. Quítense de vosotros toda amargura, enojo, ira, gritería y maledicencia, y toda malicia").

¿O ignoráis que vuestro cuerpo es templo del Espíritu Santo, el cual está en vosotros, el cual tenéis de Dios, y que no sois vuestros? Porque habéis sido comprados por precio; glorificad, pues, a Dios en vuestro cuerpo y en vuestro espíritu, los cuales son de Dios. (1 Corintios 6:19-20)

Ya que el Espíritu Santo provee el poder para la vida santificada solamente mediante el evangelio en palabra y sacramento, le damos honra manteniéndonos en contacto con estos medios de gracia, para que no apaguemos el fuego del Espíritu siendo negligentes del evangelio.

3.6.- La verdadera dinámica del Espíritu Santo de Dios.

En la iglesia cristiana antigua, un grupo de cristianos judíos conocido como los ebionitas sostenían la creencia de que el Espíritu Santo era la persona femenina en la Divina Trinidad. Un teólogo moderno cuyos escritos han aparecido últimamente en el internet también especula acerca del género femenino del Espíritu Santo. Luego procede a desarrollar su propio sistema teológico, sugiriendo que un Espíritu Santo hembra explica la caracterización femenina de la "sabiduría" en Proverbios 8:12:31. También algunos teólogos feministas modernos prefieren adorar a Dios como *Sophia*, una diosa, tienen la misma opinión heterodoxa. (Neve, op. Cit., tomo 1, p. 51; www.theology. edu/pneumato.htm)

Estas creencias se suman a todas las anteriores las cuales se han basado en muchos conceptos erróneos sobre la identidad del Espíritu Santo. Entre sus grandes confusiones algunos ven al Espíritu Santo como una fuerza mística. Otros entienden al Espíritu Santo, como el poder impersonal que Dios pone a disposición para los seguidores de Cristo.

Hemos visto que la Biblia dice de manera clara y precisa que el Espíritu Santo es Dios. También nos dice que el Espíritu Santo es una Persona, un Ser con una mente, emociones, y una voluntad. El hecho de que el Espíritu Santo es Dios, es visto claramente en muchas partes de las Escrituras, incluyendo Hechos 5:3-4. En este versículo, Pedro confronta a Ananías por haber mentido al Espíritu Santo, y le dice que él "no había mentido a los hombres sino a Dios". Es una clara declaración de que mentir al Espíritu Santo es mentir a Dios, es decir que ambos son una misma esencia. También podemos saber que el *Espíritu Santo es Dios*, porque El posee los atributos o características de Dios. Por ejemplo, como ya pudimos ver anteriormente, el hecho de que el Espíritu Santo es omnipresente, en Salmos 139:7-8 "¿A dónde me iré de tu Espíritu? ¿Y a dónde huiré de tu presencia? Si subiere a los cielos, allí estás tú; y si en el Seol hiciere mi estrado, he aquí, allí tú estás". Luego, en 1 Corintios 2:10 vemos la característica de la omnisciencia del Espíritu Santo. "Pero Dios nos las reveló a nosotros por el Espíritu; porque el Espíritu todo lo escudriña, aún lo profundo de Dios". Porque ¿quién de los hombres sabe las cosas del hombre, sino el espíritu del hombre que está en él? Así tampoco nadie conoció las cosas de Dios, sino el Espíritu de Dios."

Podemos conocer que el Espíritu Santo es en verdad más que una Persona, "Es El Que existe" Aquel que ordenó y entregó los Mandamientos a Moisés, porque El posee una mente, emociones y una voluntad. "El Espíritu Santo piensa y sabe" (1 Corintios 2:10). "El Espíritu Santo puede ser afligido" (Efesios 4:30) "El Espíritu Santo intercede por nosotros" (Romanos 8:26-27). El Espíritu Santo hace decisiones de acuerdo con Su voluntad (1 Corintios 12:7-11). El Espíritu Santo es Dios. Como Dios, el Espíritu Santo puede funcionar verdaderamente como Consejero y Consolador, tal como lo prometió a través de Jesús. (Juan 14:16, 26; 15:26).

Con todo lo que hemos visto hasta ahora acerca de Las Divinas Personas que conforman la Santísima Trinidad del *Espíritu Santo de Dios* debemos colegir que en realidad YHVH (Yahvé), Jehová y el Padre, son exactamente nombres con los cuales se le ha llamado a la expresión masculina del *Espíritu Santo de Dios*; cuando Jesús está hablando de Su Padre se está refiriendo precisamente al *Espíritu Santo de Dios*. El *Espíritu Santo de Dios* nunca ha encarnado como "El Padre"; encarnó como Mujer para ser Madre, en *María*, para a través de Su encarnación femenina encarnar luego como Hombre e Hijo en Jesucristo Nuestro Señor. Si se estudia con detenimiento y objetividad las escrituras que confirman y hablan de la naturaleza de Dios no habría ninguna posibilidad de confusión. De tal forma que no ha sido por confusión que los jerarcas eclesiásticos han mantenido mal informada a la humanidad acerca de esta materia, más bien lo han hecho cegados por el egoísmo machista que ha arropado las diferentes iglesias durante todo el transcurso de la historia de la humanidad. "Y Jesús, después que fue bautizado, subió enseguida del agua, y en ese momento los cielos le fueron abiertos, y vio al Espíritu de Dios que descendía como paloma y se posaba sobre él. Y en ese momento se oyó una voz que decía: Este es mi Hijo amado, en quien tengo complacencia." (Mateo 3:16-17).

Si se analizan con detenimiento los pasajes de la Biblia en donde Dios ha hecho contacto con algún humano se comprobará que nunca se ha presentado con una figura de hombre o de Padre, siempre lo hizo en forma de *zarza ardiente, fuego, fuente de luz y viento*. Las únicas parte en donde se habla del Dios Padre en cuando Jesús se está refiriendo a su Padre, al Padre Creador, el Templo de mi Padre, la casa de mi Padre, etc., si esto lo unimos con la parte de la Biblia que habla de su forma de venir al mundo humano, la cual dice: "Fue engendrado por Obra y Gracia del Espíritu Santo". Entonces está claro que el Padre de Jesús es el Espíritu Santo.

Más adelante, en otro pasaje de la Biblia dice: Antes del regreso al cielo después de su ministerio en la tierra, Jesús habló de la venida del Espíritu Santo de Dios:

"Pero cuando venga el Consolador, a quien yo os enviaré del Padre, el Espíritu de verdad, el cual procede del Padre, él dará testimonio acerca de mí" (Juan 15:26). Si consideramos que Jesús dijo: "Yo y el Padre uno solo somos." Y agregó "el que me ha visto a mi ha visto al Padre". De forma tal que Jesús aquí está prometiendo volver Él mismo, enviado por Él mismo, aunque está enfatizando que su regreso será un una forma diferente, en una expresión diferente de su propio Ser Divino, la cual es precisamente la forma y esencia del Espíritu Santo de Dios que a la vez que es su Padre es Él mismo.

También los apóstoles de Jesús escribieron acerca de la unificación de las diferentes personas divinas, aunque dejaron fuera a la persona femenina del Espíritu Santo de Dios:

"...pero para Dios todo es posible" (Mateo 19:26).

"Porque la ley del Espíritu de vida en Cristo Jesús me ha librado de la ley del pecado y de la muerte. Lo que era imposible para la Ley, por cuanto era débil por la carne, Dios, enviando a su Hijo en semejanza de carne de pecado, y a causa del pecado, condenó al pecado en la carne" (Romanos 8:2-3).

"La gracia del Señor Jesucristo, el amor de Dios y la comunión del Espíritu Santo sean con todos vosotros. Amén" (2 Corintios 13:14).

"Pues aún no está la palabra en mi lengua y ya tú, Jehová, la sabes toda" (Salmos 139:4).

"Si sois ultrajados por el nombre de Cristo, sois bienaventurados, porque el glorioso Espíritu de Dios reposa sobre vosotros. Ciertamente, por lo que hace a ellos, él es blasfemado, pero por vosotros es glorificado" (1 Pedro 4:14).

"Señor, tú nos has sido refugio de generación en generación. Antes que nacieran los montes y formaras la tierra y el mundo, desde el siglo y hasta el siglo, tú eres Dios" (Salmos 90:1-2).

"Plantó Abraham un tamarisco en Beerseba, e invocó allí el nombre de Jehová, Dios eterno" (Génesis 21:33).

"Yo soy el Dios Todopoderoso..." (Génesis 17:1).

"Porque por medio de él los unos y los otros tenemos entrada por un mismo Espíritu al Padre" (Efesios 2:18).

"El Espíritu Santo de Dios es el poder soberano (el más grande) en todo el universo." (Efesios 1 y Romanos 9).

"Los ojos de Jehová (el Espíritu Santo de Dios) están en todo lugar, mirando a los malos y a los buenos" (Proverbios 15:3).

"¿A dónde me iré de tu espíritu? ¿Y a dónde huiré de tu presencia? Si subiera a los cielos, allí estás tú; y si en el seol hiciera mi estrado, allí tú estás" (Salmos 139:7-8).

"Una vez habló Dios; dos veces he oído esto: que de Dios es el poder" (Salmos 62:11).

"Así que, exaltado por la diestra de Dios y habiendo recibido del Padre la promesa del Espíritu Santo, ha derramado esto que vosotros veis y oís" (Hechos 2:33).

"... porque el Señor, nuestro Dios Todopoderoso, reina" (Apocalipsis 19:6).

"Porque los ojos de Jehová (el Espíritu de Dios) contemplan toda la tierra, para mostrar su poder a favor de los que tienen un corazón perfecto para con él. Locamente has procedido en esto; por eso de aquí en adelante habrá más guerra contra ti" (2 Crónicas 16:9).

"Dios es Espíritu y los que lo adoran, en espíritu y en verdad es necesario que lo adoren" (Juan 4:24).

"Porque yo, Jehová, no cambio..." (Malaquías 3:6).

"Jesucristo es el mismo ayer, hoy y por los siglos" (Hebreos 13:8).

"... mayor que nuestro corazón es Dios, y él sabe todas las cosas" (1 Juan 3:20).

"... antes bien todas las cosas están desnudas y abiertas a los ojos de aquel a quien tenemos que dar cuenta" (Hebreos 4:13).

"...él permanece fiel, porque no puede negarse a sí mismo" (2 Timoteo 2:13).

"Santos seréis, porque santo soy yo, Jehová, vuestro Dios" (Levítico 19:2).

"... porque soy misericordioso" (Éxodo 22:27).

"Es un Dios de verdad y no hay maldad en él; es justo y recto" (Deuteronomio 32:4).

"Bueno es Jehová para con todos, y sus misericordias sobre todas sus obras" (Salmos 145:9).

"... ¡Yahvé! ¡Yahvé! Dios fuerte, misericordioso y piadoso; tardo para la ira y grande en misericordia y verdad, que guarda misericordia a millares" (Éxodo 34:6-7).

"Clemente y misericordioso es Yahvé, lento para la ira y grande en misericordia" (Salmos 145:8).

"El que no ama no ha conocido a Dios, porque Dios es amor" (1 Juan 4:8).

"Jehová fundó la tierra con sabiduría, afirmó los cielos con inteligencia" (Proverbios 3:19).

"Pero ¿es verdad que Dios habitará sobre la tierra? Si los cielos, y los cielos de los cielos, no te pueden contener; ¿cuánto menos esta Casa que yo he edificado?" (1 Reyes 8:27).

"¡Yahvé reinará eternamente y para siempre!" (Éxodo 15:18)

"Pero recibiréis poder, cuando haya venido sobre vosotros el Espíritu Santo, y seréis testigos en Jerusalén, en toda Judea, en Samaria, y hasta en lo último de la tierra." (Hechos 1:8)

"Pero el que escudriña los corazones sabe cuál es la intención del Espíritu (Santo de Dios)" (Romanos 8:27).

"Pero Dios nos las reveló a nosotros por el Espíritu, porque el Espíritu (Santo de Dios) todo lo escudriña, aun lo profundo de Dios (la propia entraña del Espíritu Santo de Dios) " (1 Corintios 2:10).

"Pero todas estas cosas las hace uno y el mismo Espíritu (Santo de Dios), repartiendo a cada uno en particular como él quiere" (1 Corintios 12:11).

"Atravesando Frigia y la provincia de Galacia, les fue prohibido por el Espíritu Santo hablar la palabra en Asia; y cuando llegaron a Misia, intentaron ir a Bitinia, pero el Espíritu (Santo) no se lo permitió." (Hechos 16:6-7).

"Cuando vio la visión, en seguida procuramos partir para Macedonia, dando por cierto que (el Espíritu Santo de) Dios nos llamaba para que les anunciáramos el evangelio" (Hechos 16:10).

"El Espíritu (Santo de Dios) dijo a Felipe: Acércate y júntate a ese carro" (Hechos 8:29).

"Pero os ruego, hermanos, por nuestro Señor Jesucristo y por el amor del Espíritu, que me ayudéis orando por mí a Dios" (Romanos 15:30).

"De igual manera, el Espíritu nos ayuda en nuestra debilidad, pues qué hemos de pedir como conviene, no lo sabemos, pero el Espíritu mismo intercede por nosotros con gemidos indecibles" (Romanos 8:26).

"Existe una experiencia espiritual llamada el bautismo del Espíritu Santo el cual involucra el signo de hablar en lenguas y la evidencia del poder necesario para llegar a ser un efectivo testigo del Evangelio (Hechos 1:8; 2).

"No me elegisteis vosotros a mí, sino que yo os elegí a vosotros y os he puesto para que vayáis y llevéis fruto, y vuestro fruto permanezca; para que todo lo que pidáis al Padre en mi nombre, él os lo dé" (Juan 15:16).

"Manifiestas son las obras de la carne, que son: adulterio, fornicación, inmundicia, lujuria, idolatría, hechicerías, enemistades, pleitos, celos, iras, contiendas, divisiones, herejías, envidias, homicidios, borracheras, orgías, y cosas semejantes a estas. En cuanto a esto, os advierto, como ya os he dicho antes, que los que practican tales cosas no heredarán el reino de Dios. Pero el fruto del Espíritu es amor, gozo, paz, paciencia, benignidad, bondad, fe, mansedumbre, templanza; contra tales cosas no hay ley" (Gálatas 5:19-23).

"Y yo rogaré al Padre y os dará otro Consolador, para que esté con vosotros para siempre: el Espíritu de verdad, al cual el mundo no puede recibir, porque no lo ve ni lo conoce; pero vosotros lo conocéis, porque vive con vosotros y estará en vosotros" (Juan 14:16-17).

"Pero cuando venga el Consolador, a quien yo os enviaré del Padre, el Espíritu de verdad, el cual procede del Padre, él dará testimonio acerca de mí' (Juan 15:26).

Aunque el poder de la carne fue derrotado en la cruz, como creyentes experimentamos esto sólo en la medida que practicamos la fe en las obras de Jesús, María y Jehová a través del Espíritu Santo de Dios. Por lo tanto, para ser efectivo en negar el poder de la naturaleza pecaminosa de la carne, es necesario que desarrollemos o nos revistamos del fruto del Espíritu Santo de Dios.

El Espíritu Santo de Dios, en su forma espiritual e invisible para los ojos naturales del hombre, pero está en el mundo hoy, continuando su obra. Está activo redarguyendo a los hombres de pecado, atrayendo a los hombres al cristianismo, equipando a los creyentes con poder para la guerra espiritual, guiándolos, y testificando acerca de Jesús y la Virgen María.

El Espíritu Santo tiene una naturaleza sensible. Esto significa que tiene sentimientos que pueden ser afectados por las acciones del hombre. Debido a esta naturaleza sensible del Espíritu Santo la Biblia nos advierte que no debemos mentirle al Espíritu Santo (Hechos 5:3-4), resistir el Espíritu (Hechos 7:51), apagar el Espíritu (1 Tesalonicenses 5:19), contristar el Espíritu (Salmos 78:40 y Efesios 4:30), insultar el Espíritu (Hebreos 6:4-6), blasfemar el Espíritu (Mateo 12:31-32) ni molestar el Espíritu (Isaías 63:10).

Es importante que no ofendas la naturaleza sensible del *Espíritu Santo de Dios*. Si el *Espíritu Santo de Dios* es ofendido por tus acciones retirará Su presencia. Tú no puedes librar la lucha espiritual de manera efectiva sin el poder del *Espíritu Santo de Dios*.

A continuación veremos algunos títulos usados en la Biblia para describir el *Espíritu Santo de Dios*. Es importante que conozcamos la función del *Espíritu Santo de Dios* en la medida que tratamos de adquirir consciencia de la realidad divina:

> El Espíritu de Dios – 1 Corintios 3:16
> El Espíritu de Cristo – Romanos 8:9
> Espíritu Eterno – Hebreos 9:14
> Espíritu de Verdad – Juan 16:13
> Espíritu de Gracia – Hebreos 10:29
> Espíritu de Vida – Romanos 8:2
> Espíritu de Gloria – 1 Pedro 4:14
> Espíritu de Sabiduría y Revelación – Efesios 1:17
> Consolador – Juan 14:26
> El Espíritu de la Promesa – Hechos 1:4-5
> Espíritu de Santidad – Romanos 1:4
> Espíritu de Fe – 2 Corintios 4:13
> Espíritu de Adopción – Romanos 8:15
> Espíritu Santo de Dios - (Los Verdaderos Misterios del Cristianismo, Juan De La Cruz, palibrio 2012)

La Santísima Trinidad del Espíritu Santo de Dios - (Los Verdaderos Misterios del Cristianismo, Juan De La Cruz, editora palibrio 2012)

La Biblia usa varios emblemas para representar al Espíritu Santo de Dios; los principales son:

> Paloma: Juan 1:32, Cantar de los Cantares 6:9
> Aceite: Lucas 4:18, Hechos 10:38, Hebreos 1:9
> Agua: Juan 7:37-39, Isaías 44:3
> Sello: Efesios 1:13, 4:30, 2 Corintios 1:22
> Viento: Juan 3:8, Hechos 2:1-2
> Fuego: Éxodo 3:2, 13:21, Levítico 9:24; Hechos 2:3

El *Espíritu Santo de Dios* es el Alfa y la Omega, no solo por ser el principio y el fin, sino por ser el primer varón (simbolizado en el Alfa) y la primera hembra (simbolizada en la Omega). Uno de los nombres del *Espíritu Santo de Dios* es "Yo Soy", con lo cual se quiere significar que Él no tuvo principio ni tendrá fin, y por tal razón Él siempre será presente, para Él no existe pasado ni futuro, todo sucede en un mismo instante.

El *Espíritu Santo de Dios* es el creador del universo. Para que esto sea posible, Él existió antes de crear al mundo y su género es femenino y masculino a la voluntad de su omnipotencia.

El *Espíritu Santo de Dios* es el poder y la autoridad suprema sobre todas las cosas. Nada puede ocurrir sin que el *Espíritu Santo de Dios* lo sepa y permita que eso ocurra por su omnipresencia y omnisciencia.

El *Espíritu Santo de Dios* nos revela todo lo que sabemos de Él. Él es un Dios que personalmente se deja conocer a través de las diferentes personas de su Santísima Trinidad. Aunque no sabemos todo lo que respecta al *Espíritu Santo de Dios*, cada uno de nosotros puede conocer un poco de Él y de cada una de las divinas personas que lo integran.

El *Espíritu Santo de Dios* siempre sabe por qué las cosas ocurren, Él siempre tiene un propósito para todo lo que ocurre en el universo.

"Como son más altos los cielos que la tierra, así son mis caminos más altos que vuestros caminos, y mis pensamientos más que vuestros pensamientos" (Isaías 55:9).

El *Espíritu Santo de Dios* creó el mundo solamente con dar la orden para que cada cosa existiera. El *Espíritu Santo de Dios* no tiene limitación de poder. Él conoce todas las cosas. Él está siempre presente.

El *Espíritu Santo de Dios* es único, sin pecado y completamente diferente. El *Espíritu Santo de Dios* tiene toda perfección moral. En el *Espíritu Santo de Dios* toda bondad es representada.

El *Espíritu Santo de Dios* va más allá de simplemente amarnos; el *Espíritu Santo de Dios* es amor. Nada de lo que Él hace está fuera de su amor. Debido a ese gran amor es que se encarnó en la *Virgen María* para a través de Ella engendrar a su Hijo *Jesús* con la finalidad de dar su vida para redimirnos de nuestros pecados.

El propósito de redimir a la humanidad fue unir la comunión que fue rota por nuestros pecados. El *Espíritu Santo de Dios* no tenía la intención de que el mundo fuera como es actualmente, pero Él ha proveído el camino hacia la redención.

El *Espíritu Santo de Dios* siempre ha querido que seamos un pueblo sin pecado en nuestras vidas. Durante los años de la Antigua Alianza, el *Espíritu Santo de Dios* instituyó un sacrificio temporal para que las personas recibieran el perdón de sus pecados. Una vez al año los pecados del pueblo eran simbólicamente echados en un cordero que era expulsado de la comunidad. Este proceso debía repetirse anualmente. El sacerdote escuchaba mientras las personas confesaban sus pecados. Luego, él sacrificaba un animal y ofrecía esa sangre como dispensación de los pecados de la persona.

Luego de Jesús dejar instituida la Alianza Nueva y Eterna, constituyéndose Él mismo en el Cordero de sacrificio a Dios, "el Cordero de Dios que quita los pecados del mundo...", el sacrificio de animales quedó derogado y la muerte de Jesús es el sacrificio permanente por nuestros pecados. La sangre de Jesús trae perdón por nuestros pecados por toda la eternidad.

Al engendrar a Su Hijo Jesús, el *Espíritu Santo de Dios* hizo un Nuevo Pacto, o un Nuevo Testamento, con la civilización humana. Sólo un hombre perfecto podía ser sacrificado. Jesús era la única persona que podía cumplir con todas esas cualidades; Él había nacido sin una naturaleza pecaminosa, Él había nacido del vientre divino de *María* la parte femenina del propio *Espíritu Santo de Dios* y es con Ellos dos que se completa la perfección de la *Santísima Trinidad del Espíritu Santo de Dios*. El Espíritu Santo se convirtió en Padre y Madre para engendrar al Hijo en un proceso parecido al humano, pero a la vez muy diferente ya que *María* dio a luz sin dolor de parto y de forma divina, es por esta razón que en el momento preciso del parto de *María* ningún ser humano estuvo presente.

El *Espíritu Santo de Dios* quiso restaurar su Alianza con la humanidad a través de su personalidad como Madre y Mujer, en María, y de su personalidad como Hijo y Hombre, en Jesús, ya en la antigüedad había instaurado su Alianza con los Patriarcas a través de su personalidad como YHVH (Yahvé) "El que existe". El *Espíritu Santo de Dios* forma a plenitud estas tres divinas personas pero también está presente en cada ser humano aunque en mucho menor grado, y está en cada hombre y mujer cultivarlo para ser cada vez más a imagen y semejanza de Él. Esta fue la principal enseñanza de Jesús y María, que todo ser humano tiene la oportunidad de desarrollarse espiritualmente hasta alcanzar la divinidad, ya que establecido está que fuimos creados a imagen y semejanza de Dios. Todo hombre que logre imitar a Jesús y toda Mujer que logre imitar a *María* podrá alcanzar la dimensión celestial en donde habitan los seres superiores, los espíritus de la luz.

Los hombres le han dado muchos nombres a Dios, y en La Biblia se recogen los nombres dados para nombrar a Dios que nos revelan Su Ministerio mientras estás comprometido en este gran conflicto espiritual.

Como hemos podido ver en las diferentes versiones de la Biblia encontramos que a Dios se lo nombra por diferentes nombres; como "Jehová" en las Biblias evangélicas y "Yahvé" en las Biblias católicas. Pero en el fondo carece de importancia discutir por el nombre de Dios en la Antiguo Alianza. Lo que si reviste de gran importancia es que nosotros vivimos hoy bajo la Eterna Alianza establecida por Jesús y la Virgen María en el Espíritu Santo de Dios, y por tanto debemos de hablar de Dios como Jesús hablaba de Él; Jesús nos dijo que el *Espíritu Santo de Dios* es amor. Dios es un "Padre" que ama a todas sus creaturas y los humanos somos sus hijos predilectos, ya que fuimos creados a su imagen y semejanza. *Jesús* mismo nos enseñó que debemos invocar a Dios como "Nuestro Padre y Creador" (Mateo 6, 9). Todos los textos originales antiguos al hablar de Dios lo hacen con artículos neutros, con lo cual no le dejan establecido un género sexual específico a Dios. Es a partir del Nuevo Testamento donde se comienza a llamar a Dios con artículo masculino, derogando la parte femenina del Espíritu Santo de Dios.

Para los tradicionales estudiosos de la Biblia esta explicación es un poco difícil de asimilar, porque debemos comprender algunas cosas del idioma hebreo, la lengua en la cual el Espíritu Santo de Dios se manifestó a Moisés. Los israelitas del Antiguo Testamento empleaban muchos nombres para referirse a Dios. Todos estos nombres expresaban una relación íntima del *Espíritu Santo de Dios* con la humanidad, como podemos ver más adelante:

En Éxodo 6, 7 encontramos en el texto hebreo el nombre "Elohim", que en castellano significa: "El Dios fuerte y Poderoso".

En el Salmo 94 encontramos "Edonay", que en castellano es "El Señor".

En Génesis 17, 1 se habla de Dios como "Shadday" que quiere decir el Dios de la montaña.

En Isaías 7, 14 se habla de "Emmanuel" que significa "Dios con nosotros".

Pero el nombre más empleado en aquellos tiempos era "YHVH" que se pronuncia "Yahvé" y que en castellano significa: "Yo soy el que existe". En Éxodo 3, 13-15 podemos leer el relato de cuando el Espíritu Santo de Dios se apareció a Moisés en forma de zarza ardiente y lo mandó al Faraón a hablar en su nombre. Moisés le preguntó al Espíritu Santo de Dios: "Pero si los israelitas me preguntan cuál es tu nombre, ¿qué voy a contestarles?". Y el Espíritu Santo de Dios dijo a Moisés: "YO SOY EL QUE EXITE". Así les dirás a los israelitas: "EL QUE EXISTE" me manda a ustedes. Esto les dirás a ellos: "EL QUE EXISTE (YHVH), Aquel que estuvo con Isaac y que estuvo con Jacob me manda a ustedes. Este es mi nombre por siempre".

La palabra "YHVH" es una palabra hebrea, el hebreo es el idioma de los israelitas o judíos del Antiguo Testamento. En este idioma no se escribían las vocales de una palabra sino únicamente las consonantes. Era bastante difícil leerlo correctamente, porque al leer un texto hebreo, uno mismo debía saber de memoria qué vocales tenía que pronunciar en medio de las consonantes. El nombre de Dios: "YO SOY EL QUE EXISTE" se escribía con estas cuatro consonantes: Y H V H que los judíos pronunciaban "Yahvéh", y en castellano se escribe YAVE. La pronunciación "Yahvé" NO ES EXACTA pero es sin duda la pronunciación más apróximada del hebreo original para indicar el nombre por el cual se nombró el Propio Espíritu Santo de Dios como "Yo soy el que existe". Es importante aclarar aquí que los judíos del Antiguo Testamento nunca llamaron a Dios por el nombre de "Jehová" ya que ese nombre fue creado por los hombres en la Edad Media.

Los israelitas de la antigüedad tenían un profundo respeto por el nombre del *Espíritu Santo de Dios:* "YHVH" era el nombre más sagrado de Dios, porque el *Espíritu Santo de Dios* mismo se había dado este nombre Él mismo; "YO SOY EL QUE EXISTE". Pero con el tiempo los israelitas, por respeto al nombre propio del *Espíritu Santo de Dios*, dejaron de pronunciar el nombre de "YHVH" y cuando ellos leían en la Biblia el nombre de "YHVH", en vez de decir "YHVH" decían otro nombre para referirse a Dios, este otro nombre era "Edonay" que significa "El

Señor". Pero resultó que después de cientos de años los israelitas se olvidaron por completo de la pronunciación original de "YHVH" porque siempre decían "Edonay". Y es en la época de la Edad Media, unos 1,300 años después de Cristo, cuando los analistas religiosos estudiaban el idioma hebreo antiguo y empezaron a poner vocales entre las consonantes del idioma hebreo. Y cuando les tocó colocar vocales en la palabra hebrea YHVH el nombre original del Espíritu Santo de Dios encontraron muchas dificultades.

Por no conocer la pronunciación original de las cuatro consonantes que en las letras castellanas corresponden a YHVH y en letras latinas a JHVH, y para recordar al lector que por respeto debía decir: "Edonay" en vez de "JHVH", pusieron las tres vocales (e, o, a) de la palabra Edonay; y resultó la palabra "Jehovah" en latín. Es decir, tomaron las 4 consonantes de una palabra "JHV H" y metieron simplemente las 3 vocales de la palabra Edonay y formaron así una nueva palabra: "Jehovah". Está claro que la palabra "Jehovah" es un arreglo de dos palabras en una, que más tardes se comenzó a escribir "Jehová" por facilidad de pronunciación. Por supuesto la palabra "Jehová" nunca ha existido en hebreo; es decir, que la pronunciación "Jehová" es una pronunciación defectuosa del nombre de "YHVH" o "Yahvé".

En los años 1600 d.C. comenzaron a traducir la Biblia a todas las lenguas, y como encontraron en todos los textos bíblicos de la Edad Media la palabra "Jehová" como nombre propio de Dios, copiaron este nombre "Jehová" literalmente en los distintos idiomas. Y desde aquel tiempo empezaron a pronunciar los católicos y los evangélicos como nombre propio del Espíritu Santo de Dios del Antiguo Testamento la palabra "Jehová" en castellano.

Ahora bien, aun las Biblias católicas usan el nombre de "Yahvé" y no el de "Jehová". Ya que todos los estudiosos del idioma hebreo están de acuerdo que la manera original y primitiva de pronunciar el nombre del Espíritu Santo de Dios debía haber sido "Yahvé" y no "Jehová". "Yahvé" es una forma del verbo "havah" (ser, existir) y significa: "Yo soy el que existe" y "Jehová" no es ninguna forma del verbo "ser", ni siquiera es una palabra real que existiera antes de que los escritores de la edad media hicieran la combinación de las consonantes de JHVH con las vocales de Edonay para formar la palabra "Jehovah", como lo he explicado más arriba. Por eso la Iglesia Católica Romana tomó la decisión de usar la pronunciación original "Yahvé" en vez de "Jehová" y porque los israelitas del tiempo de Moisés así como los del tiempo de Jesús nunca conocieron el nombre "Jehová".

Ya sabemos que "YHVH" se pronuncia "Yahvé" y que significa "Yo soy el que existe". Pero para comprender este nombre debemos pensar que todos los pueblos de aquel tiempo eran politeístas, es decir, creían en la existencia de muchos dioses. Según ellos, cada nación, cada ciudad y cada tribu tenía su propio Dios o sus propios dioses. Al decir el Espíritu Santo de Dios a Moisés: "YO SOY EL QUE EXISTE", Él quiere dejar establecido que Él es el único y verdadero Dios; y los otros dioses no existen, los dioses de los egipcios, de los asirios, de los babilonios no existen. Yo soy el único Dios que existe.

El profeta Isaías explica bien el sentido del nombre del *Espíritu Santo de Dios*. Dice Dios por medio del profeta: "YO SOY EL QUE EXISTE, y ningún otro". "¿Soy yo Yahvé el único y nadie mejor que yo?" (Isaías 45, 18).

Otro punto importante en el cual debemos estar claros es saber que Jesús y sus apóstoles, según la costumbre judía de aquel tiempo, nunca pronunciaban el nombre original de Dios "YHVH" o "Yahvé" y mucho menos "Jehová" (ya que como vimos anteriormente el nombre Jehová se creó 1,300 años después de Cristo). Siempre leían la Biblia diciendo: "Edonay" -el Señor- para indicar el nombre propio de Dios. Pero como todo el Nuevo Testamento fue escrito en griego, en el encontramos la palabra Kyrios que significa "el Señor", la cual es la traducción al griego de "Edonay".

Pero Jesús introdujo también una novedad en las costumbres religiosas y nombró a Dios "Padre": "Te alabo, Padre, Señor del cielo y de la tierra". "Mi Padre sigue actuando y yo también actúo". "Por eso los judíos tenían ganas de matarlo: porque El llamaba a Dios Padre suyo haciéndose igual a Dios". "Mi Padre y yo uno mismo somos". "El que me ha visto a mi, ha visto al Padre". (Juan 5, 17-18).

Los libros originales del Nuevo Testamento hablan de Dios como "Padre" o "Señor", pero nunca como "Jehová" ni como "Yahvé". Pero cada una de las religiones que han escrito sus propias versiones de la Biblia sí mencionan estos nombre cientos de veces. Desconociendo así una vez más la gran revelación de Jesucristo que fue la de anunciarnos al Padre, a la Madre y al Hijo formando la *Santísima Trinidad en el Espíritu Santo de Dios*, donde los tres son uno mismo.

Otros nombres muy utilizados en las diferentes versiones del Antiguo Testamento para clamar a Dios son:

Yahweh: en el idioma hebreo que es en el que el Antiguo Testamento se escribió, la palabra "Yahweh" significa Dios.

Esta palabra es combinada con otras palabras para revelar más sobre el carácter de Dios. Dios es llamado:

> Yahweh Jireh: "El Señor que provee" (Génesis 22:14)
>
> Yahweh Nisi: "El Señor es bandera" (Éxodo 17:15)
>
> Yahweh Shalom: "El Señor es paz" (Jueces 6:24)
>
> Yahweh Sebaot: "El Señor de los Ejércitos" (I Samuel 1:3)
>
> Yahweh Macadeshem: "El Señor tu Santificador" (Éxodo 31:13)
>
> Yahweh Tzidkenu: "El Señor nuestra Justicia" (Jeremías 23:6)
>
> Yahweh Shamah: "El Señor está allí" (Ezequiel 48:35)
>
> Yahweh Elohim Israel: "El Señor Dios de Israel" (Jueces 5:3)
>
> Qadosh Israel: "El Santo de Israel" (Isaías 1:4)
>
> Yahweh Rapha: "El Señor tu Sanador" (Exodo 15:26)
>
> Jehová: que significa Señor. La Biblia combina esta palabra con otros nombres de Dios:
>
> Jehová-Rafa: "El Señor que sana" (Éxodo 15:26).
>
> Jehová-Nisi: "El Señor nuestra bandera" (Éxodo 17:8-15).
>
> Jehová-Shalom: "El Señor nuestra paz" (Jueces 6:24).
>
> Jehová-Raah: "El Señor mi pastor" (Salmos 23:1).
>
> Jehová-Tzidkenu: "El Señor nuestra justicia" (Jeremías 23:6).
>
> Jehová- Jireh: "El Señor que provee" (Génesis 22:14).
>
> Jehová-Shamah: "El Señor está allí" (Ezequiel 48:35).
>
> Elohim: significa Dios y es usado en dondequiera que esté presente el poder creador de Dios.

Padre: Hechos 17:28; Juan 1:12-13.

Edonay o Adonai: significa Señor o Amo: Éxodo 23:17; Isaías 10:16, 33.

El: es frecuentemente usado en combinación con otras palabras para Dios:

El Shadai: "El Señor que es suficiente para las necesidades de Su pueblo" (Éxodo 6:3).

Elolam: "El Dios Eterno" (Génesis 21:33).

El Elyon: "El más alto Dios que es exaltado por encima de los llamados dioses" (Génesis 14:18, 22).

El Señor de los Ejércitos: en el registro bíblico, estos diferentes nombres de Dios fueron usados para solicitarle a Dios que se mueve de una manera específica a favor de su pueblo. Por ejemplo el nombre Jehová-Rafa significando "El Señor que sana" fue usado cuando se buscaba sanidad.

El nombre específico de Dios que será usado en la guerra espiritual (guerra santa) es "Yahweh Sebaot" el cual es traducido como "El Señor de los Ejércitos" en la versión de la Biblia del Rey Jacobo. Cuando clamas ese nombre en la guerra, la batalla es del Señor y todos los ejércitos del cielo vienen en tu ayuda.

El misterio más grande e importante de todo esto para la humanidad está en conocer y aceptar la verdadera composición de Dios. Cuando la Biblia fue reescrita en el siglo IV después de Cristo y se estableció el Credo de la Iglesia Católica Apostólica Romana, en el mismo se creó un dogma de fe, es decir una verdad que debemos creer: "Hay un solo y único Dios, que es el Padre Creador, Hijo Redentor y Espíritu Santo, Señor y Dador de Vida y Santificador." Este misterio de la Santísima Trinidad, es uno de los "misterios escondidos en Dios, -que como dice el Concilio Vaticano

II-, si no son revelados, no pueden ser conocidos" Y, aun después de la Revelación, es el misterio más profundo de la fe, que el entendimiento por sí solo no puede comprender ni penetrar. En cambio, el mismo entendimiento, iluminado por la fe, puede en cierto modo, aferrar y explicar el significado del dogma, para acercar al hombre al misterio de la vida íntima del Dios Único y Trino.

Toda la Sagrada Escritura revela esta verdad: "Dios es Amor en la vida interior de una única Divinidad, como una inefable comunión de personas". Son Tres Personas distintas en un sólo Dios, como enseña el catecismo.

El misterio de la Santísima Trinidad del Espíritu Santo de Dios es la revelación más grande hecha por Jesucristo. Los judíos adoran la unicidad de Dios y desconocen la pluralidad de personas en la unicidad de la sustancia. Los demás pueblos adoran la multiplicidad de los dioses. El cristianismo es la única religión que ha descubierto, en la revelación de Jesús, que Dios es uno en tres personas. Ante esta revelación divina de su íntima esencia, no nos queda otra cosa que agradecerle esta confianza y adorar a las Tres Personas Divinas: Jesús (el Hijo), María (la Madre) y el Espíritu Santo (el Padre).

El *Espíritu Santo de Dios* es el Dador de Vida, Dones y Santidad. El *Espíritu Santo de Dios* es el Ser que forma la Esencia de todo lo que existe en el universo. Es el que está desde antes del Principio y perdurará luego del Fin. Él es el Alfa y la Omega. Él es el Varón y la Hembra. De Él fuimos hechos a imagen y semejanza. Él puede asumir cualquier imagen o figura conocida o desconocida por la humanidad. Él es el único omnipotente, omnipresente y omnisciente. Todo lo demás proviene de Él. Luego de Él provino la Madre y el Padre para engendrar el Hijo. Y los tres forman parte de su propia esencia. El Padre es el Espíritu Santo de Dios, la Madre es el Espíritu Santo de Dios y el Hijo es el Espíritu Santo de Dios. Tres Personas Divinas en una sola persona, en un solo Espíritu; el Espíritu Santo de Dios. Los tres tienen la misma procedencia divina y su forma de venir al mundo humano solo fue para cubrir las apariencias de algo que no podía ser entendido por los seres de la época antigua.

Estamos ante la presencia de un fenómeno divino que le hemos llamado por cientos de nombres diferentes tratando de explicar sus misterios, misterios que están muy por encima de la comprensión humana hasta nuestros días. Es un Ser que es uno y todo a la vez. Un Ser que posee todos los estados posibles de la materia. Un Ser que ninguno de los humanos que han tenido contacto con Él en cualquiera de sus formas de presentarse ha podido dar una descripción lógica de lo que ha visto o ha sentido. Él se manifestó a los Patriarcas y Profetas en forma de llama ardiente, luego en María y Jesús en forma humana, para seguir presente primero en el Bautismo y en la Transfiguración de Jesús y luego el día de Pentecostés sobre los discípulos; habita en los corazones de los fieles con el don de la caridad. (Efesios 4,30)

En el evangelio de San Juan, Jesús ruega al Padre por lo que es su gran deseo: *"Que todos sean uno como Tú, Padre, estás en Mi y Yo en Tí. Sean también uno en nosotros: así el mundo creerá que tú me has enviado"*. (Juan 17, 21)

Son relaciones "subsistentes", que en virtud de su impulso vital salen al encuentro una de la otra en una comunión, en la cual la totalidad de la Persona es apertura a la otra. Es esto, el paradigma supremo de la sinceridad y libertad espiritual a la que deben tender las relaciones interpersonales humanas, hasta ahora tan lejanas a este modelo trascendente.

"Nuestro Señor Jesús, cuando ruega al Padre que - todos sean uno, como nosotros también somos uno – trata de hacer consciente a la humanidad de que debe abrirse perspectiva de la razón humana para poder estar más en sintonía con el Espíritu Santo de Dios, de forma que pueda surgir cierta semejanza entre la unión de las personas divinas y la unión de los hijos de Dios en la verdad, en la caridad y en el amor. Esta semejanza hace clara alusión al hecho de que el hombre, única criatura terrestre a la que Dios ha amado por sí misma, no puede encontrar su propia plenitud si no es en la entrega sincera de sí mismo a los demás". (Concilio Vaticano II, Gaudium et spes, 24).

"Conocer el misterio de la Santísima Trinidad, nos involucra y compromete para adquirir ciertas actitudes en las relaciones humanas:

"La perfectísima unidad de las tres Personas divinas, es el vértice trascendente que ilumina toda forma de auténtica relación y comunión entre nosotros, los seres humanos". (Juan Pablo II, "Creo en Dios Padre", p.170)

"No se trata solo de que queramos entender el Misterio de la Santísima Trinidad, esto es imposible. Jesús nos reveló ese Misterio para mostrarnos el modelo de lo que deben ser las relaciones humanas de los cristianos. El Modelo de la Familia Divina; el Padre, la Madre y el Hijo. El Padre - el Espíritu Santo -, la Madre - la Virgen María – y el Hijo – Jesús -. Pero la Iglesia universal nos enseño a "glorificar" a una Santísima Trinidad mutilada y deformada, como manifestación de la celebración del triunfo del machismo arrogante que ha mantenido secuestrada la iglesia por más de dos mil años. Tratando de ocultar que para que exista la perfección en la iglesia debe primero existir la perfección en la familia." La iglesia mantiene una lucha constante en contra de las familias formadas por parejas del mismo sexo, pero ha ocultado la parte femenina de Dios por los siglos de los siglos.

La Iglesia dedica el siguiente domingo después de Pentecostés a la celebración del día de la Santísima Trinidad. El misterio de la Santísima Trinidad - Un sólo Dios en tres Personas distintas- es el misterio central de la fe y de la vida cristiana, pues es el misterio del Espíritu Santo de Dios en Sí mismo. Pero aunque es un dogma difícil de entender, fue el primero que entendieron los Apóstoles después de la Resurrección, comprendieron que Jesús era el Salvador enviado por el Espíritu Santo de Dios. Y, cuando experimentaron la acción del Espíritu Santo dentro de sus corazones en Pentecostés, comprendieron que el único Dios era el Espíritu Santo y que Éste había obrado como Padre, Madre e Hijo; el ejemplo de la Familia Divina. Pero con el tiempo y celosos al saber el papel desempeñado por la Virgen María en la Santísima Trinidad y el papel de María Magdalena como líder de los Apóstoles y conocedores de las luchas antiguas entre Moisés y la líder religiosa Mirian, decidieron que debían cambiar la verdad y hacer creer que la Santísima Trinidad estaba compuesta solo por varones y que solo utilizaron las mujeres como siervas a su servicio para así poder instaurar la monarquía machista que ha dominado la vida de las iglesias cristianas desde la ascensión de Jesús y María hasta nuestros días.

Padre, Madre e Hijo tienen la misma naturaleza, la misma divinidad, la misma eternidad, el mismo poder, la misma perfección; son un sólo Dios. Además, sabemos que cada una de las Personas de la Santísima Trinidad del *Espíritu Santo de Dios* está totalmente contenida en las otras dos, pues hay una comunión perfecta entre ellas.

Con todo, las personas de la Santísima Trinidad son distintas entre sí, dada la diversidad de su misión: Dios Madre – quien dio a Luz al que Creo todo – es enviada por el Espíritu Santo de Dios, es la Madre de toda la Creación. Dios Hijo - por quien son todas las cosas - es enviado por el Espíritu Santo de Dios (a quien Él llamó Dios Padre y Creador), es nuestro Salvador. El Espíritu Santo de Dios (Padre y Creador) - quien contiene todas las cosas - es el enviado por sí mismo, es toda nuestra esencia Santificadora.

En la Creación, el *Espíritu Santo de Dios* está como principio de todo lo que existe. En la Encarnación, el *Espíritu Santo de Dios* se encarna, por amor a nosotros, en *María,* para engendrar al que nos liberaría del pecado y nos llevaría a la vida eterna, *Jesucristo.* En Pentecostés, María, el Espíritu Santo y Jesús se hacen presentes en la vida de cada ser humano a través de la presencia y revelación de la *Santísima Trinidad del Espíritu Santo de Dios* a los apóstoles, en cuya oportunidad le dio la misión de evangelizar en el nombre del *Espíritu Santo de Dios,* para iluminarnos y ayudarnos con sus dones a alcanzar la vida eterna.

Para explicar este gran misterio, existen ciertos símbolos que son entendibles a nuestra razón: La Santísima Trinidad es simbolizada como un triángulo equilátero. Cada uno de los lados es idéntico a los otros dos y cada lado es parte del mismo triángulo y sin embargo cada uno es distinto. La única forma de diferenciarlos es poniéndoles diferentes nombres a sus vértices, que a su vez también son iguales: AB, AC, BC.

4

La parte Femenina del Espíritu Santo de Dios; la Virgen María.

El *Espíritu Santo de Dios* encarnó en *María*, cumpliendo la promesa que le había hecho a los patriarcas de la Antigua Alianza, de enviar una mujer cuya descendencia aplastaría la cabeza de la serpiente. Y "el Verbo se hizo carne" en *María*. La Persona Femenina de la Santísima Trinidad del *Espíritu Santo de Dios* se hizo Mujer para convertirse en Madre "del Hijo de Dios", el Hijo de su Propio Ser. El cual a su vez vendría con la misión de demostrarle al ser humano que siendo simples hombres y mujeres podríamos llegar a convertirnos en seres superiores con características similares a los de nuestros creadores. Lo cual nos haría merecedores de habitar en la dimensión en donde moran las partículas divinas del *Espíritu Santo de Dios* y los seres que lograron el dominio de la *Consciencia Cósmica*.

La *Virgen María* fue encarnada por obra y gracia del *Espíritu Santo de Dios*, su Propio Ser, y fueron *Ana y Joaquín* una pareja de ancianos judíos, quienes la acogieron como su hija y la entregaron al templo para ser criada y educada en la fe del pueblo judío de entonces, hasta cumplir la edad suficiente para desposarse con el descendiente de David, llamado José, cumpliendo con las promesas hechas por su Propio Ser a los seres humanos de la época antigua. La encarnación de la *Virgen María* tuvo privilegios únicos, igual que el nacimiento de su único Hijo *Jesús. María*, el Ser Divino encarnado como Mujer, es y será pura, santa, con todas las gracias divinas más preciosas, tiene la gracia santificante, desde su divina encarnación.

Pero los Evangelios, primero mutilados por los intereses mezquinos de la sociedad machista de la época, incluyendo los apóstoles y, segundo, manipulados por la injerencia de los escribas y el emperador Constantino El Grande, excluyeron todo escrito y mención sobre la importancia de la Madre de Dios en la creación y en la cristianización, así como la importancia de otras mujeres que también tuvieron funciones principales en la cristianización, ante, durante y después de la crucifixión. Es sorprendente como en las escrituras no se hace mención del hecho de que después de la crucifixión de Jesús todos los discípulos hombres sintieron miedo y se escondieron, y que fueron las discípulas encabezadas por María Magdalena y María la Virgen quienes se encargaron de dar seguimiento a todo lo establecido por Jesús en aquellos días.

No es por casualidad que a todas las mujeres que circundaron la vida y pasión de Cristo estos escritores le cambiaron los nombres y a todas les llamaron María como forma de confundir a los verdaderos cristianos. El verdadero nombre de la Virgen María era "Miriám". Es así como a una hija de los "padres adoptivos" de la Virgen – por ende hermana de la madre de Jesús – también le llamaron María, cuando en realidad se llamaba Martha. Esta María (Martha) esposa de Cleofás – hermanos menor de José - fue la madre de Santiago, Simón y Judas. Esta confusión de nombre fue hecha con la vil intención de confundir la humanidad y hacer ver como que la *Virgen María* se casó con el hermano de su esposo y tuvo tres hijos más con éste, algo que es totalmente falso. A estos cuatros "primos" de Jesús le llamaban hermanos del Mesías porque en aquella época no existía en el idioma arameo ni en el hebreo una palabra específica para llamar a los hermanos, los primos, y los tíos, y todos los parientes cercanos eran llamados con una misma palabra que significaba pariente cercano.

En Lucas la Concepción Divina de la Virgen María se describen en el marco narrativo de la Anunciación como obra del *Espíritu Santo de Dios*. Lucas presenta a la Virgen como figura central del evangelio de la infancia, unida al nacimiento de Jesús. Pero no fue humilde para reconocer que Ella jugó el papel principal en la cristianización de la humanidad. Y aún lo sigue jugando a través de las apariciones en las cuales concede todo tipo de favores que han ayudado a convertir a la fe cristiana a muchos pueblos de diferentes partes del mundo. Aunque esta fe ha sido mal encausada por la Iglesia Católica Romano, es justo reconocer que lamentablemente es esta la única iglesia que la ha acogido, al menos como su patrona de casi todas las poblaciones.

Juan describe la presencia de la Virgen María en Caná, donde la señala como interventora activa en el primero de los milagros realizados por Jesús, y al pie de la cruz durante su pasión y muerte, junta con María Magdalena y su hermana María. Pero este milagro es uno de los momentos en los cuales se prueba la divinidad de la parte femenina de la Santísima Trinidad del *Espíritu Santo de Dios*. El propio Juan señala que cuando *María* –la madre de Jesús- le dijo: "Jesús se ha acabado el vino", la repuesta de Jesús fue; "madre todavía no ha llegado mi hora". Esto deja bien claro que Jesús no estaba acto ni preparado para hacer dicho milagro, por lo cual se puede colegir que dicho milagro fue hecho por *María* y no por Jesús. A menos que se piense, que Jesús dijo que no podía, - porque no era su hora-, y su madre lo obligó a hacerlo. Pero en cualquiera de las dos situaciones se demuestra un papel superior de la parte femenina de la divina trinidad, es decir de María sobre Jesús en ese momento, ya que la frase "no es mi hora" quiere decir "aun no tengo permiso de mi Padre o del Espíritu Santo de Dios", de forma que realizar un milagro sin dicha autorización, por la petición de una "simple sierva" (como la consideran muchas iglesias y sectas religiosas) dice del real poder de la *Virgen María*. Lo cual denota de cualquier forma que se quiera ver que el *Espíritu Santo de Dios* está conformado por la Santísima Trinidad; del Padre, de la Madre y del Hijo. Y que como uno y trino a la vez tienen el mismo poder. Aunque como partes, cada uno tiene una misión específica, tanto en la creación como en el accionar del mundo conocido y por conocer. (Juan 2:1-12)

Algunos eruditos cristianos analizaron sobre la participación de la *Virgen María* en el conjunto de misterios de la salvación y en su relación con Jesucristo. Entre ellos, San Ignacio de Antioquía indagó en el misterio de Jesús nacido de María, mientras que San Justino defendió la concepción virginal de María, San Ireneo propuso un paralelismo entre el significado de las figuras de Eva-María y Adán-Cristo. A mediados del siglo XX aparecieron unos textos escritos en el siglo II por Santiago donde se cuenta la vida de María, desde sus padres adoptivos, Joaquín y Ana, hasta después del nacimiento de Jesús. En otros textos se explicaba la muerte de María y su asunción en cuerpo y alma a los cielos. Pero nunca se atrevieron a decir más de eso por miedo al castigo y a la burla de una sociedad completamente machista. Estamos seguros que la Iglesia Católica Romana tienen en su poder las pruebas que demuestran las verdades que hoy se revelan en este libro acerca de María y su divinidad. Cuando llegue el tiempo en que el pueblo tenga acceso a todos los documentos que están ocultos en la biblioteca del Vaticano, - a los cuales incluso algunos papas, cardenales y obispos no han tenido accesos -, todas estas verdades serán aclaradas. Pero hay de aquellos que sabiendo la verdad la han ocultado a la humanidad por tantos siglos; "ateos disfrazados de creyentes, bestias disfrazadas de corderos".

Para los cristianos de la época medieval, era un tema de discusión la perpetua virginidad de María y su santidad personal. Progresivamente llegó a imponerse la idea de una virginidad "antes y después del parto". Con el paso de los siglos por presión de los devotos y el temor de la Iglesia Católica Romana al saber que la verdad iba a salir a relucir, tarde o temprano, asumieron el dogma de la Inmaculada Concepción y el dogma de la Asunción o glorificación de *María*, donde la iglesia plantea que *María* fue asumida en cuerpo y alma al cielo después de su muerte, sin conocer la corrupción del sepulcro. Una forma muy practica pero mezquina para no revelar los Verdaderos Misterios del Cristianismo en María, y mantener oculto la posición que en realidad ocupa *María* en la composición del *Espíritu Santo de Dios*. Para ocultar que *María* no fue concebida por ser humano alguno, sino creada por obra y gracia del *Espíritu Santo de Dios*, su Propio Ser, solo así podría ser la Madre del Cristo, ya que ambos provienen del Propio *Espíritu Santo de Dios*, ambos tuvieron una vida santa y ambos al cumplir su misión humana en la tierra ascendieron al firmamento, para morar en la novena dimensión del tercer cielo, en el seno del *Espíritu Santo de Dios*.

Por medio de la *Santísima Virgen María*, Jesús reina en el Universo. Los verdaderos misterios de la vida de *María* fueron ocultos por la Iglesia Católica Romana cuando se re escribió la Biblia en el siglo IV, hecho este llevado a cabo por los obispos, los escribas y el emperador romano Constantino I. Para lo cual se ingeniaron la idea de llamarla alma mater o Madre oculta y escondida. Y atribuir a su infinita humildad el supuesto anhelo de ella de ocultarse a sí misma y a todas las creaturas, para ser conocida solamente por Dios. Bajo este supuesto ella le pidió a Dios que la ocultara en su concepción, nacimiento, resurrección y asunción. Según planteó San Louis: "Sus propios padres no la conocían y, los ángeles, querubines y serafines se preguntaban con frecuencia unos a otros ¿Quién es ésta? ¿Por qué el Altísimo nos la ocultaba? O, si algo les manifestaba de Ella, era infinitamente más lo que les encubría". Algo que demuestra la gran ignorancia de los más connotados representantes de la Iglesia Católica Romana, en el tema de la esencia del Ser Divino Creador del Infinito Universo, o el interés de ocultar la verdad de la composición del Ser Supremo, que ha prevalecido en la iglesia.

La Divina Madre posee los mismos poderes que el Divino Hijo, pero en su infinita sabiduría Ellos sabían que cada uno había venido con una misión específica y no debía uno intervenir en la misión del otro. El *Espíritu Santo de Dios* pasará cuenta a los que ocultaron la misión y disfamaron de la divinidad femenina de su Propio Ser. ¡Hay! de aquellos que manipulando la palabra limitaron el accionar de la parte femenina de la Santísima Trinidad al simple hecho de concebir al Dios Hijo y a estar en la cruz el día de su muerte. Tarde se darán cuenta de que la Madre y la Mujer juegan el papel más importante en la Creación del Ser Supremo, de los seres celestiales, del Ser Humano y todo el Infinito Universo.

María Virgen es la excelente obra maestra de sí misma; quien se ha reservado a sí misma el conocimiento y posesión de Ella misma y Su Creación. *María* es la Madre sublime de su Propio Ser. Hay de quienes tuvieron a bien humillarla y ocultar su verdadero origen, a sabiendas, y durante tanto tiempo. Aquellos que para fomentar el poder machista, la consideraron como una simple mujer, una simple sierva del Señor, como si se tratara de una extraña, son mínimas las veces que se le menciona en las Escrituras de la Biblia que fue manipulada por orden del emperador Constantino El Grande y algunos obispos leales a éste. ¡Hay! de aquellos que siempre supieron que ella era la persona más apreciada y amada del Infinito Universo y por machistas lo han ocultado.

María es la fuente sellada, en la que sólo puede entrar el *Espíritu Santo de Dios* en las personas del Padre y del Hijo; como Esposo fiel o como Hijo amado. "*María* es el santuario y tabernáculo de la Santísima Trinidad, donde mora el *Espíritu Santo de Dios*, más magnífica y maravillosamente que en ningún otro lugar del universo, sin exceptuar los querubines, serafines y demás seres extraterrestres, sean estos de carne o de espíritu: a ninguna creatura, por pura que sea, se le permite entrar allí sin privilegio especial", así lo expresó san Luis, el único cristiano que trató de revelar su divinidad, pero no le fue permitido revelarla al mundo como lo hacemos en este libro, como la plena expresión de la *Consciencia Cósmica*.

Ella eleva con sus meritos el Trono de la Santísima Trinidad del *Espíritu Santo de Dios*, a una altura inaccesible. Su poder y grandeza se extiende hasta sobre el Propio Ser, ya que Ella es su Creadora. Aunque parezca incomprensible, Ella es la propia Energía Divina de la Creación hecha Mujer, Madre, Esposa, Hermana e Hija; no existe la Creación sin el Ente Femenino que la Crea, igual que no ha existido el Adán sin primero estar Eva. Pasaron muchos siglos de Eva antes de que llegara el siglo de Adán.

Como parte de la Divina Trinidad del *Espíritu Santo de Dios*, Ella tiene todo el poder, para accionar y hacer milagros pero Ella siempre entendió que debía dejar que su Hijo cumpliera con la misión asignada por El Espíritu Santo de Dios y solo en algunas ocasiones ha hecho ostentación de su poder en la tierra, su poder como parte de la divina trinidad del Ser Supremo, su Propio Ser, su Propio auto engendro. Tal fue el caso del milagro de convertir el agua en vino en las famosas bodas de Caná, en donde hasta esta revelación no se sabía quiénes se habían casado. Ya que la Iglesia no solo oculto que el milagro había sido hecho por *María*, sino que también ocultó que estas fueron las bodas de *Jesús* con *María Magdalena*.

Todo el universo está lleno de su gloria y muchos verdaderos cristianos han obligado con su devoción a que Ella haya sido escogida como Patrona de todas las naciones, provincias, diócesis y ciudades alrededor del mundo. Muchas Catedrales han sido consagradas a Dios bajo una de sus múltiples advocaciones. Todas las iglesias católicas tienen un altar en su honor. No hay comarca donde no se dé culto a alguna de sus imágenes milagrosas, donde se cura toda suerte de enfermedades y se obtiene toda clase de bienes. Hoy existen muchas cofradías y congregaciones en su honor. Muchos institutos religiosos han sido colocados bajo su nombre y protección. Miles de congregantes en las asociaciones piadosas y miles de religiosos en todas las Órdenes publican sus alabanzas y proclaman su misericordia.

A partir de Hoy, desde el comienzo hasta el fin del Universo, y hasta lo más profundo del centro de la tierra, todos debemos pregonar para regocijo de todo ser viviente, la Divinidad de la *Virgen María*. Todos los coros angelicales, los hombres y las mujeres, sin importar edad ni condiciones, ni religión, ricos y pobres, y hasta los mismo espíritus contrarios, se ven obligados por la evidencia de la verdad, a proclamar a los cuatros viento que la Santa Madre es parte de la Divina Trinidad del *Espíritu Santo de Dios*.

La vida de la *Virgen María* nos enseña a alabar al Ser Supremo por las gracias que el *Espíritu Santo de Dios* le otorga y por las bendiciones que Ella derramó sobre el mundo. Podemos encomendar nuestras necesidades a Ella, porque Ella tiene el poder que emana del *Espíritu Santo de Dios*, su Propio Ser. Son muchas las personas que han tenido la santa experiencia de estar en contacto con el *Espíritu Santo de Dios*, en la presencia de la Divina Trinidad del Ser y han manifestado que el Ser Supremo le ha hablado con las tres voces; la de la Madre, la del Padre y la del Hijo desde un solo ente de luz, ya que Ellos tres conforman el *Espíritu Santo de Dios*. Esta personas han manifestado que cuando habla la Virgen escuchan una voz de bondad angelical, cuando habla Jesús escuchan una voz varonil de ternura y paciencia, y cuando habla el Padre escuchan una voz que retumba, que extrémese con fuerza y poder.

La *Virgen María* se ha mantenido viniendo a la tierra preparando la segunda venida de Nuestro Señor Jesucristo. A estas visitas en auxilio de seres humanos necesitados, es lo que los cristiano - marianos llamamos las Apariciones de La Virgen. Esta apariciones tienen lugar en diferentes localidades de la tierra y es por esta razón que se le han dado tantos nombres diferentes, dependiendo del lugar donde aparece se le han ido poniendo nombres, pero en realidad la *Virgen María* es una sola, la Divina Madre de Dios y de la Creación.

Como se ha revelado aquí, la Santísima *Virgen María* forma parte de la Santísima Trinidad del *Espíritu Santo de Dios*. Tres figuraciones diferentes de un mismo Ser Supremo que a su vez son uno mismo, un solo Ser. *María*, Madre de Dios hecho hombre forma parte de la divinidad del Ser Supremo, del *Espíritu Santo de Dios*. "Antes que el Hijo, vino la Madre y antes que la Madre el Padre y los tres vinieron por obra y gracia del *Espíritu Santo de Dios*, del cual son un todo y parte a la vez." "Y cada uno tiene asignado su lugar." Así fue expresado: "Él está allá, pero sigue estando aquí; si despiertas aquí, te despertaras allá".

Para los verdaderos cristianos esta revelación confirma y afirma todo el conjunto de "paradojas marianas" que se han manifestado con el paso del tiempo sobre los Verdaderos Misterios del Cristianismo. Podemos analizar como estas paradojas nos confirmar que esta revelación es veraz, ya que la misma hace referencia a las gracias extraordinarias de las que fue depositaria *María* durante su encarnación, y en orden a su divina maternidad. Por ser la madre del Cristo —considerado el Verbo encarnado, Dios mismo—, para concebir el Verbo *María* debía ser el Verbo mismo, igual que el *Espíritu Santo de Dios* es Verbo y solo existe un solo Verbo.

Por tanto, *María*, como parte femenina del *Espíritu Santo de Dios* es:

- *la que creó su Propio Ser,*
- *la que engendró al Ser que la engendró a ella,*
- *la que existía antes que el Espíritu Santo de Dios,*
- *la que "dio el Ser al Ser creador de todo",*
- *la que encerró en su seno al Inmenso e Infinito,*
- *aquella que encerró en sus entrañas a quien no cabe en todo el mundo,*
- *la que sostuvo en sus brazos al que todo lo sustenta,*

- *la que tuvo obligación de ejercer vigilancia sobre el que todo lo ve,*
- *la que tuvo a su cuidado al Ser que cuida de todos,*
- *la que tocó los confines de quien no tiene fin,*
- *el Verbo hecho Mujer, para ser Madre, Esposa, Hermana e Hija,*
- *la parte femenina del Verbo; el cual es Madre, Padre e Hijo unidos en la gracia del Espíritu Santo de Dios.*

Muy a pesar de todas las creencias que nos han inculcado durante miles de años, debemos estar claros y no confundir las cosas, cada parte del Ser Supremo tiene su misión. Y la misión de la redención del ser humano le fue encomendada al Dios Hijo, encarnado en Jesucristo, pero el principio y el fin de la devoción para la salvación de los verdaderos cristianos es una misión que corresponde a *Jesús* y a *María en el Espíritu Santo de Dios* por igual, ya que los tres son en sí un solo ser. *María* es quien crea el enlace entre el Dios- Espíritu y el Dios – Hombre. Jesucristo es el elemento de enlace entre el Espíritu Santo de Dios y el Ser Humano, a través de él estamos unidos en un mismo Ser. Para llegar al Ser Supremo necesitamos imitar a Jesucristo en el cual permanece toda plenitud y gracia, dada a él, aquí en la tierra, por la *Virgen María*. A través del Hijo se llega al Espíritu Santo Padre y a través de Cristo hemos de recibir toda bendición del *Espíritu Santo de Dios*. Pero para llegar al *Espíritu Santo de Dios*, que es la unión complementaria de la Santísima Trinidad se debe estar en armonía con las tres Personas de la "Familia Suprema"; del Padre, de la Madre y del Hijo.

El *Espíritu Santo de Dios* es uno y trino a la vez, de forma que si personalmente te sientes confortable orándole al Padre, obtiene la bondad de las tres Divinas Personas que en verdad es un solo Ser. Pero si te sientes identificado con la Virgen y en armonía con la Madre del Ser que es uno, y si le oras a ella también tus plegarias serán escuchadas igual por los tres, porque ellos son un mismo espíritu. Y ni se diga del Hijo, siempre que le pides algo a Jesús también se lo estas pidiendo a su Padre y a su Madre. Y siempre que pida con devoción y fe vas a recibir con abundancia toda la gracia que emana del *Espíritu Santo de Dios*.

Ha habido un gran desenfoque en la humanidad durante todo el transcurso de los tiempos donde se ha perdido el concepto básico de la humanización del Ser Supremo. Hemos pasado por alto que el primer ejemplo que el *Espíritu Santo de Dios* nos enseñó fue el de desposar a *María* y luego hacerla madre al engendrar en ella a su Hijo, su propia encarnación, para ante el mundo dar a conocer la esencia del *Espíritu Santo de Dios* el cual es uno y tres a la vez. Conformando el primer ejemplo de familia; en el nombre del Padre, de la Madre y del Hijo. Ellos quisieron dar ejemplo para que esto llegue a nosotros por convicción y no por imposición. Ni el Padre ni el Hijo han visto con buenos ojos la vejación hecha por el hombre a la mujer en la persona femenina de la Santísima Trinidad del *Espíritu Santo de Dios*.

La Biblia establece que; "No se ha dado a los hombres sobre la tierra otro nombre (de ser humano) por el cual podamos ser salvados", sino el de Jesús. Pero el Espíritu Santo de Dios nos ha dado otro fundamento de salvación, perfección y gloria, en la Virgen María. "Todo edificio que no esté construido sobre rocas firmes, se apoya en arena movediza y tarde o temprano caerá infaliblemente". Todas estas y otras tantas expresiones han sido fuentes de confusión, pero no nos debemos dejar confundir con todos estos preceptos que aplican solo para los hombres, no para la divinidad de la *Virgen María*. Ya que como hemos visto aquí, Ella está por encima de Todo. Ella es la única que ha engendrado al ser que la creó a Ella, en una acción que carece de lógica humana pero no así en los entes divinos.

Debemos arrodillarnos ante la Santísima *Virgen María*, para humildemente pedirle por su Divina Majestad, que perdone la ignorancia de la gran mayoría de los seres humanos, que hayan menospreciado la unión que la liga a la Santísima Trinidad del *Espíritu Santo de Dios*, que es la misma que une al Padre del Hijo. Debemos también reconocer, que a través del *Espíritu Santo de Dios*, Jesús estás siempre con *María*, igual que *María* está siempre con Jesús; *María* está de tal manera trasformada en Jesús por la gracia del *Espíritu Santo de Dios*, que Ella ya no vive ni es nada sin Él, igual que Él no es nada sin Ella, y lo propio sucede con el Espíritu Santo. Y bajo este gran Misterio Divino, la Madre (María), el Padre (el Espíritu Santo) y el Hijo (Jesús) son un mismo ser integrado, el cual es llamado *Espíritu Santo de Dios*, y que habita con todas las criaturas del macro Universo de todas las dimensiones, y cuya energía proviene de la más alta dimensión del Cosmos.

Hoy estoy seguro, mi amadísima *Virgen María*, que cuando todos los seres humanos reconozcan la gloria y el amor que reside en la misteriosa y admirable figura, que conforma la santísima trinidad del *Espíritu Santo de Dios*; Padre, Madre e Hijo. Todos tendremos hacia Ti sentimientos muy diferentes de los que ahora se tienen. Cuando descubramos que tú está unida al Padre y al Hijo tan firmemente que sería más fácil separar la luz del sol, el calor del fuego, el frio del hielo, porque Ellos te aman más ardientemente y te glorifican con mayor perfección que a todas las demás creaturas del Universo.

No es extraño, santísima *Virgen María*, ver la arrogancia de todos los hombres respecto a ti, los cuales te han ignorado solo por el hecho de ser mujer, al igual que los patriarcas lo hicieron con Eva "la que le dio vida al hombre". Pero no solo son los paganos y los herejes, también los propios cristianos te han desconocido. Estos señores hablan muy raramente de Ti, y otros jamás te han rendido el culto que te merece, supuestamente por miedo a ofender la honra de Dios y de Jesús. Estos supuesto cristianos al ver que alguien hablar con devoción hacia Ti, Santísima *Virgen María*, con un lenguaje eficaz y persuasivo, sin pena y sin miedo, de una senda inmaculada y sin imperfección y de un secreto maravilloso que nos revela que tú eres parte de la Santísima Trinidad del *Espíritu Santo de Dios,* la parte femenina del Ser Supremo, argumentando miles de falsedades, que según ellos prueban que no se debe hablar tanto de la Virgen, que únicamente se debe hablar de Jesús o de Jehová de los ejércitos. Otros llegan a decir que tú eres una esclava que solo fuiste utilizada por Jehová para su propósito. Cuan sorprendidos quedaran todos cuando te vean a la cabeza de la Suprema Corte Celestial al mando de las estrellas.

Estoy consciente mi amadísima *Virgen María* que el Rosario, el escapulario y la corona como devociones propiamente dichas no son suficiente para alabarte y adorar tu grandeza. Pero muchos de estos supuestos cristianos piensan que esto es suficiente y muchos otros, incluso, piensan que esto es demasiado o que es un abuso. De hecho, cuando estos caballeros encuentran algún devoto de tu grandeza rezando el Rosario o practicando alguna devoción en tu honor, hacen grandes esfuerzos para tratar de "purificarle" el espíritu y limpiar su corazón, aconsejándole que en lugar de rezar el Rosario, debieran rezar los siete salmos penitenciales.

Cuando la verdad es que un rezo no se opone al otro, y por el contrario ambos se complementan y se fortalecen en el

Espíritu Santo de Dios. Estos señores piden a las personas solo rezar a Jesús o al Padre. Pero en verdad, agradará al Señor el que por temor a desagradarle no honra a su amadísima Madre, su Propio Ser. Consagrarte a la *Virgen María* en vez de alejarte de Jesús te acerca a Él. Porque el que ama al Hijo debe amar a la Madre, igual que el que ama al Hijo ama al Padre, ya que a fin de cuenta es un mismo ser, un solo Espíritu Divino, el *Espíritu Santo de Dios*.

La realidad actual es que la mayoría de los estudiosos, incluso los cristianos, mientras más sabios más alejados se encuentran de la devoción a la Santísima Madre y muestran una absoluta indiferencia hacia su Divinidad. Guárdanos de estos sentimientos y de este tipo de apatía hacia tu Divina Majestad, Madre Divina. Danos sabiduría y ayúdanos a participar de los sentimientos de gratitud y amor que tú tienes, para con nosotros, tus hijos e hijas, a fin de que podamos amarte y glorificarte, y que ese amor hacia ti nos haga más perfectos y merecedores de tu reino celestial.

Y aunque nadie más lo admita concédeme, Santísima *Virgen María*, la honra y la gracia de poder amarte y adorarte por las gracias que tu concedes al *Espíritu Santo de Dios*. Concédeme la gracia de alabarte dignamente, a pesar de todos tus detractores, porque no alcanzará misericordia divina aquel que ofende a la Madre bendita. En cambio el que alabe la Santísima Madre ya tendrá el pase para llegar al Padre y al Hijo, en el seno del Espíritu Santo de Dios. Porque aquí está dicho, para alcanzar la misericordia de Jesús, es necesaria una verdadera devoción hacia su Santísima Madre y más aún si esta se difunde con devoción y fe a través de toda la tierra como lo es el difundir este libro por todos los confines de la tierra. Una misión que nos corresponde a todos y todas por igual.

Nada hay entre los cristianos que nos haga pertenecer más plenamente a Jesucristo que la veneración y adoración a su Santísima Madre, aceptada voluntariamente. El hombre y la mujer que profesen su amor a la *Virgen María* nunca estarán fuera de la gracia del *Espíritu Santo de Dios*. Los cristianos son llamados repetidas veces en la Biblia servidores de Cristo, y yo les digo que el que sirve a Cristo sirve al Ser Supremo por lo cual también el que sirve a María al mismo tiempo sirve a Cristo y al Espíritu Santo de Dios. Está demostrado que el que ama a la *Virgen María* recoge los frutos de sus buenas obras y nunca estará desposeído de la protección del *Espíritu Santo de Dios*.

Como hay divinidad en *Jesucristo*, hay divinidad en la *Virgen María*. Siendo Ella la compañera inseparable de su vida, gloria y poder en el cielo y en la tierra, le otorgó respecto y Majestad con todos los derechos y privilegios que a Ella le corresponden por naturaleza. Todos los Dones que provienen del *Espíritu Santo de Dios* por obra y gracia, proviene de *María* por naturaleza. Cabe entender que teniendo Ellos el mismo pueblo al cual proteger, también poseen los mismos súbditos y servidores para dar la misma gloria, y la dan.

Conforme todos estos planteamientos, podemos convertirnos en servidores del amor a la Divinidad de la *Virgen María*, a fin de serlo más perfectamente de Jesucristo. La Virgen Santísima es el medio del cual debemos servirnos para ir a Él. Pues *María* no es como las demás creaturas, que, si nos apegamos a ellas, pueden separarnos de Dios en lugar de acercarnos a Él. La inclinación más fuerte hacia la que aplastó la serpiente, es la de unirnos a Jesucristo, su Hijo y su Propio Ser; y el mayor deseo de Jesús es que vayamos a Él por medio de su Divina Madre.

Porque no sin razón nos ha dado el *Espíritu Santo de Dios* mediadores ante sí mismo. De forma que nos podamos identificar más con el propio Ser Supremo a través de una de sus personificaciones. Ya que él conoce nuestra indignidad e incapacidad, se apiadó de nosotros y para darnos acceso a su misericordia nos proveyó de dos poderosos mediadores ante su grandeza; la *Virgen María y Jesucristo*. Porque está tan corrompida nuestra alma que si nos apoyamos sólo en nuestros propios esfuerzos no podremos llegar hasta el Ser Supremo y mucho menos podremos unirnos a Él y que nos escuche. Por tanto, reconocemos en *Jesucristo* y la *Virgen María* los únicos mediadores que nos pueden acercar directamente a la Santidad Divina sin recomendación alguna.

Jesucristo es nuestro mediador de Redención y la *Virgen María* nuestra mediadora de aflicción. Y ambos lo son ante el *Espíritu Santo de Dios*. Por Ellos debemos orar juntos toda la humanidad. Por Ellos tenemos acceso ante la Majestad Divina y, sólo apoyados en Ellos, revestidos de sus méritos, debemos presentarnos ante el *Espíritu Santo de Dios*, con la humildad y el respeto que se merecen al tener la más alta investidura del Universo, por encima de todo ser, sacerdote, ministro, papa, gobernante, presidente, rey, logia, secta, religión, creencia, pensamiento y ciencia.

Jesucristo es el principal mediador ante el Padre pero la *Virgen María* es mediadora ante el Mediador mismo, ante el Padre y ante Sí misma. Por Ella vino *Jesucristo* a nosotros y por ella debemos nosotros ir a Él. Esta relación es como el triangulo equilátero; estando en uno de los vértices puedes llegar a cualquiera de los otros dos que te quedan a la misma distancia, que son exactamente iguales y que solo tienen diferentes nombres para poder diferenciarlos cuando debe llamarlos por separado, porque en realidad son un solo elemento que se llama triangulo equilátero. Si temes ir directamente al *Espíritu Santo de Dios*, a causa de su infinita grandeza y de tu pequeñez o pecados, implora con filial confianza la ayuda e intercesión de la dulce y tierna *Virgen María*, la Madre de la Creación. Ella es tierna y bondadosa, es la pura naturaleza, no hay nada austero ni terrible en todo su Ser.

La *Virgen María* es tan bondadosa que nunca ha rechazado a ninguno de los que imploran su intercesión, por más pecadores que hayan sido, pues jamás se ha oído decir que alguien haya sido rechazado al haber acudido confiado y perseverantemente a ella. Ella es como el sol que con la brillantez de sus rayos alumbra todo el Universo y al mismo tiempo, hermosa y apacible como la luna que toma esos rayos y los acomoda para que nuestras vistas puedan apreciar la belleza de la tenue luz, sin sufrir ningún daño. Ella es tan piadosa que tus peticiones jamás serán desoídas, bástale con que le presente alguna súplica, para que Ella la acepte y reciba y se deje vencer amorosamente por las súplicas de sus amadísimos (as) hijos (as).

Para armonizar con el *Espíritu Santo de Dios* tenemos tres posibles vías: la primera, es *María*; Ella es la más cercana y más acorde a nuestras posibilidades. La segunda, es *Jesucristo* y la tercera es el propio *Espíritu Santo de Dios* Padre. Para llegar a Jesucristo hay que ir a *María* nuestra Mediadora de intercesión. Para llegar hasta el Padre hay que ir al Hijo, que es nuestro Mediador de Redención, aunque también se puede llegar al Padre directamente a través de *María*, su amadísima Esposa. Y cada uno de los tres te puede llevar al *Espíritu Santo de Dios*; Padre, Madre e Hijo, si logras evolucionar hasta llegar a la novena dimensión en donde habita la santísima Trinidad del *Espíritu Santo de Dios*.

Es prácticamente imposible, bajo la evolución normal del ser humano, dada su pequeñez y fragilidad, conservar las gracias dadas por el *Espíritu Santo de Dios*, a cada hombre y mujer al nacer, ya que aunque todos estamos formados por partículas divinas, dichas partículas no pueden evolucionar a un ritmo acelerado mientras estemos limitados por nuestra poca fe y el mínimo conocimiento de la corrupción de la materia del cuerpo, en esta tercera dimensión. Solo cuando nuestra mente y espíritu lleguen a sobrepasar las altas dimensiones podremos lograr armonizar con el Ser Supremo. Y los seres humanos solo tenemos tres vías para poder lograr esto; Jesucristo, *María* y el auto desarrollo evolutivo del Ser Humano a través de la propia *Consciencia Cósmica*.

Llevamos en la sangre y en todo el cuerpo las partículas divinas del Ser Creador, algo más valioso que el cielo y la tierra, juntos. Pero nuestro cuerpo es corruptible, nuestra alma es débil e inconstante por cualquier cosa se turba y abate, dejando nuestro espíritu a la deriva. Nos creamos falsos demonios, para justificar nuestra debilidad y flaqueza. Seres que supuestamente nos rodean para devorarnos y arrebatarnos en un momento por un solo pecado todas las gracias y méritos logrados en muchos años. Su malicia y su astucia deben hacernos temer infinitamente esta desgracia. Pero la verdad es que todo, lo bueno y lo malo, está en nuestras partículas divinas, es decir, dentro de nuestro propio ser, de forma tal que las partículas divinas al mismo tiempo pueden ser partículas malignas. Y éstas van a depender de qué tipo de energía alimenta nuestros cuerpos. Acudes a *María* para que te dé la fuerza y la sabiduría que te haga capaz de conservar los atributos de la creación, nadie mejor que Ella como Madre y creadora conoce la esencia de nuestro ser. Si mantiene tu alma, tu mente y tu cuerpo con cosas positivas, todo en ti será positivo, en cambio si los alimentas con cosas negativas, todo en ti será negativo.

Nada mejor que la devoción admirable a la *Virgen María*, para confiar nuestra esencia de vida, ya que Ella nos la guardará como si fuera propia. Es difícil perseverar en gracia, a causa de la espantosa corrupción del mundo, en todos los tiempos y eras. Corrupción tal, que se hace prácticamente imposible que algún hombre o mujer pueda vivir sin mancha y sin miedo; miedo por haber fallado o miedo por temor a fallar. Ya que sería un milagro el que una persona se conserve pura en medio de este torbellino de corrupción mundial en todos los niveles sociales, sin ser arrastrada por el mal, del vicio, la infidelidad, la avaricia, la envidia, la inmoralidad, etc. Solo con una verdadera devoción a la *Virgen María*, contra quien nada pudo hacer la serpiente, y con un avance del ser humano en la *Consciencia Cósmica*, se podría conseguir este milagro a favor de toda la humanidad.

La *Virgen María* se ha mantenido viniendo a la tierra preparando al ser humano para la venida del *Espíritu Santo de Dios* con toda su Corte Celestial. A estas visitas en auxilio de pueblos y de seres humanos necesitados, es lo que llamamos "las apariciones de La Virgen". Estas apariciones tienen lugar en diferentes localidades de la tierra y es por esta razón que se le han dado tantos nombres diferentes, ya que dependiendo del lugar donde aparece se le ha ido poniendo diferentes nombres, pero en realidad la *Virgen María* es una sola, la santísima Virgen María, conocida por esta razón por muchos diferentes nombres, tales como; María Auxiliadora, Nuestra Señora de la Asunción, Nuestra Señora de Hollywood, La Virgen de Regla, Nuestra Señora de la Altagracia, la Virgen de la Caridad del Cobre, la Virgen de Guadalupe, la Virgen de las Mercedes, la Virgen del

Carmen, la Virgen de la Inmaculada Concepción, la Virgen de la Divina Providencia, Nuestra Señora de Coromoto, Nuestra Señora de los Ángeles, entre otros. Esto ha llevado mucha confusión, por lo cual muchas personas creen que existen varias vírgenes, pero en realidad es una sola, la Virgen María. Pero mientras sea con verdadera devoción no importa cual nombre usted implore, Ella le responderá.

4.1.- Nuestra Señora de la Altagracia; Misterios de la Virgen María.

Nuestra Señora de la Altagracia o Virgen de la Altagracia: es la santa madre protectora espiritual del pueblo dominicano. Su fiesta patronal es celebrada el 21 de enero en la República Dominicana donde muchos fieles devotos de la Virgen María van desde toda parte del territorio nacional dominicano hasta su templo en la Basílica de Higüey a rendirle culto. Esta devoción se inició en el país durante el primer período colonial, cuando los primeros viajes de los españoles, aunque también fue paseada por otras regiones del mundo. Fueron los hermanos Alonso y Antonio Trejo, quienes llevaron la imagen de la Virgen de la Altagracia al país dominicano; éstos provenían de la localidad de Siruela donde la virgen se le apareció a un agricultor sobre un árbol, y de ahí su nombre de "la Alta Gracia" bajada del cielo. Es también venerada en Garrovillas de Alconétar, otra localidad española, donde la leyenda cuenta que la santísima virgen se le apareció a una niña sobre un gran peñasco. Los Hermanos Trejo fueron los primeros en fundar un trapiche para producir azúcar, que tiempo después daría paso a los famosos ingenios azucareros de la República Dominicana. Los Trejos se mudaron en la villa de Higüey, y de inmediato regalaron la imagen de la Virgen de la Altagracia, para que toda la comunidad la venerara.

La imagen de la Virgen de la Altagracia representa la escena del Nacimiento de Jesús en el Pesebre de Belén, donde se destaca la maternidad de la Virgen. En el cuadro se encuentra la Estrella de Belén, la cual tiene ocho puntas y simboliza el cielo y tiene dos rayos extendiéndose hacia el pesebre, en el cual el Espíritu Santo de Dios está señalando las dos divinidades humanizadas, en su hijo Jesús y en su madre María. Por encima de la Virgen hay doce estrellas y en su alrededor hay un resplandor, cual si estuviera revestida de sol. La Virgen también lleva una corona en su cabeza que simboliza que Ella es la Reina del Universo, y un velo sobre la cabeza que simboliza la pureza de la mujer. Delante de la Madre se encuentra el Niño Jesús, dormido sobre pajas y detrás, bien retirado de Ella, está José, vestido con una capa roja y una vela en su mano izquierda. En la imagen también se puede apreciar la figura de María en actitud de adoración, con sus manos unidas en forma de arco. Sobre su pecho se distingue una especie de triángulo blanco, expresión de la divina trinidad representada en ese momento, el cual sube desde el pesebre, donde descansa el niño, hasta casi los hombros de María. El rostro de María se muestra sereno, con un perfil bajo, pero sin reflejar tristeza, sino más bien alegría y paz, en una actitud de meditación. Su cabeza está cubierta con un velo azul oscuro que le llega hasta los hombros y su manto está salpicado de dieciséis pequeñas estrellas, ocho de cada lado. Detrás hay una columna, como señal de que en ese momento aquel pesebre se había convertido en un templo sagrado, porque allí estaban presente dos de las tres divinas personas. La imagen de la Virgen de la Altagracia es un ícono. No hay un elemento, un color ni una relación que no tenga su significado. También es uno de los pocos cuadros alrededor del mundo que está estampado en oro puro.

La Virgen de la Altagracia es venerada en México, en la comunidad de Zapopan, Jalisco, en donde es Patrona, allí se encuentra una capilla dedicada a Nuestra Señora de la Altagracia. El pueblo de la Altagracia, de la Provincia de Córdoba, Argentina, debe el origen de su nombre a la Virgen de la Altagracia. En España, la Virgen de la Altagracia es Patrona de Garrovillas de Alconétar, Cáceres, Siruela, y Badajoz. En Panamá la Virgen de la Altagracia es Patrona de la comunidad de Jobo Dulce, Los Santos, Panamá. En Venezuela es Patrona de Curiepe, Miranda y Quibor, Lara. (Nuestra Señora de la Altagracia. Wiki pedía, 2012)

4.2.- Nuestra Señora de Guadalupe; Misterios de la Virgen María.

El Santuario de Nuestra Señora de Guadalupe es único entre los grandes centros de devoción mariana, porque en él se ha conservado y se venera la hermosísima imagen de la Virgen María, Madre de Dios, en la tilma del humilde indio, Juan Diego, la cual fue pintada con tinta y pinceles que no son del mundo conocido por el ser humano, al menos hasta ahora.

Cuenta la tradición que la Virgen María se le apareció al indio Juan Diego cuando éste iba rumbo al Convento de Tlaltelolco para oír misa. Al amanecer llegó al pie del Tepeyac, y de repente oyó una melodía que provenía de los árboles. Sorprendido se paró, y alzó su vista hacia el cerro y vio que estaba iluminado con una luz como de rayos de sol. Dejó de sonar la música y en seguida oyó una dulce voz procedente de lo alto de la colina, que le decía: "Juanito; querido Juan Dieguito". Por lo cual él subió presurosamente y al llegar a la cumbre vio a la persona femenina de la Santísima Trinidad del Espíritu Santo de Dios, la Virgen María, en medio de un arco iris, vestida del esplendor celestial. Su hermosura y mirada bondadosa llenaron su corazón de gozo infinito mientras escuchó las palabras tiernas que ella le dirigió. Ella le dijo que era la *Virgen María*, Madre de Dios. Le reveló su deseo de tener un templo allá en el llano donde, como madre piadosa, mostraría todo su amor y misericordia a él y a los suyos y a cuantos aclamaran por su auxilio. La Santa Madre lo mandó a que fuera a la casa del Obispo de México y le dijera que iba de parte de la majestad divina de la Madre de Dios para solicitarle la construcción de un Templo en su honor en el llano indicado por Ella. Cuéntale cuanto has visto, oído y admirado. Y Juan se inclinó ante ella y le dijo: "Señora mía, voy a cumplir tu mandato; me despido de ti, yo, tu humilde siervo".

Juan fue a la casa del Obispo Zumárraga y le dijo todo lo que la Madre de Dios le había dicho. Pero el Obispo dudó de sus palabras, y le dijo que no tenía tiempo para escucharle y le pidió que regresara otro día. Juan regresó a la cumbre de la colina y encontró a la Virgen que ya le estaba esperando. Y con lágrimas de tristeza le contó de su fracaso. Ella le pidió que volviera a casa del Obispo el próximo día. Juan volvió y esta vez corrió con mejor suerte, esta vez el Obispo le escuchó pero le exigió que le trajera una señal. Juan volvió a la colina, le dijo a María la petición del Obispo y ella le aseguró que le daría la señal que él pedía. Pero Juan se vio imposibilitado de cumplir con este encargo ya que un tío suyo, también llamado Juan, había enfermado gravemente. Por lo cual Juan Diego se apresuró a buscarle un sacerdote en la ciudad, para lo cual tomó una vía diferente para evitar verse con la *Virgen María*. Pero para su sorpresa Ella bajó y salió a su encuentro. Juan se disculpó con Ella por no haber podido cumplir su misión el día anterior. Después de oír las palabras de Juan Diego, ella le respondió: "Oye y ten entendido, hijo mío el más pequeño, que es nada lo que te asusta y aflige. No se turbe tu corazón, no tema esa ni ninguna otra enfermedad o angustia. ¿Acaso no estoy aquí yo, que soy tu madre? ¿No estás bajo mi sombra? ¿No soy tu salud? ¿Qué más te falta? No te aflija la enfermedad de tu tío, que no morirá ahora de ella; está seguro de que ya sanó". Juan se sintió contento al oír estas palabras. Le pidió que le despachara a ver al Obispo para llevarle alguna prueba a fin de que le creyera. Y Ella le dijo: "Sube, hijo mío el más pequeño, a la cumbre donde me viste, encontrará diferentes flores, córtalas y tráemelas". El así lo hizo y las llevó ante la Virgen. Ella tomó las flores en sus manos, las arregló en la tilma y dijo: "Hijo mío el más pequeño, aquí tienes la señal que debes llevar al Señor Obispo. Le dirás en mi nombre que vea en ella mi voluntad y que él tiene que cumplirla. Tú eres mi enviado y eres digno de confianza. Rigurosamente te ordeno que sólo delante del Obispo despliegues tu tilma". Cuando Juan Diego estuvo ante el Obispo, y le contó los detalles de la cuarta aparición de la Santísima Virgen, abrió su tilma para mostrarle las flores, las cuales cayeron al suelo. En ese instante, ante la inmensa sorpresa del Obispo y sus compañeros, apareció la imagen de la Santísima *Virgen María* maravillosamente pintada con los más hermosos colores sobre la burda tela de su manto.

El mismo día, la Santísima *Virgen María* se presentó en la choza de Juan Bernardino, tío de Juan Diego, para curarle de su mortal enfermedad. Su corazón se llenó de gozo cuando Ella le dio el feliz mensaje de que su retrato milagrosamente aparecido en la tilma de Juan Diego, sería el instrumento que aplastaría la idolatría de sus hermanos hacia la serpiente, por medio de la enseñanza que la divina imagen encerraba. Te-coa-tla-xope en la lengua Azteca quiere decir "aplastará la serpiente de piedra". Los españoles oyeron la palabra de los labios de Juan Bernardino. Ellos entendieron que dijo "de Guadalupe".

Sorprendidos se preguntaron el por qué de este nombre español, pero los hijos predilectos de América, conocían bien el sentido de la frase en su lengua nativa. Así fue como la imagen y el santuario, adquirieron el nombre de Guadalupe, título que ha llevado hasta ahora. Y así se cumplió lo anunciado por los profetas: *"Y Dios mandará una mujer cuya descendencia aplastará la serpiente y liberará los hijos de Dios"*.

Cuenta la Sagrada Escritura que en los tiempos de la antigüedad un gran cometa recorría el espacio sideral. Este cometa tenía la apariencia de una serpiente de fuego. Por lo cual los indios de México le dieron el nombre de Quetzalcoatl que significa serpiente con plumas, y por temor hicieron ídolos de piedra, en forma de serpiente emplumada, los cuales comenzaron a adorar y a ofrecerles sacrificios humanos. Pero después de ver la sagrada imagen de la *Virgen María,* los indios abandonaron sus falsos dioses y abrazaron la fe cristiano - mariana. Unos nueve millones de indígenas se convirtieron al cristianismo en los primeros siete años después de la aparición de la imagen de la Divina Madre de Dios.

La tilma de Juan Diego en donde la imagen de la Santísima *Virgen María* apareció, está hecha de fibra de maguey, la cual tiene una duración ordinaria máxima de veinte años aproximadamente. Con un tamaño de 195 centímetros de largo por 105 de ancho con una sutura en medio que va de arriba a abajo. Impresa directamente sobre la tela, se encuentra la Divina imagen de Nuestra Señora de Guadalupe. El cuerpo de ella mide 140 centímetros de alto. Esta imagen de la Santísima Virgen es el único retrato auténtico que se tiene de ella. Su conservación en estado fresco y hermoso por más de cuatro siglos, es considerada milagrosa. La imagen se venera en la Basílica de Nuestra Señora de Guadalupe en la Ciudad de México, donde ocupa el sitio de honor en el altar mayor. Espertos en imagenes digitales y fotografía aseguran que en los ojos de la Virgen de Guadalupe se encuentran grabadas 13 imagenes de personas las cuales aún no han podido ser decifradas. (Nuestra Señora de Guadalupe. Wiki pedía)

4.3.- Nuestra Señora de la Caridad del Cobre; Misterios de la Virgen María.

La adoración a la Virgen María en la Isla de Cuba inicio con la derrota de Alonso de Ojeda y los primeros conquistadores de Cuba cuando pretendían imponerse a los indios. Estos los enfrentaron obligando a los españoles a huir a través de montes y ciénagas para salvar sus vidas. Llegando al pueblo indio de Cueibá en la zona de Jobabo, en muy mal estado por lo cual tuvieron compasión de ellos y les auxiliaron. Por agradecimiento Alonso de Ojeda construyó una pequeña ermita con ramas de árboles. Y allí colocó una Imagen de la *Virgen María* que era su preciada pertenencia. Cumpliendo así la promesa que había hecho de darle la Imagen a quien le ayudara a salir con vida de aquella situación. También enseñó a los indios a rezar el "Ave María" lo cual se propagó tan rápido entre los indios que más tarde Cuba se llegó a conocer como la isla del "Ave María". Sin conocimientos sobre el cristianismo, los indios de aquel lugar adoraron y rezaron a la Imagen de la Virgen María y mantuvieron la ermita con esmero cuando Ojeda y sus hombres se marcharon.

Cuando comenzó la explotación del cobre en las montañas de la región oriental de la isla de Cuba. Próximo a las minas, los españoles establecieron el hato de Barajagua que contaba con mucho ganado. Por eso era necesaria la sal que prevenía la corrupción de la carne. Una mañana que tres personas salieron a buscar sal en la bahía de Nipe, y mientras iban por la sal ocurrió la aparición de la estatua de la Virgen María. Estos tres hombres eran llamados Juan de Hoyos, Rodrigo de Hoyos y Juan Moreno, conocidos como "los tres Juanes". Así lo contó uno de ellos años más tardes: "...habiendo ranchado en cayo Francés que está en medio de la bahía de Nipe para con buen tiempo ir a las salinas..., estando una mañana el mar calmado salimos de dicho cayo Francés antes de salir el sol, los dichos Juan y Rodrigo de Hoyos y este declarante, embarcados en una canoa para dichas salinas, y apartados de dicho cayo Francés vimos una cosa blanca sobre la espuma del agua, que no distinguimos lo que podía ser, y acercándonos más nos pareció pájaro y ramas secas. Dijeron dichos indios "parece una niña", y en estos discursos, llegados, reconocieron y vieron la imagen de Nuestra Señora la Virgen María Santísima con el Niño Jesús en los brazos sobre una tablita pequeña, y en dicha tablita unas letras grandes las cuales leyó dicho Rodrigo de Hoyos, y decían: "Yo soy la Virgen de la Caridad", y siendo sus vestiduras de ropaje, se admiraron que no estaban mojadas. Y en esto, llenos de alegría, cogieron sólo tres tercios de sal y se vinieron para el Hato de Barajagua..."

El administrador del término Real de Minas de Cobre, Don Francisco Sánchez de Moya, ordenó levantar una ermita para colocar la imagen y estableció a Rodrigo de Hoyos como capellán. Una noche Rodrigo fue a visitar a la Virgen y notó que no estaba allí. Se organizó una búsqueda sin éxito. A la mañana siguiente, y para la sorpresa de todos, la Virgen estaba de nuevo en su altar, sin que se pudiera explicar, ya que la puerta de la ermita había permanecido cerrada toda la noche. Este hecho se repitió dos o tres veces más hasta que los habitantes de Barajagua pensaron que la Virgen quería cambiar de lugar.

Por lo que se trasladó en procesión, con gran pena para ellos, al Templo Parroquial del Cobre. La Virgen María fue recibida con repique de campanas y gran alegría en su nueva casa, donde la situaron sobre el altar mayor. Así llegó a conocerse como la Virgen de la Caridad del Cobre.

Pero en el Cobre se volvió a repetir la desaparición de la Virgen. Pensaron entonces que ella quería estar sobre las montañas de la Sierra Maestra. Esto se confirmó cuando una niña llamada Apolonia subió hasta el cerro de las minas de cobre donde trabajaba su madre. La niña iba persiguiendo mariposas y recogiendo flores cuando, sobre la cima de una de las montañas vio a la Virgen de la Caridad. La noticia de la pequeña Apolonia causó gran revuelo. Unos creían, otros no, pero la niña se mantuvo firme en su testimonio. Por lo cual llevaron a la Virgen a dicho lugar. Desde la aparición de la estatua, la devoción a la Virgen de la Caridad se propagó con una rapidez asombrosa por toda la isla de Cuba. Con el transcurso de los años se construyó un recinto mayor, este nuevo recinto acoge al creciente número de peregrinos que anualmente visitan el santuario de la Santísima Virgen de la Caridad del Cobre, para las festividades del 8 de Septiembre. La Virgen de la Caridad fue coronada por el papa Juan Pablo II como Reina y Patrona de Cuba el sábado 24 de Enero de 1998, durante la Santa Misa que celebró en su visita apostólica a Santiago de Cuba.

La primera celebración de la Fiesta de la Virgen de la Caridad del Cobre en el exilio se llevó a cabo el 8 de Septiembre de 1961, el mismo día que llegó la imagen de la santísima Virgen a la ciudad de Miami. Esta era la imagen que se había adorado por mucho tiempo en la Parroquia de Guanabo de la Habana. Dicha celebración se llevó a cabo con profunda emoción, presidida por el Arzobispo de Miami, y a partir de la fecha se hizo una tradición que continúa hasta el día de hoy. Pero la imagen de la Virgen no sólo estuvo presente en estas celebraciones, sino que comenzó un recorrido de los campamentos para los niños cubanos exilados que se encontraban sin sus padres. Los cubanos se organizaron para construir una Ermita a la Virgen de la Caridad en el exilio. La primera piedra de la capilla provisional se puso el 20 de mayo de 1967. El 21 de mayo de 1968 el Arzobispo Carrol de Miami, ordena la fundación de la Cofradía de la Virgen de la Caridad para reunir a los devotos para honrar a la Virgen María y con ella evangelizar. Miami cuenta con ciudadanos de todos los países hispanos. Desde los años 80, además de los 126 municipios cubanos, peregrinan también a la ermita de la Virgen de la Caridad del Cobre de forma organizada, todos los países hermanos de la hispanidad durante el mes de octubre.

Los devotos de la Virgen han logrado propagar no solo la devoción a la Virgen de la Caridad, sino hacer de la Ermita un centro de evangelización de irradiación mundial. El instrumento principal de la *Virgen María* para la obra de la Ermita fue desde el principio Monseñor Agustín Román, con la ayuda de las Hermanas de la Caridad que ministran en la Ermita y la Archicofradía. La imagen de la Virgen de la Caridad refleja que el Espíritu Santo de Dios está por encima de todo y de todos. En su mano derecha sostiene la Cruz, camino único de salvación, que debe ser abrazado por todos sus hijos. Con la mano izquierda sostiene a su Hijo, el Niño Dios. Así nos enseña la importancia de, imitarla a ella que fue fiel, acompañando a Jesús desde el comienzo de su vida hasta la Cruz. La *Virgen María* es nuestra Madre y Creadora. Ella en tiempo de tormenta, vino para salvar a "los tres Juanes". Igual la Virgen María viene hoy para salvarnos de las tormentas que azotan en nuestras vidas. Así como Ella acompañó a los Apóstoles cuando se reunieron llenos de miedo en Pentecostés. La *Virgen María* nos adentra en su corazón maternal, santuario del Espíritu Santo de Dios donde nos forja en otro Cristo, al irradiarnos con su divinidad. La parte femenina del Ser Supremo quiso hacerse mujer de carne y hueso para concebir en su vientre al hombre que se convertiría a su vez en Dios, dando ejemplo al ser humano de que el camino de luz y verdad conduce al Espíritu Santo de Dios. Ella es la madre de todos los que guardan la Palabra y de todos los que no la guardan también. La Virgen María nos enseña la importancia de la Maternidad, la dignidad de la mujer que asumió tan gran misión. Por ende, el respeto que merece. La *Virgen María* es la madre de todas las familias, la Madre del Ser, la Madre del Verbo, la Madre de sí misma. Al recurrir a ella, la familia se consolida en la auténtica caridad que ella representa.

La Virgen de la Caridad del Cobre nos enseña que la verdadera patria de cada ser humano es el Universo en una sola lengua. La patria de la tierra es amada y edificada según nuestras ideas y limitaciones humanas. A medida que en un país sus hijos hacen la voluntad de Dios, ese país se enaltece. Pero la gloria debe ser de todo ser humano en cualquier lugar que se encuentre, Dios mando a habitar toda la tierra y donde quiera que vayamos nos acompaña la esencia divina. Y aunque en cada ciudad o nación la Virgen lleve un nombre distinto en verdad existe una sola la Divina Virgen María. María nos enseña que la caridad es paciente, es servicial; la caridad no es envidiosa, no es jactanciosa, no se engríe; es decorosa; no busca su interés; no se irrita; no toma en cuenta el mal; no se alegra de la injusticia; se alegra con la verdad; Todo lo excusa; Todo lo cree; Todo lo espera; Todo lo soporta; La caridad no acaba nunca. (Nuestra Señora de la Caridad del Cobre, Wiki pedía 2012)

4.4.- Nuestra Señora de Coromoto; Misterios de la Virgen María.

Santa María de Coromoto en Guanare de los Cospes o Virgen de Coromoto es la patrona de Venezuela y, desde el 19 de noviembre de 2011 Patrona Principal de la Iglesia arquidiocesana de Caracas luego que la Santa Sede aprobó su designación. Es una advocación mariana, venerada tanto en la ciudad de Guanare, donde apareció hace 360 años, como en toda Venezuela.

Cuando se fundó el pueblo de Guanare en 1591, los indígenas que habitaban en la región, los Cospes, huyeron hacia la selva en el norte de la localidad. Esto dificultaba la evangelización que la Iglesia Católica Romana había emprendido. La aparición de la Virgen ocurrió en esta selva a la que habían huido los nativos, el 8 de septiembre de 1652, donde la *Virgen María* se le apareció al Cacique de los Cospes, el nativo **Coromoto** (y a su mujer), diciéndole en su propia lengua: *"Vayan a casa de los blancos y pídanles que les eche el agua en la cabeza para poder ir al cielo"*, con esta frase la Virgen le pide a él y a su tribu que se bautizaran. Según la tradición oral, el cacique le relató lo sucedido a su encomendero, don Juan Sánchez, éste le pidió que en ocho días estuviese listo con la tribu para recibir la catequesis y el bautismo. Varios indígenas cospes se convirtieron y se bautizaron, pero no el cacique, debido a que no se sentía a gusto, pues ya él no era el jefe. El nativo Coromoto huyó, la Virgen se le apareció otra vez, y Coromoto, enceguecido por la ira, alza su brazo para agarrarla y desaparece, la aparición se materializó en una estampilla hecha de fibra de árbol que luego se buscó y encontró la reliquia que se venera hoy día en el Santuario Nacional Nuestra Señora de Coromoto.

Cuenta el relato que Coromoto es mordido por una serpiente venenosa y vuelve a Guanare, herido y a punto de morir, comenzó a pedir el bautismo, se lo administró un barinés, y al bautizarse, se convirtió en apóstol y rogó al grupo de indios cospes rebeldes que estaba bajo su mando, que se bautizaran. Después, Coromoto, ahora con el nombre cristiano de Ángel Custodio, murió en buena vejez.

En 1950 el Papa Pío XII la declaró Patrona de Venezuela, el Papa Juan Pablo II la coronó en su visita al Santuario mariano en Guanare y el Papa Benedicto XVI elevó en 2006 al Santuario Nacional de Nuestra Señora de Coromoto a la categoría de Basílica Menor.

En la isla de Tenerife (Isla Canaria, España) se encuentran varias réplicas de la imagen de la patrona de Venezuela, entre ellas:

- En San Cristóbal de la Laguna nos encontramos un barrio que debe su nombre a esta imagen mariana, El Coromoto y donde se encuentra una réplica de la imagen en una diminuta capilla, la ermita de Nuestra Señora del Coromoto, el barrio celebra la festividad de la imagen en los primeros fines de semana del mes de septiembre.

- En el municipio de Candelaria se encuentra una réplica de la Virgen de Coromoto en la Iglesia de Santa Ana, cerca de la Basílica y Real Santuario mariano de la Virgen de la Candelaria (Patrona de Canarias).

- En el municipio de La Guancha se encuentra una imagen de la Virgen de Coromoto en una pequeña ermita en el barrio de la Guancha de abajo, cuya fiesta se celebra el último domingo del mes de mayo.

• En la Iglesia de San Miguel Arcángel en la Ciudad de Villahermosa, Tabasco, México, hay una réplica de la Imagen de Nuestra Señora de Coromoto traída por la Asociación Civil "Unión de Venezolanos en Tabasco" (UVETAB A.C.).

También la podemos encontrar en el centro del pueblo de Bolibar (Bolibar oficialmente y según la ortografía vasca actual) Vizcaya, País Vasco - España. Está la Iglesia de Santo Tomás en cuyo pórtico guarda desde 1959 la capilla con puerta de vidrio dedicada a la Virgen de Coromoto Patrona de Venezuela.

En Madrid en la iglesia San Antonio de Padua (Calle Bravo Murillo, 150), en la capilla primera se encuentra el altar de Nuestra Señora de Coromoto. Encima del Altar se lee: "Nuestra Señora de Coromoto, Patrona de Venezuela". El fondo del retablo es una pintura del cielo con unos ángeles rodeando la imagen de la Virgen de Coromoto. La pintura es obra de Francisco Boira Castells y pertenece al año 1955.

4.5.- Nuestra Señora de la Inmaculada Concepción; Misterios de la Virgen María.

El dogma de la Inmaculada Concepción, también conocido como Purísima Concepción, es una creencia del catolicismo que sostiene que María, madre de Jesús, a diferencia de todos los demás seres humanos, no fue alcanzada por el pecado original sino que, desde el primer instante de su concepción, estuvo libre de todo pecado.

No debe confundirse esta doctrina con la de la maternidad virginal de María, que sostiene que Jesús fue concebido sin intervención de varón y que María permaneció virgen antes, durante y después del embarazo.

Al desarrollar la doctrina de la Inmaculada Concepción, la Iglesia Católica contempla la posición especial de María por ser madre de Cristo, y sostiene que Dios preservó a María libre de todo pecado y, aún más, libre de toda mancha o efecto del pecado original, que había de transmitirse a todos los hombres por ser descendientes de Adán y Eva, en atención a que iba a ser la madre de Jesús, que es también Dios. La doctrina reafirma con la expresión "llena eres de gracia" (*Gratia Plena*) contenida en el saludo del arcángel Gabriel (Luca 1,28), y recogida en la oración del Ave María, este aspecto de ser libre de pecado por la gracia de Dios.

La definición del dogma, contenida en la bula *Ineffabilis Deus*, de 8 de diciembre de 1854, dice lo siguiente:

...Para honra de la Santísima Trinidad, para la alegría de la Iglesia católica, con la autoridad de nuestro Señor Jesucristo, con la de los Santos Apóstoles Pedro y Pablo y con la nuestra: Definimos, afirmamos y pronunciamos que la doctrina que sostiene que la Santísima Virgen María fue preservada inmune de toda mancha de culpa original desde el primer instante de su concepción, por singular privilegio y gracia de Dios Omnipotente, en atención a los méritos de Cristo-Jesús, Salvador del género humano, ha sido revelada por Dios y por tanto debe ser firme y constantemente creída por todos los fieles. Por lo cual, si alguno tuviere la temeridad, lo cual Dios no permita, de dudar en su corazón lo que por Nos ha sido definido, sepa y entienda que su propio juicio lo condena, que su fe ha naufragado y que ha caído de la unidad de la Iglesia y que si además osaren manifestar de palabra o por escrito o de otra cualquiera manera externa lo que sintieren en su corazón, por lo mismo quedan sujetos a las penas establecidas por el derecho.

Pío IX, contemplando el mar agitado de Gaeta, escuchó y meditó las palabras del cardenal Luigi Lambruschini: "Beatísimo Padre, Usted no podrá curar el mundo sino con la proclamación del dogma de la Inmaculada Concepción. Sólo esta definición dogmática podrá restablecer el sentido de las verdades cristianas y retraer las inteligencias de las sendas del naturalismo en las que se pierden".

El historiador Francesco Guglieta, experto en la vida de Pío IX, señala que el tema del naturalismo, que despreciaba toda verdad sobrenatural, podría considerarse como la cuestión de fondo que impulsó al Papa a la proclamación del dogma: *La afirmación de la Concepción Inmaculada de la Virgen ponía sólidas bases para afirmar y consolidar la certeza de la primacía de la Gracia y de la obra de la Providencia en la vida de los hombres.* Guglieta señala que Pío IX, pese a su entusiasmo, acogió la idea de realizar una consulta con el episcopado mundial, que expresó su parecer positivo, y llevó finalmente a la proclamación del dogma.

La doctrina de la Inmaculada Concepción no es aceptada por los miembros de las iglesias protestantes. Los protestantes rechazan la doctrina ya que no consideran que el desarrollo dogmático de la teología sea un referente de autoridad y que la mariología en general, incluida la doctrina de la Inmaculada Concepción, no se enseña en la Biblia.

Los protestantes argumentan que si Jesús necesitó de un vientre sin pecado para nacer sin pecado, también Dios tuvo que haber intervenido en la concepción de la madre de María, en su abuela, y así sucesivamente a lo largo del tiempo. La respuesta del catolicismo es que sólo María tenía que mantenerse libre de pecado pues ella iba a concebir directamente a Cristo, mientras que sus ancestros no. Es decir, que Cristo sí necesitó de un vientre sin pecado, pero María no.

Otro argumento sostenido por los protestantes proviene de los evangelios de Marcos 10:18 y Lucas 18:9. Cuando Jesús es nombrado como *Buen pastor* (Marcos 10:17), replica "Nadie es bueno - excepto Dios". Señalan que con esta frase Cristo enseña que nadie está sin pecado, dejando margen para la conclusión de que él es Dios encarnado. Los católicos señalan que la Biblia entera, y no una frase o sentencia aislada manifiesta la verdadera doctrina de Jesucristo. Aunque la Biblia no dice nada acerca del hecho extraordinario de que María naciera sin pecado.

Otro argumento en contra de la creencia en la Inmaculada Concepción aparece en la primera epístola de San Juan 1: 8 "Si decimos que no tenemos pecado, nos engañamos a nosotros mismos y la verdad no está en nosotros".

Sin embargo, el iniciador del movimiento protestante, Martín Lutero, dijo:

Es dulce y piadoso creer que la infusión del alma de María se efectuó sin pecado original, de modo que en la mismísima infusión de su alma ella fue también purificada del pecado original y adornada con los dones de Dios, recibiendo un alma pura infundida por Dios; de modo que, desde el primer momento que ella comenzó a vivir fue libre de todo pecado.

Sermón: "Sobre el día de la Concepción de la Madre de Dios", 1527.

No obstante, la ley registrada en Levítico 12:1-8 menciona que la mujer que daba luz a un varón tenía que ser inmunda siete días. María cumplió esta ley, según san Lucas 2:22-24.

Eso no indica que María haya pecado. Desde este punto de vista Jesús recibe el bautismo de Juan predicado para el perdón de los pecados, no siendo el mismo Jesús pecador. "Déjame hacer por el momento, porque es necesario que así cumplamos lo ordenado por Dios".

En el XI Concilio de Toledo el rey visigodo Wamba ya era titulado "Defensor de la Purísima Concepción de María", abriendo una línea de fieles devotos entre los reyes hispanos. Monarcas como Fernando III el Santo, Jaime I el Conquistador, el emperador Carlos V o su hijo Felipe II fueron fieles devotos de la Inmaculada y portaron su estandarte en sus campañas militares.

El rey Carlos III, muy afecto a esta advocación mariana, creó una orden en su nombre (la Orden de Carlos III) y la declaró patrona de sus estados.

Desde el siglo XIV existen en España referencias de cofradías creadas en honor a la Inmaculada. La más antigua, en Gerona, data de 1330. En el siglo XVI se revitalizará este fervor con un ingente número de cofradías constituidas bajo la advocación de la Pura y Limpia Concepción de María, hermandades consagradas a las labores caritativas y la asistencia social. Los franciscanos fueron muy fieles a la creencia en la Inmaculada, y contribuyeron a su arraigo y extensión por todo el mundo.

La fiesta de la Inmaculada fue fiesta de guardar en todos los reinos de su Majestad Católica, es decir, en todo el Imperio español, desde 1644; se declaró fiesta de guardar en toda la Iglesia desde 1708 por orden del papa Clemente XI.

España celebra a la Inmaculada como patrona y protectora desde 1644, siendo el 8 de diciembre fiesta de carácter nacional. Durante la celebración de dicha festividad, los sacerdotes españoles tienen el privilegio de vestir casulla azul. Este privilegio fue otorgado por la Santa Sede en 1864, como agradecimiento a la defensa del dogma de la Inmaculada Concepción que hizo España.

- La patrona de la Infantería Española es la Inmaculada Concepción. Este patronazgo tiene su origen en el llamado Milagro de Empel durante las guerras en Flandes.

- El voto a la Inmaculada Concepción se hizo por primera vez en España en el pueblo de Villalpando (Zamora), el 1 de noviembre de 1466, en la iglesia de San Nicolás, seguido por la entonces Villa de Alcázar de San Juan, renovando el voto cada año. Lo hicieron 13 pueblos (Villalpando, Quintanilla del Monte, Cotanes del Monte, Villamayor de Campos, Tapioles, Cañizo, Villar de Fallaves, Villardiga, Prado, Quintanilla del Olmo, San Martín de Valderaudey, Villanueva del Campo, Cerecinos de Campos). Dos manuscritos, uno en pergamino y otro en papel, los dos de 1527, conservan los textos del Voto y de las dos primeras refrendaciones. Éste fue impreso por primera vez en 1668 por F. López de Arrieta, presbítero villalpandino, en León. Las 6 refrendaciones o renovaciones del Voto (1498, 1527, 1904, 1940, 1954 y 1967) se han hecho en la plaza mayor de Villalpando como actos solemnes notariales. Los 5 "notarios de la Purísima" han sido Diego Fernández de Villalpando (1466), Alonso Pérez de Encalada (1498, 1527), Manuel Salas Fernández (1904), Eloy Gómez Silió (1940) y Luis Delgado González (1954 y 1967).

- Puente Genil (Córdoba) fue el primer pueblo de Andalucía en hacer fiesta en honor a la Purísima Concepción. El 26 de octubre de 1617 el Cabildo acuerda hacer una fiesta solemne en defensa inmaculista, pero de manera concreta hizo Voto oficial el 8 de mayo de 1650. En ese año, lo mismo que ocurriera en otras localidades de Andalucía en esta centuria, la población de la antigua Puente de Don Gonzalo sufrió las consecuencias de una epidemia de cólera que asoló la Villa causando numerosas muertes en el vecindario. Aquellos vecinos, angustiados por tal azote y asidos a una gran fe decidieron encomendarse con súplicas y oraciones a la protección de Nuestra Señora la Santísima Madre de Dios, para que por su divina intervención los librara de la contagiosa enfermedad, siendo por ello por lo que prometieron guardar, cumplir y ejecutar siempre el Voto con el que la aclamaron por Patrona y que fidelísimamente viene cumpliéndose anualmente hasta la actualidad. A través del cual se promete festejar el día de su onomástica, el 8 de diciembre, con la renovación del Voto y la celebración de la solemne procesión de la Imagen hasta su santuario. Es la única población que de manera ininterrumpida ha renovado dicho Voto, y ni las guerras ni modismos han conseguido extinguirlo. Fue una iniciativa oficial del Ayuntamiento, una propuesta institucional y no particular como ocurría en otras ciudades, pues cofradías hacían su voto de defensa y, o bien se han extinguido o bien se han renovado esporádicamente y de manera individual. Su iconografía es un tanto peculiar dado que tiene en sus manos al Niño Jesús.

- El templo más importante de la ciudad de Santa Cruz de Tenerife (Canarias), está dedicado a la Inmaculada (Iglesia Matriz de la Concepción). También en la isla de Tenerife la Inmaculada Concepción de la ciudad de San Cristóbal de la Laguna, es la Alcaldesa de la ciudad de La Laguna y Patrona de la Cruz Roja Española de la ciudad de La Laguna.

- Los Colegios Oficiales de Farmacéuticos y las Facultades de Farmacia, también la tienen como patrona.

- El primer templo dedicado a la Inmaculada Concepción en España fue el Monasterio de San Jerónimo en Granada.

- Patrona del pueblo de Torrejoncillo (Cáceres), que cada 30 de noviembre prepara su trono en el retablo de la iglesia; el día 7, a las 10 de la noche sale La Encamisá (declarada Fiesta de interés turístico nacional), que consiste en un jinete portando el estandarte de la Inmaculada Concepción, seguido de dos centenares de jinetes encamisados con sábanas blancas, todos ellos vitoreados por la multitud.

- Patrona de las Nuevas poblaciones que fundó el rey Carlos III, la Carlota, Fuente Palmera.

- En la ciudad de La Línea de la Concepción (Cádiz) lleva el nombre de Concepción en honor de su patrona, a su vez la ciudad posee el Santuario de la Inmaculada Concepción edificada en el siglo XIX. El día de la patrona se procesiona la imagen por las calles de la ciudad.

- También recibe especial veneración en la localidad murciana de Yecla, de donde es patrona y en cuyo honor se celebran importantes fiestas declaradas de Interés turístico nacional.

- Patrona del municipio de Fortuna (Murcia), y titular de su iglesia parroquial.

- Patrona del municipio de Segart (Valencia), y titular de su iglesia parroquial.

- Patrona del municipio de Torremejía (Provincia de Badajoz) y titular de su iglesia parroquial

- Patrona de la pedanía de La Punta (Valencia), y titular de su iglesia parroquial.

- Ostenta el patronazgo y titularidad de la parroquia en la pedanía murciana de Palmar.

- Patrona del municipio almeriense perteneciente a la comarca de La Alpujarra, Alhama de Almería (Almería).

- En el municipio grancanario de Agaete, es la patrona de la villa.

- Es patrona del municipio de Villanueva del Ariscal (Sevilla), cuya bandera reproduce la concepcionista.

- Es patrona del municipio de Arenales de San Gregorio (Ciudad Real). El día 8 de diciembre se celebra la solemne misa y las tradicionales hogueras en honor a la patrona. A pesar de ser este día la solemnidad propiamente dicha, se celebra con mayor importancia el "Día de la Virgen" que suele recaer el sábado más próximo al 9 de mayo, con motivo de la Feria y Fiestas en honor de San Gregorio Nacianceno y la Inmaculada Concepción, ambos patrones de la localidad.

- Es patrona de Nava del Rey (provincia de Valladolid) desde el año 1745, celebrándose desde entonces un novenario en su honor. Con este motivo, la Virgen desciende procesionalmente el 30 de noviembre desde su ermita hasta la parroquia de los Santos Juanes, donde se celebra la novena. Después de los actos litúrgicos, el 8 de diciembre la imagen retorna a su ermita aclamada por los fieles. Ambas procesiones se conocen como la fiesta de *Los Pegotes, nombre que reciben las antorchas con las que se ilumina el recorrido. Entre otras particularidades, las procesiones se celebran por la noche con el recorrido iluminado por hogueras; además la Virgen va dentro de un coche de caballos tirado por mulas. La fiesta está declarada de Interés turístico regional.*

- Horcajo de Santiago, (Cuenca) celebra sus fiestas del *Vitor* en honor a la Inmaculada Concepción, durante los días 7 y 8 de diciembre; declaradas de Interés turístico regional.

- Es patrona de la pedanía ilicitana de Torrellano, en la cual se celebran en su honor las fiestas más importantes en las que tiene lugar una solemne procesión de la imagen de la patrona por todas las calles de la pedanía.

- Es la patrona de la diócesis de Huelva.

- Es la patrona de Torrevieja (Alicante).

- Es la patrona de la diócesis de Asidonia-Jerez.

- Argentina. El 8 de diciembre es feriado nacional.

- Brasil. El 8 de diciembre es feriado en varias ciudades brasileñas, como Angra dos Reis, Dourados, Itapura, Bragança Paulista, Jacareí y Mogi Guacu (patrona de la ciudad), Recife, Salvador, João Pessoa, Campina Grande, Nuevo Mundo, Belo Horizonte, Contagem, Conceição dos Ouros, Divinópolis, Porto Franco, Campos dos Goytacazes, Port Colborne, y así sucesivamente.

- Chile. El 8 de diciembre es feriado nacional, y en la víspera de ese día cada año miles de peregrinos se trasladan mayoritariamente a pie o en bicicleta al Santuario de Lo Vásquez, ubicado en la Ruta 68 (en la que se interrumpe el tránsito de vehículos motorizados), a 85 km de Santiago y 34 km de Valparaíso.

- Colombia. Se trata de un festivo nacional en cuya víspera o madrugada los católicos, niños y adultos, se reúnen en familia o entre amigos para encender velas y faroles en las aceras de las calles en honor de la Virgen María, fiesta conocida también como el día de las Velitas, la cual tradicionalmente da inicio a la época navideña.

- Sicilia. Fiesta nacional, siendo la Virgen de la Inmaculada Concepción protectora de su ejército.

- Estados Unidos de América. En 1792, el obispo de Baltimore, John Carroll, consagró a la recién nacida nación de los Estados Unidos a la protección de la Inmaculada Concepción. En 1847, el papa Pío IX formalizó dicho patronazgo.

- Guatemala. La procesión de la Inmaculada Concepción recorre las calles desde el día 7. En época antigua las calles eran iluminadas con fogatas para el paso de la procesión que hacía su recorrido durante la noche. Posteriormente a la quema de las fogatas se le llamó la *Quema del Diablo*, tradición para purificar lo material previo a la fiesta de la Inmaculada Concepción y da inicio a las festividades populares de Navidad en el país.

- México. La Catedral metropolitana de la ciudad de México está consagrada a la Inmaculada Concepción de María. La localidad de Celaya, Guanajuato, desde su fundación se amparó a esta advocación siendo traída desde Salamanca una imagen que es considerada aún en la actualidad como la más bella de la provincia franciscana de San Pedro y San Pablo. En el estado de Tamaulipas La Catedral de Tampico, está dedicada a la Inmaculada Concepción. En el estado de Veracruz, la ciudad de Cosamaloapan en la Cuenca del Papaloapan, tiene como santa patrona a la imagen de la "Nuestra Señora de Cosamaloapan", perteneciente a la advocación de la Inmaculada Concepción, figura tallada en madera que según la tradición llegó al pueblo flotando en las aguas del río en el año 1546. En la ciudad de Chignahuapan en el estado de Puebla se erige la Basílica de la Inmaculada Concepción, donde se tiene en el altar una imagen de 14 metros de altura tallada en madera, la cual está registrada como la más grande del mundo. En el municipio de Mazatán (Chiapas), se celebra a la virgen bajo el nombre de Virgen Margarita Concepción, del 29 de noviembre al 8 de diciembre de cada año. Actualmente es Reina de la Diócesis de Tapachula.

- Nicaragua. A partir de finales del siglo XVIII comenzó en la ciudad de León la fiesta de "La gritería" la noche del 7 de diciembre de cada año, víspera de su festividad. El pueblo cristiano volcado en las calles de la ciudad visita los altares preparados en las salas y porches de las casas y al grito de júbilo "¿Quién causa tanta alegría? ¡La Concepción de María!" se reparten dulces típicos. Esta fiesta nacional se hace desde entonces hasta hoy.

- Panamá. El 19 de diciembre de 1988 con la Bula "Ad Perpetuam Rei Memoriam" del papa Juan Pablo II, se crea la diócesis de Colón-Kuna Yala, Panamá en la costa del Caribe. Además es la patrona de la diócesis de Coclé y venerada en la Basílica Menor Santiago Apóstol de Natá de los Caballeros. Es día feriado nacional y oficialmente Día de la Madre.

- Paraguay. El 8 de diciembre es feriado nacional. La Inmaculada Concepción es venerada bajo la advocación de "Virgen de Caacupé". Ese día y en los previos, miles de personas peregrinan a la ciudad de Caacupé, situada entre las serranías de la Cordillera de los Altos, a unos 54 km al este de la capital paraguaya.

- Perú. El 8 de diciembre es feriado nacional. A su vez en varias regiones incluso Ancash y Huayao, se celebra este día, cantando y bailando la tradicional danza Carrera de Cintas, en la cual los ancashinos celebran a la Virgen.

- Portugal. *Nossa Senhora da Conceição* es patrona de Portugal, siendo festivo ese día.

La Inmaculada Concepción; simbolismo de Luz y Fuego.

- El fuego, desde el inicio de los tiempos, ha despertado en los hombres un sentimiento muy especial: salir de la oscuridad para entrar a la luz, a la verdad y a la vida eterna.

- La tradición de asociarle a la Inmaculada Concepción el encendido de las velitas tiene su propia historia (aunque la historia del fuego se remonte a tiempos antiquísimos, no se tratará aquí más que lo concerniente a su utilización en general en el Cristianismo y en particular en la veneración de la Inmaculada Concepción).

- Las primeras menciones al uso de velas o cirios se halla entre los etruscos, (s. xv a.c., civilización que influyó en los romanos), quienes al parecer las fabricaban de cera, sebo o pez, con mecha de fibras vegetales como el papiro o el junco. Fue costumbre posterior en la Roma pagana alumbrar los santuarios en sus ceremonias, con velas de cera, como ocurría en las llamadas fiestas de Saturno o saturnalias.

- Sin embargo, en la primera centuria de vida del Cristianismo nada sugiere en torno al uso de las velas, excepto el uso que hubo de dársele a éstas en el tiempo de la persecución. Mientras los cristianos se refugiaron en sitios oscuros y subterráneos, la necesidad de encender cirios para celebrar los santos misterios se convirtió en una obligatoriedad: "Los cristianos celebraban al principio sus misterios en casas retiradas y en cuevas durante la noche; y de esto provino que les llamaran lucifugaces..." (Voltaire 1981:184).

- Terminada la persecución, podríamos decir que pudo haberse iniciado tímida y lentamente a consolidar esta tradición en los siglos posteriores, que luego fue evolucionando. A partir del siglo XII empiezan a aparecer las velas colocadas en los altares de ciertas iglesias, hasta que la costumbre enraizó y se propagó definitivamente en los siglos XV y XVI, que es precisamente la época en que América es invadida y colonizada.

- Los hombres prehispánicos tenían sus propias creencias y prácticas religiosas, pero bastó mucho menos que un siglo para que las costumbres y la cultura de aquellos aborígenes se hubiera trastornado ostensiblemente. España se hallaba en plena fiebre de conquistas, y atravesaba además una época de gran convulsión religiosa, aquella provocada por Lutero en 1519, la cual había desencadenado ese letal movimiento de la contrarreforma, de modo que ésta emigró también con los españoles y marcó con huellas profundas la experiencia religiosa andina.

- Acciones tales como instaurar Tribunales de Santa Inquisición para indios, iniciar un "movimiento de extirpación de idolatrías", expropiación de las tierras de los indios por el derecho que así les concedía una bula papal, y otras vejaciones (Bonilla, comp. 1992), indudablemente terminarían por cercenar las costumbres y creencias de los nativos, a la par que estos se irían adaptando a los hábitos de los colonizadores en un largo camino de mestizaje. Y es en un panorama como éste que empezará en América la costumbre de celebrar el día de la "Inmaculada Concepción", y lo que otrora se hiciera con identidad americana, vino a convertirse en un sincretismo religioso por lo que las fiestas del hombre prehispánico se reemplazaron por las tradicionales españolas. Caso concreto fue la antigua fiesta del Inti raymi (fiesta del sol) que los incas celebraban por la misma época de la solemnidad del Corpus Christi.

• Ahora bien, las fiestas ayudaron sobre todo al nativo para que aprendiera a integrarse en el nuevo estilo de vida, y el elemento lúdico que sobresalía en toda fiesta era la luz, así que las luminarias fueron como la parte visible del júbilo en los villorrios, que en medio de la noche y de la algazara adquiría otras connotaciones. Entre las clases de fiestas que se celebraban, estaban las "repentinas" que consistían en una representación del poder español (una carroza llevaba el retrato del rey entre aclamaciones y vivas). Las "solemnes" correspondían al calendario católico y en esas estaban incluidas todas las fiestas patronales, Semana Santa y Corpus; además, las "patrióticas".

• Algunos registros históricos testimonian lo anterior con formidable detalle. Uno de ellos cuenta cómo fue la llegada del virrey al pueblo limeño, en el año 1556: "...se regocijen cuanto sea posible, y así mandaron que se pregone luego en las plazas y calles de esta ciudad, que la primera noche todos los vecinos y moradores de esta ciudad pongan a primera noche luminarias en lo alto de sus casas y hagan fuegos a sus puertas..." (Libros...Lima, tomo 10,p.128 citado en López 1992:66).

- Y una de las más significativas es la celebrada en Puerto Rico en 1747 y que se refiere a la exaltación al trono de Fernando VI: "Todos demostraron, su alegría con muchas luminarias, que pusieron en ventanas, balcones y calles. La real Fortaleza (morada del gobernador) estaba adornada con cuarenta hachas y más de doscientas velas, tan simétricamente en balcones, corredores y azoteas, que todos querían ver su hermosura, obligados de su extraordinario y abundante adorno, y en la misma conformidad se adornó todos los días que duraron las fiestas, haciéndolo lo mismo el vecindario..." (Boletín...Puerto Rico, Relación Verídica..., p.165 citado en López 1992:67).

- Estas evidencias del uso temprano de las velas en tiempo de la colonia, sugieren que su utilización tenía más un sentido desde lo folklórico y festivo que desde lo religioso y simbólico. De este modo arribamos entonces al momento en que se introduce en Colombia, la celebración de la solemnidad de la Inmaculada Concepción: "La fiesta que hoy inicia el período navideño, la Inmaculada Concepción el 8 de diciembre, se impuso en la América Española por cédula real en 1760, aunque dicha cédula llegó al Cauca en marzo de 1762" (Miñana 1997:23)

- Y es Popayán la ciudad que se lleva el honor de acoger, en primer lugar, esta orden que vino por conducto del papa Clemente, quien decretó: "...que la Inmaculada Concepción fuera tenida, reconocida y reverenciada como principal y universal patrona de las Españas (...) se estableció la costumbre de iluminar la ciudad la noche del 7 de diciembre, en lo que obraba orden infaltable del teniente gobernador o del alcalde" (Arboleda 1956:310).

4.6.- Nuestra Señora de la Divina Providencia; Misterios de la Virgen María.

Nuestra Señora de la Divina Providencia es una advocación mariana de la Iglesia Católica que se originó en Italia en el siglo XIII. Actualmente posee una gran veneración en Puerto Rico, de hecho es la Patrona de Puerto Rico. Su imagen se encuentra en una capilla en la Catedral Metropolitana de San Juan en la capital puertorriqueña.

Al ser nombrado obispo de Puerto Rico el catalán Gil Esteve y Tomás, trajo consigo a Puerto Rico esta devoción que conociera en sus años de seminarista. En las manos de la Divina Providencia tuvo que poner toda su diócesis este prelado, pues encontró a la catedral prácticamente en ruinas y la economía de la diócesis en peores condiciones. La confianza del obispo y su trabajo dieron fruto rápidamente y antes de los cinco años ya había podido reconstruir el templo catedralicio, en el que se estableció el culto y la devoción a la Virgen de la Providencia.

La imagen original venerada por los Siervos de María y otras órdenes religiosas italianas, es un óleo en el que aparece la Virgen con el Divino Niño dormido plácidamente en sus brazos. El título "de la Divina Providencia", se debe a San Felipe Benicio, quinto superior de los Siervos de María, quien al invocar la protección de la Virgen un día en que sus frailes no tenían alimentos, encontró a la puerta del convento dos cestas repletas de alimentos sin que se pudiese conocer su procedencia.

La imagen mandada a hacer por Don Gil Esteve fue tallada en Barcelona (España) según el gusto de la época. Es una imagen sentada, "de ropaje", (es decir, hecha para ser vestida), y estuvo expuesta al culto en la catedral durante 67 años, hasta que en 1920 fue sustituida por otra talla, toda de madera, que es la imagen de Nuestra Señora de la Divina Providencia más familiar y conocida por las comunidades puertorriqueñas.

María se inclina sobre el Niño, que en total actitud de confianza duerme plácidamente en su regazo. Las manos de la Virgen se unen en oración mientras sostiene suavemente la mano izquierda del Divino Infante.

El Papa Pablo VI declaró a Nuestra Señora de la Divina Providencia, como patrona principal de la isla de Puerto Rico mediante un decreto firmado el 19 de noviembre de 1969. En ese documento se decretó también que la solemnidad de la Virgen debía trasladarse del dos de enero, aniversario de su llegada a la isla, al 19 de noviembre, día en que fue descubierta la isla de Borinquén. Se quiso unir así los dos grandes afectos de los puertorriqueños; el amor por su preciosa isla y el amor por la Madre de Dios.

La talla más antigua, que data del 1853, fue la elegida para ser coronada solemnemente durante la reunión del Consejo Episcopal Latino Americano celebrada en San Juan de Puerto Rico el 5 de noviembre de 1976. La víspera del acontecimiento esta imagen fue vilmente quemada en la Parroquia de Santa Teresita de Santurce. La imagen quemada fue enviada a España para ser restaurada. Actualmente espera la construcción del proyectado gran santuario nacional para ser allí colocada.

4.7.- Nuestra Señora del Perpetuo Socorro; Misterios de la Virgen María.

La Virgen del Perpetuo Socorro es una advocación mariana. La imagen original es un icono procedente de Creta y venerado en Roma en la iglesia de los Agustinos, a finales del siglo XV, y desde 1866 en la iglesia romana de San Alfonso. La datación del icono es difícil de precisar. Unos los sitúan entre siglos X y XI, y otros a comienzos del siglo XV. Su festividad se celebra el 27 de junio.

El icono original está en el altar mayor de la iglesia de San Alfonso, muy cerca de la Basílica de Santa María la Mayor en Roma. El icono de la Virgen, pintado sobre madera, de 21 por 17 pulgadas, muestra a María con el Niño Jesús. El Niño observa a dos ángeles que le muestran los instrumentos de su futura Pasión mientras agarra fuertemente con las dos manos la de su Madre, quien lo sostiene en sus brazos. El cuadro recuerda la maternidad divina de la Virgen y su cuidado por Jesús desde su concepción hasta su muerte.

Según una tablilla colocada antiguamente al lado del icono con los orígenes de la imagen, la cuna de este cuadro fue la isla de Creta, en el mar Egeo. Un mercader sustrajo el icono de una iglesia, lo escondió entre su equipaje y se embarcó rumbo a otras tierras. Durante la travesía sobrevino una gran tempestad y los pasajeros se encomendaron a Dios y a la Virgen. La leyenda cuenta que el mar recuperó su calma y el pasaje arribó a puerto seguro.

Poco después el mercader llegó a Roma con el cuadro y, tras algunas resistencias de la familia, el icono pasa a ocupar un lugar preferente en la iglesia de San Mateo, regentada por los agustinos. Era el año 1499, en tiempos del papa Alejandro VI. La iglesia de San Mateo era un templo menor entre las grandes basílicas de San Juan de Letrán y Santa María la Mayor. Allí permaneció la imagen del Perpetuo Socorro durante trescientos años. Los escritores de la época narraron ampliamente los milagros atribuidos a la imagen. El siglo XVII parece ser el más intenso en la devoción y culto a la Virgen del Perpetuo Socorro.

En febrero de 1798, con la invasión de Napoleón, sus tropas se apoderan de Italia y destruyen en Roma más de treinta iglesias, entre ellas la de san Mateo. Los religiosos agustinos salvan el cuadro milagroso y se lo llevan consigo. El icono entra en fase de olvido por más de 88 años.

En 1855 los Redentoristas compran unos terrenos al lado de la Via Merulana, muy cerca de Santa María la Mayor. Se llamaba Villa Caserta y en su interior algún día estuvo edificada la iglesia de san Mateo. A través del padre Miguel Marchi se descubre el paradero del icono milagroso. Los hijos de San Alfonso María de Ligorio, el gran cantor de las Glorias de María, solicitan al papa la concesión del Perpetuo Socorro. Es el 11 de diciembre de 1865, y el 19 de enero de 1866 la imagen de Nuestra Señora del Perpetuo Socorro regresa a la iglesia de San Alfonso, en el mismo emplazamiento donde había estado tres siglos.

Restaurada, ocupa el centro del ábside de la iglesia de San Alfonso y su devoción e influencia se extiende a los cinco continentes. Centenares de miles de iconos de Perpetuo Socorro se esparcen por las iglesias, casas y carreteras del mundo. Pío IX dijo, en la audiencia al Superior General de los Redentoristas el 11 de diciembre de 1865: "Dadla a conocer a todo el mundo". Juan Pablo II, en su autobiografía "Don y misterio", al referirse a los orígenes de su vocación sacerdotal, afirma: "No puedo olvidar la trayectoria mariana. La veneración a la Madre de Dios en su forma tradicional me viene de la familia y de la parroquia de Wadowice. Recuerdo, en la iglesia parroquial, una capilla lateral dedicada a la Madre del Perpetuo Socorro a la cual por la mañana, antes del comienzo de las clases, acudían los estudiantes del instituto. También, al acabar las clases, en las horas de la tarde, iban muchos estudiantes para rezar a la Virgen".

La Virgen del Perpetuo Socorro es patrona de numerosos lugares e instituciones. En España está muy vinculada a los corredores de seguros. Es la patrona de Haití. Existen veinte institutos religiosos acogidos a la Madre del Perpetuo Socorro. Igualmente diversas instituciones sanitarias. Numerosas editoriales, libros, revistas, emisoras de radio mantienen y propagan su devoción.

Teniendo esta advocación mariana como patrona de su congregación, los padres Redentoristas la llevaron a sus misiones en Haití. Allí se le edificó un santuario en Béle-Aire, cerca de Puerto Príncipe, la capital de Haití.

En 1883 una terrible epidemia de viruela azotaba el país. Los devotos acudieron a la Virgen y le hicieron una novena. La epidemia cesó milagrosamente y se decidió nombrarla patrona del país.

En 1993 se celebró con gran regocijo el centenario del milagro y del nombramiento de la Virgen como patrona de

Haití. El papa Juan Pablo II visitó Haití para esta celebración y puso al país bajo el amparo de la Virgen del Perpetuo Socorro.

4.8.- Nuestra Señora del Pilar; Misterios de la Virgen María.

Nuestra Señora del Pilar, la Virgen del Pilar, es una advocación mariana católica. El 27 de mayo de 1642 el municipio de Zaragoza proclama patrona de la ciudad a la Virgen del Pilar, patronazgo que en las Cortes aragonesas de 1678 se extiende a todo el Reino de Aragón. Acumula diversos patronazgos sobre el Cuerpo de la Guardia Civil (1913), Cuerpo de Correos (1916), Cuerpo de Secretarios, Interventores y Depositarios de Administración Local (1928), Sociedad Mariológica (1940) y Consejo Superior de Misiones (1948). También es patrona de la Hispanidad (no de España, aunque ese día se celebre la Fiesta Nacional). Es venerada en la Catedral-Basílica de Zaragoza (España) a la que da nombre.

La leyenda sobre sus orígenes se remonta al año 40, cuando, de acuerdo con la tradición cristiana, el 2 de enero la Virgen María se apareció a Santiago el Mayor en Caesaraugusta. María llegó a Zaragoza "en carne mortal" —antes de su Asunción— y como testimonio de su visita habría dejado una columna de jaspe conocida popularmente como "el Pilar". Se cuenta que Santiago y los siete primeros convertidos de la ciudad edificaron una primitiva capilla de adobe en la vera del Ebro. Este testimonio es recogido por un manuscrito de 1297 de los Moralia, sive Expositio in Job, de Gregorio Magno, que se custodia en el Archivo del Pilar. La devoción mariana comenzó en los albores del siglo XIII cuando comienzan las primeras peregrinaciones a Santa María la Mayor.

Sobre la iglesia mozárabe preexistente, se erige el templo románico del Pilar poco después de la conquista de Zaragoza por Alfonso I el Batallador (1118) que fue culminado en el siglo XIII. En esta época se documenta en el templo una capilla primitiva para alojar el Pilar, según transmite Diego de Espés en 1240. Para 1293 el templo se encontraba en tan mal estado que el obispo Hugo de Mataplana promovió la restauración del templo y su conversión en la colegiata gótico-mudéjar de Santa María la Mayor con recursos de una bula de Bonifacio VIII que por vez primera menciona la advocación "del Pilar". Actualmente el único vestigio conservado del templo románico del Pilar es el tímpano de la iglesia, que ha sido colocado en la fachada sur de la basílica barroca.

La talla de la Virgen en madera dorada mide treinta y ocho centímetros de altura y descansa sobre una columna de jaspe, resguardada esta por un forro de bronce y plata y cubierta por un manto hasta los pies de la imagen, a excepción de los días dos, doce y veinte de cada mes en que aparece la columna visible en toda su superficie. En la fachada posterior de la capilla se abre el humilladero, donde los fieles pueden venerar a la Santa Columna a través de un óculo abierto al jaspe.

Se trata de una escultura de estilo Gótico tardío franco-borgoñón de hacia 1435 atribuida a Juan de la Huerta, imaginero de Daroca. En cuanto a su iconografía, se observa a María coronada y con túnica y manto, que recoge con su mano derecha, contemplando a Jesús niño que agarra el manto de su madre con la mano derecha y un pájaro con la izquierda. El rostro de la Virgen posee ternura y el niño puede haber sido objeto de una restauración poco cuidadosa.

Probablemente fue una imagen donada por Dalmacio de Mur con el mecenazgo de la reina Blanca de Navarra, mujer de Juan II de Aragón, a raíz de la curación de una enfermedad que aquejó a la reina por entonces.

La imagen representa a la Virgen coronada y ataviada con un vestido gótico abotonado. Se trata de una vestidura ceñida por un cinturón con hebilla que llega hasta los pies y permite discretamente observar el derecho más que el izquierdo. Una gran pieza de paño cubre la cabeza y muestra un peinado ondulado. La mano derecha sostiene un pliegue de la ropa, que cubre todo su abdomen y la mayor parte de sus extremidades inferiores. El Niño Jesús se encuentra en la mano izquierda y mira desde atrás. Aparece desnudo e irradia inocencia. Su figura gira hacia la izquierda y su cabeza apunta al cinturón de la Virgen. La escultura de fábrica gótica se restauró en 1990 por el Instituto del Patrimonio Histórico Español, a iniciativa del Cabildo Metropolitano de Zaragoza.

La Santa Columna está hecha de jaspe, tiene 1,70 metros de altura, un diámetro de 24 centímetros y un forro de bronce y plata. La tradición pilarista afirma que jamás ha variado su ubicación desde la visita de María a Santiago.

El 24 de marzo de 1596 se recibió en el santuario del Pilar el obsequio de Felipe II, que consistía en dos ángeles de plata —obra de Diego Arnal— que sirven de guardia a la Virgen. Son los únicos elementos de la colegiata gótica-mudéjar de Santa María la Mayor que se conservan en la actual basílica barroca.

El templo se articula en tres naves, de igual altura, cubiertas con bóvedas de cañón, en las que se intercalan cúpulas y bóvedas de plato, que descansan sobre robustos pilares. El exterior es de ladrillo caravista, siguiendo la tradición de construcción en ladrillo aragonesa, y el interior revocado en estuco. La nave central se halla dividida por la presencia del altar mayor bajo la cúpula central. El altar está presidido por el gran retablo mayor de la Asunción, perteneciente a la colegiata gótico-mudéjar de Santa María la Mayor de Zaragoza, realizado por Damián Forment en el siglo XVI.

Bajo las otras dos cúpulas elípticas de la nave central, se dispuso la Santa Capilla de la Virgen del Pilar, y el coro y órgano, que también procedían de la colegiata predecesora. Actualmente el coro y órgano, se encuentran desplazados, al siguiente tramo, para dotar de mayor espacio los tramos del altar mayor.

La comunidad cristiana de Caesaraugusta es una de las más antiguas de España, junto a las de Mérita, León y Astorga. Hacia 254 se documenta su existencia en el epistolario de San Cipriano. También consta que el obispo Valerio estuvo en el Concilio de Elvira a inicios del siglo IV y que el Pilar muy probablemente fue sede del concilio antipriscilianista de 380.

En el siglo IV destaca el canon VIII del concilio de Antioquía —celebrado en la segunda mitad del siglo IV—, que establece la colocación de las imágenes religiosas sobre columnas o pilares. De lo cual deducen estudiosos como Mariano Nougués Secall y Manuel Aramburu que el hecho pudo haber estado inspirado por el conocimiento de la aparición de María a Santiago, aunque dicha tradición era muy popular en el paganismo. De acuerdo con Francisco García Palacios, en este siglo el obispo Atanasio de Zaragoza, discípulo de Santiago, ya utilizaba los símbolos del cristianismo primitivo como el agnus dei.

Hacia 1608 se descubrió en una pared contigua a la Santa Capilla medieval la tumba de un diácono de nombre Lorenzo, que aparentemente habría fallecido en julio de

196. Siguiendo la teoría de Aramburu —aunque Juan Francisco Andrés de Uztarroz puso en duda que el epígrafe de la tumba hubiese sido escrito en las postrimerías del siglo II— la capilla pilarista funcionaba activamente en 196 y contaba ya con varios diáconos ordenados. Del siglo II datarían también las comunicaciones subterráneas de la iglesia del Pilar con varios sitios de la ciudad cesaraugustana. En 1718, al desmontar la primitiva plaza del Pilar, se descubrieron comunicaciones entre una casa particular y el templo. Se cree que fueron construidas cerca del 130 después de Cristo, cuando los judíos comenzaron a utilizar las catacumbas para practicar su religión perseguida por el emperador Adriano, táctica que poco tiempo después adaptarían las primitivas comunidades cristianas.

Para estudiar el siglo III existe mayor diversidad de documentos que aportan información a la historia del Pilar. Se tiene constancia de que el obispo Valero de Zaragoza edificó un salón anejo al templo conocido como la "sala valeriana". También se discute la existencia de la capilla del Pilar durante las persecuciones de Diocleciano, aunque numerosas fuentes indican que testigos visitaron el templo durante aquellos años, como Caledonio, obispo de Braga.

En noviembre de 380 se convocó a un concilio nacional en la ciudad de Zaragoza, presidido por el obispo Valerio II de Zaragoza. El acta del concilio es firmada por doce obispos. Se infiere que esta catedral tenía representadas, en pintura o en bajorrelieve, veinticuatro escenas del Antiguo Testamento y el mismo número para el Nuevo Testamento. En el arco fronterizo figuraba el Pantocrátor y los veinticuatro ancianos.

Aparentemente, el poeta tardorromano Aurelio Prudencio redactó una oda a los mártires de Zaragoza entre 380 y

395. De acuerdo con algunas interpretaciones, en una de las estrofas de su composición alude al templo del Pilar como "templo" y "casa llena de ángeles". Sin embargo, Juan de Arruego, Antonio de Nebrija y Lupercio Leonardo de Argensola, cada quien por su cuenta, desecharon esta teoría al afirmar que Aurelio Prudencio se refería a toda la ciudad de Zaragoza y no al Pilar en particular. Cualquiera que haya sido el caso, es seguro que para el siglo IV la capilla del Pilar había sido ampliada y contaba con espacio suficiente para albergar a los dieciochos mártires que, según la tradición, murieron durante las persecuciones en los albores del siglo IV.

El mismo Prudencio fue comisionado para escribir glosas sencillas a algunas escenas del templo, pero al colocar la explicación al Santo Pilar redactó algo insólito: "la Columna (atado) a la cual fue flagelado el Señor". Gracias a este testimonio autores como Lupercio Leonardo de Argensola, Diego Murillo, Manuel Aramburu y José Félix de Amada especularon que la Santa Columna podía ser la que sirvió para atar a Cristo en la flagelación o que incluso era una porción de ella. Al respecto escribió Lupercio:

Dicen que el Pilar que vemos en la santa Capilla fue traído por los ángeles. Siendo así como la tradición asegura, debemos de dar alguna causa digna de que tales ministros lo trajesen y de que la Virgen se pusiese sobre él; pues ¿qué causa más verosímil que haber sido aquel en que Nuestro Señor Jesucristo fue azotado? Yo así lo oí predicar siendo niño al padre Gobierno. (Daniel Lasagabáster Arratíbel, Historia de la Santa Capilla de Nuestra Señora del Pilar, Zaragoza (Reyes de Aragón, 5): D. Lasagabáster, 1999, pág. 201. ISBN 84-605-8648-0.)

Otro testimonio sobre la veneración a la Virgen en los tiempos del bajo imperio es uno de los bajorrelieves del sarcófago de Santa Engracia, donde se representa el descenso de los cielos de la Virgen para entrevistarse con Santiago. Se conoce desde el siglo IV.

Con la llegada de los visigodos a Hispania se suscitaron numerosos conflictos religiosos entre las dos principales doctrinas de la época: el arrianismo y el catolicismo romano. Gracias a los Concilios de Toledo, a la conversión del rey Recaredo y a mártires como San Hermenegildo, paulatinamente el reino visigodo experimentó una transición unificadora hacia el catolicismo.

Se ha puesto en duda la supervivencia de la capilla del Pilar en el siglo V, debido a las severas invasiones sufridas por Hispania en la época.

Existen testimonios que afirman que en 542 la estola de San Vicente, resguardada en el Pilar, fue llevada en procesión hasta París, donde Chideberto la requirió en agradecimiento por haber levantado el cerco de la ciudad. Asimismo, se relata que en esta centuria fue muy común la denominación de "basílica de San Vicente" para el templo del Pilar.

En el siglo VI se atestigua también el uso de la misa propia de la Virgen del Pilar, que había utilizado desde 368 el misal mozárabe. También se conoce un documento fechado en 645 por Chindasvinto —una donación— donde se menciona el templo del Pilar como fundado por el apóstol Santiago. Por último, en este siglo ocupó la cátedra zaragozana el obispo San Braulio, documentado como obispo entre 626 y 651 y cuya tumba se encontró en el Pilar en 1290. Se encuentra sepultado cerca del altar mayor.

Durante las últimas décadas de la dominación visigótica, la sede episcopal de Zaragoza y el templo del Pilar alcanzaron su mayor esplendor. Braulio de Zaragoza es la figura señera de estos años, aunque, de acuerdo con Daniel Lasagabáster, existe cierta extrañeza porque Braulio jamás comentó en sus textos la existencia del edículo y la tradición pilarista.

Duchesne esgrimió este argumento contra la predicación de Santiago. Z. García Villada lo aplica a la Visita de la Virgen a Zaragoza. Lo considera importante ya que calla el hecho de la aparición Idacio, Orosio, Juan de Viclara, S. Isidoro de Sevilla, S. Ildefonso de Toledo, S. Braulio y Prudencio, que parece debían registrarlo. Y añade: "Causa extrañeza el que Braulio no aprovechara cualquier ocasión para escribir algo sobre un acontecimiento tan glorioso como el de la Virgen del Pilar". Aquí está precisamente el error de García Villada. En el siglo VII el objeto de la tradición pilarista se centraba en un edículo insignificante de 4 x 2 m, situado en descampado donde se echaban desperdicios, lugar inhóspito fuera de las murallas. ¡Qué tenía que decir Orosio sobre este edículo!. Daniel Lasagabáster Arratíbel, Historia de la Santa Capilla de Nuestra Señora del Pilar, Zaragoza (Reyes de Aragón, 5): D. Lasagabáster, 1999, pág. 189. ISBN 84-605-8648-0.

En 716 los musulmanes capturaron Zaragoza y la nombraron Saraqusta. Asimismo, aunque importaron su religión y construyeron la mezquita mayor de Saraqusta al Baida, "Zaragoza la Blanca", una de las más antiguas de Al-Ándalus, la religión cristiana fue permitida y el Pilar se convirtió en uno de sus baluartes. Durante aquella época, según las crónicas, se formó incluso la Cofradía de la Bienaventurada Virgen María del Pilar. Arruego señala que en el siglo VIII, cuando inicia la islamización en Zaragoza, la catedralidad pasó al templo del Pilar.

En el siglo IX se hace mención de los obispos Sénior, quien trasladó al Pilar el cadáver de San Vicente, y Eleca, participante de numerosos concilios y personaje relevante en el cristianismo español de dicha centuria.

Es aquí cuando Aimoino escribe su Historia del traslado de San Vicente, donde describe la iglesia mozárabe del Pilar en el mismo emplazamiento del templo barroco. En torno a ella se congregaba la comunidad cristiana de Zaragoza.

Hacia 985 el barcelonés Moción, hijo de Froya, hace una donación a la iglesia mozárabe de Santa María la Mayor y a las Santas Masas de Zaragoza. En su testamento heredaba cien sueldos "ad Santa María". El pergamino se conserva en el archivo de la Archidiócesis de Barcelona. Este testimonio permite afirmar que el templo pilarista existía desde la época visigótica, pues, a pesar de la tolerancia religiosa islámica, no se permitía construir nuevas iglesias.

Las capitulaciones firmadas el 18 de diciembre de 1118, luego de la conquista de Zaragoza, otorgaban a los musulmanes ciertas concesiones entre las que se incluía el plazo de un año para abandonar la ciudad e instalarse extramuros, y practicando su religión. Alfonso el Batallador le otorgó el patronazgo de la capilla del Pilar a Gastón IV de Bearn, adalid de la toma de Zaragoza. De acuerdo con Lasagabáster, el hecho de que los dos encargados del Pilar tras la conquista, Pedro de Librana y Gastón IV, fueran franceses, es una prueba de que la devoción pilarista era ya bastante conocida en Europa.

Pedro de Librana fue nombrado obispo de Zaragoza, y al constatar el lamentable y ruinoso estado del templo de Santa María, extendió la siguiente carta:

Habéis oído contar (audivistis) con suficiente detalle que con la ayuda del cielo, alcanzada con vuestras oraciones, y el arrojo de los esforzados combatientes ha sido conquistada la ciudad de Zaragoza por las armas cristianas y que ha sido liberada la iglesia de la bienaventurada Virgen María, después de haber permanecido durante mucho tiempo sujeta ¡oh dolor! al dominio de los infieles sarracenos. De antaño sabéis (novistis) que esta iglesia es prevalente (pollere), antecede a todas por su bienaventurada y antigua nombradía de santidad y dignidad. Sin embargo, debo daros a conocer que ahora, como consecuencia de la triste cautividad anterior, carece de todo lo necesario. Sabed que se halla en estado ruinoso por la falta de reparaciones durante el largo cautiverio y que carece de todo. No se cuenta con medios para restaurar sus destrozados muros y reponer los ornamentos. Los clérigos que día y noche se dedican allí al servicio divino no disponen de vivienda ni de medios de subsistencia. Acudimos, pues, suplicantes a vuestra benevolencia a fin de que, si corporalmente no la podéis visitar, al menos la visitéis con la generosa oblación de vuestras limosnas. (...) A los que se compadezcan de esta iglesia, privada de los recursos más necesarios y, condoliéndose de los gemidos de su pobreza, entreguen un denario, o lo que puedan, para su restauración, nosotros, confiados en la divina clemencia, en la autoridad del papa Gelasio, del arzobispo de Toledo y de todos los obispos de España, les concedemos indulgencia plenaria. Los demás conseguirán la remisión de sus pecados en conformidad a la cuantía de sus limosnas y al mérito de sus buenas obras. Aquellos que ofrezcan hospitalidad a nuestro arcediano Miorrando y acompañantes, portadores de nuestra carta, consigan de Dios la vida eterna. (Daniel Lasagabáster Arratíbel, Historia de la Santa Capilla de Nuestra Señora del Pilar, Zaragoza (Reyes de Aragón, 5): D. Lasagabáster, 1999. ISBN 84-605-8648-0.)

Así, entre 1119 y 1120 el arcediano Miorrando recorrió varias diócesis de España, Italia y Francia en busca de donativos para restaurar la capilla pilarista. De acuerdo con los testimonios escritos debe haber obtenido una generosa suma que le permitió a Pedro de Librana emprender cuanto antes las tareas que había señalado.

Es en el siglo XII cuando el Pilar recibe numerosos obsequios que atestiguan la existencia de la tradición pilarista durante la dominación islámica. El más destacado es el olifante de Gastón IV de Bearn, donado por su viuda Talesa de Aragón y resguardado en el Museo del Pilar. En 1138 se fundará la primera congregación de agustinos. Seis bulas de los papas Eugenio III, Alejandro III y Celestino III otorgan importancia al Pilar de Zaragoza. De igual modo, el templo fue favorecido por los reyes de Aragón —tanto de la Casa de Aragón como de la Casa de Trastámara— desde Ramón Berenguer IV hasta el rey Fernando II, así como Alfonso VII de León y Sancho II de Navarra. Así, el Pilar se convierte en un prestigiado y reconocido templo de culto mariano.

Ya en el siglo XIII la tradición pilarista se difunde por toda España y poco después se funda la primera cofradía. Es importante señalar que el pueblo aragonés ya conocía a la Santa Capilla como "Santa María del Pilar", aunque el templo en el que se asentaba era llamado "de Santa María la Mayor". Hasta bien entrado el siglo XV se empleará el título de "Santa María la Mayor y del Pilar".

Para 1261 fuertes riadas dañaron severamente la estructura del templo románico de Santa María. En 1291 el recién llegado obispo Hugo de Mataplana decidió emprender la restauración de la iglesia y su conversión al estilo gótico, tan en boga durante aquellos años. En marzo de 1293 ordena al canónigo obrero idear una solución para mejorar el estado del templo pilarista. A este hecho se le considera el fin del templo románico y el inicio de la historia de la colegiata gótico-mudéjar. En 1296 Hugo de Mataplana viajó a la Santa Sede para obtener el apoyo del papa Bonifacio VIII. Aunque Mataplana falleció estando en Roma, el pontífice expidió poco después la bula Mirabilis Deus, para acicatear al pueblo a colaborar en las obras de restauración del Pilar de Zaragoza.

En 1318 un documento de Juan XXII menciona a Santa María la Mayor de Zaragoza como "edificada por Santiago en el año 40" y también afirma que dicho templo es el más antiguo de España. Sin embargo, incurre en un error bastante común: señalar que la colegiata fue edificada en 40 cuando su construcción data de varios siglos después. Pero este dato permite conocer que para los canónigos la Santa Capilla y el templo gótico formaban parte de un solo conjunto.

De acuerdo con fuentes de la época, la reina Blanca de Navarra, esposa de Juan II el Grande, experimentó una curación milagrosa atribuida a la Virgen del Pilar y en agradecimiento marchó al santuario en julio de 1434.

Entre 1434 y 1435 se originó en la sacristía del claustro un incendio que arrasó con varias joyas y con el retablo de alabastro del templo. Es aceptada casi unánimemente la teoría de que el camarín de la Virgen y el Santo Pilar resultaron indemnes del siniestro. No existen indicios de que el fuego haya alcanzado a la colegiata gótica. La imagen que hoy se venera de la Virgen del Pilar, elaborada en estilo gótico tardío por un imaginero de Daroca, muy probablemente fue una donación de la reina Blanca y del arzobispo Dalmau de Mur. En este siglo continuaron las concesiones al Pilar, otorgadas por Juan II y su hijo Fernando II.

Los fieles y la nobleza de Aragón colaboraron en las obras para restaurar los daños del incendio. Las paredes fueron cubiertas con bajorrelieves que representaban la aparición de la Virgen a Santiago. También se emprendió la construcción de un nuevo retablo, "de alabastro, de los más claros y transparentes que he visto, donde hay algunas figuras de bulto muy bien labradas, puestas dentro de sus nichos y el samblaje y lo demás del retablo hecho con gran primor. Acompañan a todo esto otras molduras y figuras pequeñas de alabastro, que están en lo restante de la pared a una parte y a otra".

El arzobispo Alonso de Aragón, hijo de Fernando el Católico, fue el responsable de transformar la iglesia en estilo gótico y a él se debe el magnífico retablo tallado por Damián Forment (1512-1518). En el siglo XVI la Casa de Austria entró a gobernar en España y continuó la tradición de la dinastía aragonesa de otorgar privilegios y protecciones al santuario del Pilar. En 1530 la decisión de Clemente VII de exceder la jurisdicción episcopal del Pilar generó un conflicto interno en los arzobispados locales. La Seo interpuso un pleito por la catedralidad que fue resuelto hasta 1676, cuando Clemente X fusionó los cabildos de la Seo y del Pilar, con lo que dio origen al Cabildo Metropolitano de Zaragoza.

Ya entrado el siglo XVI la iglesia gótica experimenta su transformación al estilo mudéjar. En esta centuria ocurren hechos de trascendencia para el templo, como la construcción de una bóveda estrellada de crucería flamígera llena de florones relucientes de oro (1504-1515), a semejanza de las que adornaban el Palacio de la Aljafería.

El 29 de marzo de 1640 ocurrió el suceso conocido como Milagro de Calanda, pues el cojo Miguel Pellicer afirmó que por intercesión de la Virgen del Pilar le fue restituida la pierna derecha, que había perdido en un accidente. El hecho obtuvo gran relevancia en todo el reino, y el 27 de abril de 1641 se dictaminó como milagro. Ya el 27 de mayo de 1642, el municipio de Zaragoza proclama patrona de la ciudad a la Virgen del Pilar.

La devoción a la Virgen del Pilar se había extendido por toda España, y en 1678 el virrey Pedro Antonio de Aragón llamó a Cortes en nombre del rey Carlos II, a fin de declarar a la Virgen como patrona de Aragón.

El 1904 fue el año declarado por Pío X como "jubilar mariano". Durante este período varias damas de España comenzaron a invitar al pueblo a recaudar fondos para coronar solemnemente a la Virgen. El 28 de septiembre, gracias a la intervención de la condesa de Guiomar, Pío X otorgó su apoyo a la causa.

La corona fue construida en los talleres Ansorena de Madrid gracias al patrocinio de un grupo encabezado por la reina María Cristina de Habsburgo-Lorena. El 28 de abril de 1905 el arzobispo zaragozano Juan de Soldevilla llevó las coronas a Roma para ser bendecidas por el Papa.

El 20 de mayo fue el día en que se coronó a la Virgen del Pilar. Prelados de toda España y representantes diplomáticos acudieron a la ceremonia, donde también estuvo presente un número hasta entonces inusitado de peregrinos. A las doce en punto del día el obispo coronó al Niño y después a la figura de la Virgen, en medio de una atmósfera de emoción generalizada. Días después comenzaron las peregrinaciones, realizadas por grupos, ya que no era posible obtener alojamiento en la ciudad para todos los peregrinos. En memoria de la coronación canónica, cada día 20 del mes la Virgen no lleva manto.

La Virgen del Pilar fue la sexta imagen mariana de España en recibir la Coronación Canónica después de las imágenes de la Virgen de Montserrat (1881), la Virgen de la Merced de Barcelona (1889), la Virgen de la Candelaria de Tenerife (1889), la Virgen de los Reyes de Sevilla (1904) y la Virgen de la Misericordia de Reus (1904).

La madrugada del 3 de agosto de 1936, durante la Guerra Civil Española, el trimotor republicano Fokker lanzó tres bombas, de 50 kilogramos cada una, sobre las torres de la Basílica del Pilar. Una de ellas quedó clavada en la Basílica del Pilar, otra atravesó el techo y la última logró penetrar la bóveda del coreto de la Virgen y causar serios daños en el marco dorado de La adoración del nombre de Dios, de Goya. Ninguna de ellas logró estallar ni causar daños de consideración, hecho que fue atribuido a un milagro de la Virgen. Las bombas fueron desactivadas y hoy en día se exhiben en pilastras cercanas a la Santa Capilla.

Un Congreso Mariológico y Mariano Internacional se llevo a cabo en la Basílica en octubre de 1979. A pesar de que el papa Juan Pablo II no asistió, para dicha celebración se mandó remodelar las cúpulas y los tejados del templo.

Se atribuyen a la intercesión de la Virgen del Pilar diversos milagros, entre los que destacan la asombrosa curación de doña Blanca de Navarra, a la que se creía muerta, y las de invidentes como el niño Manuel Tomás Serrano y el organista Domingo de Saludes o el llamado "Milagro de Calanda", por el que al mendigo Miguel Pellicer, nacido en Calanda, se le restituyó la pierna que le fue amputada en octubre de 1637. Este suceso extraordinario ocurrió el 29 de marzo de 1640 y fue proclamado como milagro el 27 de abril de 1641 por el arzobispo Pedro Apaolaza Ramírez, tras un proceso en el que intervinieron tres jueces civiles y fueron interrogados veinticinco testigos. Ese mismo año, el rey Felipe IV mandó ir a palacio a Miguel Pellicer y arrodillándose ante él le besó la pierna. Este hecho prodigioso determinó que en 1642 la Virgen del Pilar se convirtiera en co-patrona de Zaragoza junto a San Valero. Más mundanos resultan otros hechos que se le atribuyen, como liberaciones de presos, superación de pruebas o éxitos económicos y deportivos.

Entre las campañas militares que los católicos consideran obra de su intercesión se cuenta la toma de Zaragoza de manos musulmanas en 1118, la resistencia ante el ejército francés durante la Guerra de Independencia Española y la protección del templo en la guerra Civil Española. De esta última se narra el bombardeo sufrido por el templo el 3 de agosto de 1936, cuando fueron arrojadas sobre la Basílica de El Pilar cuatro bombas que no estallaron. Las cargas que cayeron en el templo se exponen a los lados del Camarín de la Virgen e integran la larga lista de hechos milagrosos atribuidos a la Virgen María del Pilar.

4.9.- Nuestra Señora de Chiquinquirá; Misterios de la Virgen María.

Nuestra Señora del Rosario de Chiquinquirá es una de las advocaciones con que se venera a la Virgen María en el catolicismo. Es la patrona y reina de Colombia, del Estado Zulia en Venezuela y de la ciudad de Caraz, en el departamento de Ancash en Perú.

En Colombia la imagen descansa en la Basílica de Nuestra Señora del Rosario de Chiquinquirá, a donde acuden miles de peregrinos no solo el día de su fiesta patronal el 9 de julio sino todos los domingos, cuando se celebran las misas y procesiones. El 3 de julio de 1986 el Papa Juan Pablo II visitó el santuario y oró por la paz de Colombia a los pies de la Virgen María. El 9 de julio de 1999 el lienzo visitó por última vez la ciudad de Bogotá para presidir la oración por la paz. Se le conoce por el nombre de la ciudad de Chiquinquirá, donde tuvo lugar la primera de sus manifestaciones milagrosas, y donde reposa el lienzo orginal.

Una imagen de la Virgen de Chiquinquira de Venezuela descansa en la Basílica de Maracaibo. En esa ciudad, cada año, el 18 de noviembre, se celebra la tradicional "Feria de la Chinita" y se realizan misas y procesiones en honor a la Virgen.

La historia se remonta al siglo XVI cuando los frailes y dominicos realizaban expediciones de evangelización en la región del centro del país. Un caballero proveniente de España, Antonio de Santana, en 1560 obtiene la encomienda de la región para levantar una casa dotada con diferentes dependencias, apropiada para la administración de los colonos, los indígenas y esclavos; además debía construir una capilla para oficios religiosos en Suta. Posteriormente de España llega un fraile colaborador en las misiones, fray Andrés Jadraque que ve la necesidad de dotar la capilla con un lienzo o cuadro de la Virgen del Rosario, advocación promulgada por la Orden Dominicana a la cual pertenecía el religioso. De esa manera acuden a un pintor también español Alonso de Narváez que vivía en la ciudad de Tunja, Boyacá, cercana a la región, para pedirle que pintara a la Virgen del Rosario. Todos acuerdan poner al lado de la Virgen a sus santos de devoción, San Antonio de Padua y San Andrés por ser el primer patrono del encomendero que solicitaba la imagen y el segundo, del fraile que la había mandado a hacer.

Para el año de 1562 la pintura hecha de algodón indígena que media 125 cm de ancho por 111 de alto ya estaba en la capilla y allí permaneció por más de una década hasta aproximadamente el año 1574. Por entonces, la capilla, que tenía techo de paja se deteriora por consecuencia de la humedad, al punto que la imagen quedó prácticamente borrada. La imagen estaba en tan mal estado que fue llevada dentro de la misma región a la población de Chiquinquirá, allí fue abandonada en una habitación que muy raras veces fue usada como capilla u oratorio. Se dice que incluso el lienzo sirvió para secar granos al sol.

La crónica histórica (elaborada al año siguiente de los acontecimientos) señalan que en el año 1586 María Ramos, una mujer del lugar, sabiendo que el lienzo había guardado la imagen de la Virgen María, decide reparar el viejo oratorio y el lienzo maltratado, otorgándole el mejor lugar de la capilla. Diariamente oraba y pedía a la Virgen del Rosario que se manifestara, hasta que el 26 de diciembre de 1586 cuando María salía del oratorio, una mujer indígena llamada Isabel junto a su pequeño hijo al pasar por el lugar le gritaron a María: "mire, mire Señora...", al dirigir su mirada a la pintura ésta brillaba con resplandores y la imagen, que estaba irreconocible, se había restaurado con sus colores y brillo originales; los agujeros y rasguños de la tela desaparecieron. Desde entonces empezó la devoción a la advocación conocida como "Nuestra Señora del Rosario de Chiquinquirá".

El santuario fue confiado a la orden de los Dominicos, quienes construyeron un convento a su lado, guardando la imagen hasta tiempos presentes.

Tras un fuerte terremoto, ocurrido en 1785, los frailes deciden construir una nueva basílica en otro lugar de la población y trasladar allí la imagen de la Virgen. Esto generó protestas por parte de los vecinos de Chiquinquirá. Pese a todo, la nueva iglesia se edificó y la imagen fue traslada en torno a 1823.

La devoción de la gente por esta imagen se evidencia en múltiples acontecimientos, que van desde las tradicionales "romerías" o grandes peregrinaciones hechas al lugar, pasando por la música popular, hasta hechos históricos protagonizados por personajes como virreyes, obispos y políticos, comenzando con el mismo Simón Bolívar, quien no sólo recibió para su Campaña Libertadora los tesoros y joyas del cuadro, sino que él mismo fue en varias ocasiones a orar por el éxito de su empresa. Finalmente, el gobierno de la República de Colombia decidió en 1919, consagrar el país a la Virgen de Chiquinquirá como su Reina y Patrona. El 9 de julio de 1919 el presidente Marco Fidel Suárez coronó a la Virgen de Chiquinquirá como Reina de Colombia en una ceremonia realizada en la Plaza de Bolívar de Bogotá en presencia del Nuncio Apostólico y varios obispos.

En algunas ocasiones la imagen ha sido trasladada con gran pompa, a la ciudad de Bogotá (unos 120 km al sur) con el fin de pedir a Dios por el fin de guerras, catástrofes o epidemias. El último traslado de este tipo ocurrió en 1999.

Cuenta la historia que una humilde anciana lavandera habitante de un barrio humilde de Nueva Zamora de Maracaibo denominado El Saladillo, en la provincia de Venezuela cumplía su faena en las orillas de la laguna de Coquivacoa cuando una tablita llegó a sus manos, sin ninguna particularidad que la hiciere especial, pero al parecer la misma fue recogida por la lavandera dándole la utilidad de tapa para la tinaja de agua. Al tiempo a la anciana le pareció reconocer en la tablita una imagen muy borrosa de carácter religioso y quizá por reverencia la colocó en una de sus paredes. El martes 18 de noviembre de 1709 se encontraba absorta en sus que haceres, por lo que no prestó atención a una serie de golpes que se escuchaban en la pared donde colgaba la imagen. Los golpes se escucharon de nuevo, pero ella no se movió. Sin embargo, a la tercera vez, se dirigió extrañada al lugar de donde venían los golpes y sorprendida vio cómo en la tablita se apreciaba claramente la imagen de la Virgen de Chiquinquirá y salia de ella una luz brillante. La sorpresa de tal fenómeno la llevó a la calle donde comenzó a gritar: "Milagro, milagro" y con esto se dio inicio a la gran devoción de los zulianos hacia la Madre de Jesucristo. La imagen se presume fue lanzada como despojo en aguas del mar, de un saqueo de algún pirata en el por aquel entonces Virreinato de la Nueva Granada (hoy Colombia) y se desconoce cuánto tiempo pudo estar flotando en las aguas del mar hasta llegar a la Laguna de Coquivacoa (hoy Lago de Maracaibo). La mirada de la Virgen en la imagen viene dada hacia la izquierda, como dando a presumir que sigue su camino a la entonces Provincia de Venezuela, haciéndose desde entonces la "indocumentada" más querida de este país, presagiando quizá también el gran éxodo de colombianos que han llegado a Venezuela. Y Luego del portento similar al ocurrido en el vecino Virreinato se quiso trasladar la Imagen a la Catedral de Nueva Zamora de Maracaibo y de hecho se logró hacer hasta cierto tramo de las adyacencias al templo, pero llegada a un lugar determinado la imagen empezó a ponerse pesada en extremo, hasta el punto que hubo que bajarla y dejarla en tierra, sin que luego de esto pudiera ser levantada de nuevo. En vista de las circunstancias a alguno de los pobladores se le ocurrió que quizá la providencia deseaba que la imagen no estuviera en el templo mayor, junto a los mantuanos (los adinerados de la época) sino en la ermita en construcción para ese momento de San Juan de Dios (más acorde con los más desposeídos) hacia el oeste de la ciudad. La sugerencia fue tomada en cuenta y sorprendentemente la imagen recobró su peso original y llegó con honores a la mencionada ermita, hoy convertida en Basilica Menor dedicada a Nuestra Señora del Rosario de Chiquinquirá y San Juan de Dios, en la cual se venera desde entonces.

Ciclo festivo: enmarcado en la celebración de la Feria, a la par del cronograma formal y religioso de actividades se desarrollan otros eventos populares y de masas de acuerdo a las creencias de los fieles. Todos los 18 de noviembre Maracaibo y el Estado Zulia en general, han venido celebrando la fiesta de la Chinita, como cariñosamente se le denomina en el país, fecha que se ha convertido a partir de ese entonces, en ocasión de fiestas para los fieles del pueblo zuliano y sus alrededores. Con el alumbrado de la avenida Bella Vista, al son de la gaita (música originada en la época colonial y que hoy en día está dedicada en gran medida a la celebración de las fiestas de la Virgen y protestas del pueblo zuliano), fuegos artificiales que alumbran el cielo marabino, chimbangueles (música de tambores) que retumban, bandas orquestales hay un marco de fiesta, acompañando a la Virgen en su recorrido por las calles donde se dice ocurrió el milagro de la renovación, tal como también sucedió en Chiquinquirá, Colombia.

La devoción a la Virgen del Rosario de Chiquinquirá es muy grande en la ciudad de Maracaibo y a la misma se le atribuyen multiplicidad de favores, algunos de los más sorprendentes se han exaltado en hermosos vitrales en la misma Basilica.

La Virgen del Rosario de Chiquinquirá es la formal patrona de la Ciudad de Maracaibo, el estado Zulia y de la Guardia Nacional de la República Bolivariana de Venezuela, fue coronada canónicamente con las ofrendas de oro junto a piedras preciosas y semipreciosas tales como rubíes, zafiros y esmeraldas que su pueblo le ha obsequiado desde la colonia. Dicha corona está sostenida por cuatro ángeles de plata. En la época hispánica la tabla fue cubierta en sus bordes con un repujado de oro, ciertos adornos sobre la imagen como coronas para la Virgen y el niño, la aureola, etc., los cuales han sido retirados en su mayoría a excepción de las corona. Cuenta la imagen con un cetro de oro, zafiros y esmeraldas; la imagen también cuenta con una corona elaborada con piedras denominadas "tumas" obsequio de la etnia guajira.

La imagen de Nuestra Señora del Rosario de Chiquinquirá se ha trasladado en varias oportunidades a múltiples sitios; una de las más recordadas fue cuando visitó la capital de la República y de manera más frecuente ha sido paseada por las diferentes parroquias del estado Zulia, trasladándose en lanchas por el lago y los ríos, en vehículos terrestres y hasta en helicóptero. Hoy estas visitas continúan pero haciendo uso de una réplica por resguardo de la imagen original.

Las celebraciones en honor a la Virgen del Rosario de Chiquinquirá, dejaron de ser las modestas fiestas patronales del pasado para adquirir características internacionales de festejo de gran complejidad donde confluyen eventos religiosos y populares, todos reunidos bajo el nombre da la Feria Internacional de la Chinita.

En ella se realizan las famosas corridas de toros, bailes en sitios públicos y privados de la ciudad, amaneceres gaiteros, juegos de béisbol, la gran gala de la belleza, (concurso de belleza que permite elegir a la soberana que será la reina de la feria por todo el año, el desfile de carrozas y comparsas, además muchas otras actividades.

El 18 de noviembre es un día importante el que todos los marabinos (naturales de Maracaibo) le hacen un homenaje a la Virgen de Chiquinquirá. Ese día es conocido y celebrado como (La Feria De La Chinita) y se celebra con mucho entusiasmo, alegría, fe y fidelidad por todos los habitantes de la ciudad. A la par se desarrolla el juego de béisbol Copa la Chinita, actividad deportiva muy frecuentada por la fanaticada zuliana, que se reúne (luego de una larga noche de parranda) a darle ánimo y apoyo al equipo pelotero de las Águilas del Zulia. A la semana siguiente se realiza la procesión de la Aurora y en ella se pasea la imagen desde la basílica a las 3:00 de la madrugada, para que junto a su pueblo reciba el día en la calle. Finalmente, el domingo siguiente se restituye la imagen a su camerino.

Virgen de Chiquinquirá en España: desde el año 2004 en Madrid (España) veneran a la chinita y se celebra la feria igual que en Maracaibo (Venezuela) celebrando así el día de la patrona en España, la celebración se hace en el 17, 18 y 19 de noviembre dando así para celebrar cada año su feria a la patrona de España, Colombia y Venezuela y en diciembre se hace también actividades de la feria en España el día especial de la patrona es el mismo día que se celebra en Maracaibo con una misa y después una serenata gaitera con el grupo entre palos y alegrías y también el grupo gaitero madridcaibo es gaita.

4.10.- Nuestra Señora de los Ángeles; Misterio de la Virgen María.

Nuestra Señora de los Ángeles es una advocación de la Virgen María en la Iglesia Católica Romana. Este culto es originario de España, en Getafe, cerca de Madrid, y fue traído a América por los conquistadores españoles.

La Virgen de los Ángeles fue declarada Patrona de Costa Rica y protectora de las Américas por el Papa Juan Pablo II.

La celebración de Nuestra Señora de los Ángeles se realiza en la ciudad de Cartago, Costa Rica, desde finales del siglo XIX se realiza una romería hasta el santuario cada 2 de agosto, en la Basílica de los Ángeles.

También hay templos a la misma advocación en Italia, España, México, Estados Unidos y Argentina.

En 2005 esta imagen fue llevada al Vaticano, en Roma. El Papa Benedicto XVI la bendijo, y la colocaron en la Basílica Santa María de la Luz, a la que peregrinan muchos inmigrantes.

En el Período Colonial, Cartago era la principal ciudad para españoles en Costa Rica y su capital provincial. A su alrededor había varios pueblos para indígenas nativos. En 1635, los mulatos vivían dispersos al este de la ciudad, pues las leyes españolas prohibían que los mulatos libres, o pardos, pasaran de la Cruz de Caravaca.

La historia dice que el 2 de agosto de 1635, una joven mulata llamada Juana Pereira, iba a lavar ropa como de costumbre, y se encontró una pequeña estatua, de una muñeca con un bebe en brazos, similar a la Virgen María, en medio del bosque, sobre una roca, cerca de un manantial, en el lugar llamado "La Puebla de los Pardos". Ella decidió llevársela para su casa, donde la guardo en un cajón envuelta en un paño de tela. Al día siguiente, Juana volvió al sitio del primer hallazgo, se encontró una muñeca de piedra igual a la encontrada el día anterior, hizo lo mismo, se la llevo para su casa, para guardarla junto a la otra, pero cuando llego a buscarla se dio cuenta que no estaba, así volvió a guardar la imagen encontrada nuevamente, lo mismo sucedió al tercer día, pero esta vez se la llevo al sacerdote de la localidad, Alonso de Sandoval, quien la guardó en una caja, y se olvidó de ella. Al día siguiente abrió la caja y, para su sorpresa, no estaba. Juana Pereira volvió al lugar de las apariciones y encontró ahí la imagen, así que se la llevó al sacerdote y este la guardó dentro del sagrario. Al día siguiente abrió el sagrario y no la encontró, por lo que declaró que aquello era un mensaje de la Virgen María, ella deseaba estar en el bosque, sobre la roca, por lo que construyeron un pequeño templo en su honor, donde actualmente se encuentra la Basílica de los Ángeles, y a su alrededor se empezaron a agrupar los pardos.

La pequeña imagen de 20 centímetros fue bautizada con el nombre de Virgen de los Ángeles, porque el 2 de agosto los franciscanos celebran la fiesta de Nuestra Señora de los Ángeles (Getafe). Por esta razón, se tiene la certeza de que el hallazgo ocurrió ese día, pero no así la fecha exacta. Se estima que fue antes de 1639 aunque algunos dan por un hecho que fue en 1635.

La joven que tuvo el honor de encontrar la imagen de Nuestra Señora de los Ángeles parece que se perdió en la Historia de Costa Rica. Se sabe que existió pues los escritos de la época y de la Iglesia lo comprueban, sin embargo, no se le dio seguimiento después del hallazgo de "la Negrita".

El segundo Arzobispo de San José, Monseñor Víctor Sanabria Martínez, intentó recuperar datos sobre esa mulata. En sus investigaciones detectó que la mayoría de mujeres de esa zona se llamaban Juana y llevaban por apellido Pereira. Al no dar con la identidad de esta muchacha la llamó "Juana Pereira" como un homenaje a todas las mulatas que conocieron a la verdadera joven que dio con la imagen de Nuestra Señora de los Ángeles. En ellas se pretendió extender ese honor a toda la cultura indígena y afrodescendente de Costa Rica.

Según otras fuentes, en esa época era muy popular la imaginería religiosa en el Valle Central de Costa Rica. Hay mucha documentación sobre maestros, oficiales y aprendices que se especializaban en hacer imágenes en madera o piedra, para venderlas en el mercado local. La administración del gobernador español Gregorio de Sandoval Anaya y González de Alcalá, el obispo español Fernando Núñez y el párroco de Cartago, Alonso de Sandoval, en los años del hallazgo, se caracterizó por establecer varias iglesias en "Pueblos de Indios" en los alrededores de Cartago, y la ermita de la "Puebla de Pardos" fue obra suya.

La estatuilla fue realizada con la técnica del cincelado en jade (técnica indígena heredada a través del mestizaje), piedra volcánica en la base, y grafito para colorearla.

La composición de la Negrita, se ha dicho, que consiste de tres diferentes piedras: el grafito, jade y roca volcánica.

Los arqueólogos se muestran muy interesados en esa composición debido a que resulta muy difícil, casi imposible, unir las tres piedras; sin embargo, coinciden al señalar que la imagen de la Virgen tiene características de todas ellas.

Se tienen investigaciones que en esa época no había grafito en Costa Rica, sólo en Europa, mientras que en el Viejo Continente no se contaba con las otras dos rocas. Con base en esa realidad, se podría concluir que la imagen tiene características de los dos continentes. Es de 20 cm de alto, le llaman la Negrita pese a que su verdadero color es un gris-verduzco.

Los rasgos de la Virgen son de mestiza, específicamente mulata. Ella ve hacia el frente, mientras que su Hijo la ve directamente a los ojos, y con su manita le toca el corazón.

Algunos coinciden que esa narración describe a la Virgen María asunta al cielo en cuerpo y alma. Es por ese motivo que la Familia del Valle, los joyeros personales de la Virgen, le construyeron un trono muy especial. Es todo en oro con piedras preciosas, la mayoría donadas por fieles agradecidos por un favor. En total, la estructura mide un metro de alto. Es fácilmente observable que la imagen de la virgen de Los Ángeles, cumple con la descripción del Apocalipsis, en el versículo 12:1: "Apareció en el cielo una gran señal, una mujer vestida de oro con doce estrellas sobre su cabeza y la luna bajo sus pies". En el punto más alto del resplandor sobresale el pectoral (cruz que usan los obispos sobre su pecho) que donó el arzobispo de San José, Monseñor Otón Castro. En la base de la estructura se colocó el escudo de Costa Rica que fue un regalo del entonces mandatario, Daniel Oduber. Al emblema nacional se le agregaron algunos anillos que donó Monseñor Rodríguez para recordar a su madre en la Imagen de la Negrita.

La Iglesia se fue levantando con el aporte de los pobladores, muchos de los cuales tenían fincas de cacao. Para 1777 se inicia la elaboración del altar actual, razón por la cual se encuentran las tallas con estilizadas hojas rodeando una talla de mazorca de cacao grande y debajo de esta una incipiente o en crecimiento. A los dos lados están tallados unos canastos de frutos que son una alegoría a la abundancia de favores, milagros y alimento para sus feligreses. La cúpula es, en realidad, una enorme corona en la que se ve el anagrama de la Virgen María y cuyo remate final lo es la imagen de San Miguel Arcángel, quien vence al demonio.

Actualmente se encuentra en ese lugar la Basílica de Los Ángeles, sitio de devoción y peregrinación para el pueblo católico costarricense y centroamericano. Entre el 25 de julio y 2 de agosto de cada año, la plaza de la Basílica, recibe aproximadamente 2,500,000 personas (cifra no oficial, ya que datos de la UCR han mostrado que los romeros alcanzan números máximos de 800,000), nacionales y extranjeros, para mostrar su devoción a la Virgen, que en su mayoría llegan caminando desde sitios rurales como Guanacaste y San Vito, o de la misma ciudad de San José, a esta tradición se la llama ROMERÍA e inician desde el 25 de julio. Al lado de la Basílica se encuentra un manantial de agua bendita, los fieles que llegan a la Basílica recogen el agua en botellas con la forma de la virgen, y algunos se lavan partes de su cuerpo o todo el cuerpo para pedir un favor o ser sanados. En la Basílica se encuentra la sala de exvotos, lugar donde los fieles dejan una medallita con la forma de la parte del cuerpo que le sanó la Virgen o un recuerdo del milagro. Son muchos los favores que ha hecho la Virgen y por eso los costarricenses la quieren como su reina y madre.

4.11.- Nuestra Señora de las Mercedes; Misterios de la Virgen María.

La Santísima Virgen María se le apareció a San Pedro Nolasco, en 1218, recomendándole que fundara una comunidad religiosa que se dedicara a auxiliar a los cautivos que eran llevados a sitios lejanos. De esta manera nace esta advocación mariana en España para luego difundirse por el resto del mundo.

San Pedro Nolasco, inspirado por la Santísima Virgen María, fundó una orden dedicada a la merced o misericordia. Su misión era la misericordia para con los cristianos cautivos en manos de los musulmanes. Muchos de los miembros de la orden canjeaban sus vidas por la de presos y esclavos. Fue apoyado por el rey Jaime el Conquistador y aconsejado por San Raimundo de Peñafort.

San Pedro Nolasco y sus frailes muy devotos de la Virgen María, la tomaron como patrona y guía. Su espiritualidad es fundamentada en Jesús el liberador de la humanidad y en la Santísima Virgen, la Madre liberadora. Los mercedarios querían ser caballeros de la Virgen María al servicio de su obra redentora. Por eso la honran como Madre de la Merced o Virgen Redentora.

En 1272, tras la muerte del fundador, los frailes toman oficialmente el nombre de La Orden de Santa María de la Merced, de la redención de los cautivos, pero son más conocidos como mercedarios. El Padre Antonio Quexal en 1406, siendo general de la Merced, dice: "María es fundamento y cabeza de nuestra orden".

Esta comunidad religiosa se ha dedicado por siglos a ayudar a los prisioneros y ha tenido mártires y santos. Sus religiosos rescataron muchísimos cautivos que estaban presos en manos de los feroces sarracenos.

El Padre Gaver, en 1400, relata como La Virgen llama a San Pedro Nolasco y le revela su deseo de ser liberadora a través de una orden dedicada a la liberación.

Nolasco la pide ayuda a Dios y, en signo de la misericordia divina, le responde La Virgen María diciéndole que funde una orden liberadora.

Desde el año 1259 los padres Mercedarios empiezan a difundir la devoción a Nuestra Señora de la Merced (o de las Mercedes) la cual se extiende por el mundo.

Los mercedarios llegan al continente americano y pronto la devoción a la Virgen de la Merced se propaga ampliamente. En República Dominicana, Perú, Argentina y muchos otros países, la Virgen de la Merced es muy conocida y amada.

En los últimos siglos de la Edad Media, los árabes tenían en su poder al sur y el levante español y sus vidas en vilo. Los turcos y sarracenos habían infestado el Mediterráneo, y atacaban a los barcos que desembarcaban en las costas llevándose cautivos; a muchos.

Un alma caritativa, suscitada por Dios, a favor de los cautivos, fue San Pedro Nolasco, de Barcelona, llamado el Cónsul de la Libertad. Se preguntaba cómo poner remedio a tan triste situación y le rogaba insistentemente a la Virgen María.

Pronto empezó a actuar en la compra y rescate de cautivos, vendiendo cuanto tenía. La noche del 1 de agosto de 1218, Nolasco estando en oración, se le apareció la Virgen María, le animó en sus intentos y le transmitió el mandato de fundar la Orden Religiosa de la Merced para redención de cautivos. Pocos días después, Nolasco cumplía el mandato. Los mercedarios se comprometían con un cuarto voto: liberar a otros más cebiles en la fe quedando como rehenes, si fuera necesario.

De este modo, a través de los miembros de la Nueva Orden, la Virgen María, Madre y Corredentora, Medianera de todas las gracias, aliviaría a sus hijos cautivos y a todos los que suspiraban a ella, gimiendo y llorando en este valle de lágrimas. A todos daría la merced de su favor.

La Virgen María tendrá desde ahora la advocación de la Merced, o más bello todavía en plural: Nuestra Señora de las Mercedes, indicando así la abundancia incontable de sus gracias.

Nuestra Señora de las Mercedes concedería a sus hijos la merced de la liberación. Alfonso X el Sabio decía que "sacar a los hombres de cautivo es cosa que place mucho a Dios, porque es obra de la Merced".

Bajo la protección de Nuestra Señora de la Merced, los frailes mercedarios realizaron una labor ingente. Como ingentes fueron los sufrimientos de San Pedro Nolasco, San Ramón Nonato y San Pedro Armengol. Y no faltaron mártires como San Serapio, San Pedro Pascual y otros muchos.

El culto a Nuestra Señora de la Merced se extendió muy pronto por Cataluña y por toda España, por Francia y por Italia, a partir del siglo XIII. El año 1265 aparecieron las primeras monjas mercedarias. Los mercedarios estuvieron entre los primeros misioneros de América. En la Española o República Dominicana, por ejemplo, misionó Fray Gabriel Téllez (Tirso de Molina).

Barcelona se gloría de haber sido escogida por Nuestra Señora de la Merced como lugar de su aparición y la tiene por celestial patrona. "Princesa de Barcelona, protegiu nostra ciutat."

En el museo de Valencia hay un cuadro de Vicente López en el que varias figuras vuelven su rostro hacia la Virgen de la Merced, como implorándole, mientras la Virgen abre sus brazos y extiende su manto, cubriéndolos a todos con amor, reflejando así su título de Santa María de la Merced.

La ciudad argentina de Tucumán, fue fundada por don Diego de Villarroel en 1565, pero el día de Nuestra Señora de las Mercedes de 1685 fue trasladada al sitio actual.

El Cabildo en 1687 nombró a Nuestra Señora de las Mercedes como Patrona y Abogada de la ciudad, por los muchos favores que la Virgen dispensó a los tucumanos.

La victoria argentina en la batalla de Tucumán del 24 de septiembre de 1812, es acreditada a Nuestra Señora de las Mercedes. En ella se decidió la suerte de las Provincias Unidas del Río de la Plata. Los españoles eran unos tres mil y los argentinos apenas mil ochocientos. Belgrano, el general argentino, puso su confianza en Dios y en Nuestra Señora de las Mercedes, a quien eligió por Patrona de su Ejército.

En la mañana del 24 de septiembre de 1812, día del combate, el general Belgrano estuvo orando largo rato ante el altar de la Virgen. El ejército argentino obtuvo la victoria. En el parte que transmitió al Gobierno, Belgrano hizo resaltar que la victoria se obtuvo el día de Nuestra Señora de las Mercedes, bajo cuya protección se habían puesto las tropas.

El parte dice textualmente: "La patria puede gloriarse de la completa victoria que han tenido sus armas el día 24 del corriente, día de Nuestra Señora de las Mercedes bajo cuya protección nos pusimos ".

El general Belgrano puso en manos de la imagen de la Virgen su bastón de mando. La entrega se efectuó durante una solemne procesión con todo el ejército, que terminó en el Campo de las Carreras, donde se había librado la batalla.

Belgrano se dirigió hacia las andas en que era conducida la imagen de Nuestra Señora de las Mercedes, y le entregó el bastón que llevaba, poniéndolo en las manos de la Virgen y proclamándola como Generala del Ejército.

Al tener conocimiento de estos actos de devoción las religiosas de Buenos Aires, remitieron a Belgrano cuatro mil escapularios de Nuestra Señora de la Merced para que los distribuyera a las tropas. El batallón de Tucuman se congregó antes de partir rumbo a Salta, frente al atrio del templo de Merced, donde se les entregaron los escapularios, tanto los jefes como oficiales y tropas los colocaron sobre sus uniformes.

El 20 de febrero de 1813 los argentinos que buscaban su independencia se enfrentaron nuevamente con los españoles en Salta. Antes de entrar en combate, Belgrano recordó a sus tropas el poder y valimiento de María Santísima y les exhortó a poner en Ella su confianza. Formuló también el voto de ofrendarle los trofeos de la victoria si por su intercesión la obtenía.

Con la ayuda de la Madre de Dios vencieron nuevamente a los españoles, y de las cinco banderas que cayeron en poder de Belgrano, una la destinó a Nuestra Señora de las Mercedes de Tucumán, dos a la Virgen de Luján y dos a la Catedral de Buenos Aires.

A partir del año 1812, el culto a Nuestra Señora de las Mercedes adquiere una gran solemnidad y popularidad. En 1813, el Cabildo de Tucumán pide al gobierno eclesiástico la declaración del vice patronato de Nuestra Señora de las Mercedes "que se venera en la Iglesia de su religión" y ordena de su parte que los poderes públicos celebren anualmente su fiesta el 24 de septiembre. La Autoridad

Eclesiástica, por Decreto especial, declara el 4 de septiembre de 1813 festivo en homenaje a Nuestra Señora de las Mercedes el 24 de septiembre.

Después del 31 de agosto de 1843, es declarada oficialmente Vice Patrona, jurando su día por festivo y disponiendo se celebre cada año una Misa solemne con asistencia del Magistrado y que por la tarde se saque la imagen de la Santísima Virgen en procesión, como prueba de gratitud por los beneficios dispensados.

Al cumplirse el centenario de la batalla y victoria de Tucumán, la imagen de Nuestra Señora de las Mercedes fue coronada solemnemente, en nombre del Papa San Pio X, en 1912.

El 22 de junio de 1943, el Presidente de la República, General Pedro P. Ramírez, por decreto aprobado el día anterior con sus ministros, dispuso por el artículo 1ro.:

"Quedan reconocidas con el grado de Generala del Ejército Argentino: la Santísima Virgen María, bajo la advocación de Nuestra Señora de las Mercedes, y la Santísima Virgen María, bajo la advocación de Nuestra Señora del Carmen".

Los artículos 2,3 y 5 se refieren a la imposición de la banda y faja que corresponde a los generales de la nación. El gobierno Argentino proclama así, solemnemente, ante el mundo, su religiosidad.

En 1945, el Gobierno Nacional designó a Nuestra Señora de las Mercedes Patrona Principal de la Aeronáutica Militar.

En Santa Fe la imagen se venera en el templo del Milagro, Paraná se venera en la catedral, en Córdoba en la Iglesia de los Padres Mercedarios, y así en muchos otros lugares.

En la República Dominicana una de las imágenes de gran devoción, y la más antigua es la de Nuestra Señora de las Mercedes.

En marzo de 1495 Cristóbal Colón, acompañado de unos cuantos españoles, tuvo que enfrentar a un crecido número de indios acaudillados por un cacique. Levantaron una trinchera y junto a ella colocaron una gran cruz de madera.

Los indios lograron desalojar a los españoles, quienes de inmediato se replegaron a un cerro. Mientras tanto los indios prendieron fuego a la cruz y con hachas intentaban destruirla, sin poder lograrlo. Ante la agresividad de los indios, Colón y la mayoría de la tropa decidieron retirarse del lugar. Sin embargo el mercedario Fray Juan Infante, confesor de Colón, que llevaba consigo una imagen de Nuestra Señora de las Mercedes, exhortó a los españoles a seguir combatiendo y les prometió la victoria en nombre de la Virgen.

Al día siguiente las fuerzas de Colón obtuvieron una increíble victoria frente a los indios, quienes se dispersaron por los montes. Luego de este suceso se construyó un santuario a Nuestra Señora de las Mercedes en la misma cumbre del cerro donde Colón colocó la milagrosa cruz.

En el Perú la devoción a Nuestra Señora de las Mercedes se remonta a los tiempos de la fundación de Lima. Consta que los Padres Mercedarios, que llegaron al Perú junto con los conquistadores, habían edificado ya su primitiva iglesia conventual hacia 1535, templo que sirvió como la primera parroquia de Lima hasta la construcción de la Iglesia Mayor en 1540.

Los Mercedarios no sólo evangelizaron a la región sino que fueron gestores del desarrollo de la ciudad al edificar los hermosos templos que hoy se conservan como valioso patrimonio histórico, cultural y religioso.

Junto con estos frailes llegó su celestial patrona, la Virgen de la Merced, advocación mariana del siglo XIII.

Esta Orden de la Merced, aprobada en 1235 como orden militar por el Papa Gregorio IX, logró liberar a miles de cristianos prisioneros, convirtiéndose posteriormente en una dedicada a las misiones, la enseñanza y a las labores en el campo social. Los frailes mercedarios tomaron su hábito de las vestiduras que llevaba la Virgen en la aparición al fundador de la orden.

La imagen de la Virgen de la Merced viste totalmente de blanco; sobre su larga túnica lleva un escapulario en el que está impreso, a la altura del pecho, el escudo de la orden. Un manto blanco cubre sus hombros y su larga cabellera aparece velada por una fina mantilla de encajes. En unas imágenes se la representa de pie y en otras sentadas; unas veces se muestra con el Niño en los brazos y otras los tiene extendidos mostrando un cetro real en la mano derecha y en la otra unas cadenas abiertas, símbolo de liberación. Esta es la apariencia de la hermosa imagen que se venera en la Basílica de la Merced, en la capital limeña, que fue entronizada a comienzos del siglo XVII y que ha sido considerada como patrona de la capital.

Fue proclamada en 1730 "Patrona de los Campos del Perú"; "Patrona de las Armas de la República" en 1823; y al cumplirse el primer centenario de la independencia de la nación, la imagen fue solemnemente coronada y recibió el título de "Gran Mariscala del Perú" el día 24 de septiembre de 1921, solemnidad de Nuestra Señora de la Merced, desde entonces declarado fiesta nacional, ocasión en que cada año el ejército le rinde honores a su alta jerarquía militar de "Mariscala". La imagen porta numerosas condecoraciones otorgadas por la república de Perú y sus gobernantes e instituciones nacionales. En 1970 el cabildo de Lima le otorgó las "Llaves de la ciudad" y en 1971 el presidente de la República le impuso la Gran Cruz Peruana al Mérito Naval, gestos que demuestran el cariño y la devoción del Perú a esta advocación considerada por muchos como su Patrona Nacional.

4.12.- María Auxiliadora; Misterios de la Virgen María.

Los cristianos de la antigüedad en Éfeso, Constantinopla, Jerusalén, Atenas, Grecia, Turquía, Egipto, Antioquía y Alejandría llamaban a la Santísima Virgen María con el nombre de Auxiliadora, en griego "Boetéia", que significa "La que trae auxilios desde el cielo". Los dos títulos que más se leen en los antiguos monumentos de Oriente son: Teotocos y Boetéia, es decir, Madre de Dios y Auxiliadora. El gran orador Proclo dijo, a mediado del siglo V: "La Madre de Dios es nuestra Auxiliadora porque nos trae auxilios de lo alto". Sabas de Cesarea, un siglo más tarde, llamó a la Virgen "Auxiliadora de los que sufren" y narra el hecho de un enfermo gravísimo que llevado junto a una imagen de la Virgen María recuperó la salud y que aquella imagen de la "Auxiliadora de los enfermos" se volvió sumamente popular entre la gente de su época. El gran poeta Greco Romano Melone, en ese mismo siglo, llama a la Virgen María "Auxiliadora de los que rezan y ayuda de los que somos débiles" y pide que recemos para que Ella sea también "Auxiliadora de los que gobiernan" y así cumplamos lo que dijo Cristo: "Demos al gobernante lo que es del gobernante" y con lo que dijo Jeremías:

"Oremos por la nación en donde estemos viviendo, porque su bien será nuestro bien". Las naciones de Asia menor celebran la fiesta de María Auxiliadora el 1º de octubre. En Europa y América se celebre el 24 de Mayo. Sofronio, Arzobispo de Jerusalén dijo: "María es Auxiliadora de los que están en la tierra y la alegría de los que están en el cielo". Juan Damasceno, famoso predicador cristiano, es el primero en propagar la famosa frase: "María Auxiliadora ruega por nosotros". Y repite: "La Virgen es auxiliadora para conseguir la salvación. Auxiliadora para evitar los peligros, Auxiliadora en la hora de la muerte". Germán, Arzobispo de Constantinopla, dijo: "Oh María Tú eres Poderosa Auxiliadora de los pobres, valiente Auxiliadora contra los enemigos de la fe. Auxiliadora del pueblo humilde que necesita de tu ayuda".

La Basílica de María Auxiliadora fue consagrada el 9 de junio de 1868, en la ciudad de Turín, Italia. Su construcción estuvo a cargo San Juan Bosco, un campesino de origen humilde que quedó huérfano a los tres años. Que para estudiar tuvo que pedir limosnas. La Santísima Virgen María se le apareció en sueños y le mandó a que adquiriera "conocimiento y paciencia", ya que el Espíritu Santo de Dios lo había destinado para educar a muchos niños pobres. Ya siendo hombre, nuevamente se le apareció la Virgen María y le pidió que le construyera un templo y que la invocara con el nombre de Auxiliadora. Empezó la obra del templo con tres monedas de veinte centavos. Pero fueron tantos los milagros que María Auxiliadora empezó a hacer en favor de sus devotos, que en sólo cuatro años estuvo terminada la gran Basílica. El santo solía repetir: "Cada ladrillo de este templo corresponde a un milagro de la Santísima Virgen". Desde aquel santuario empezó a propagarse por el mundo la devoción a la Madre de Dios bajo el título de Auxiliadora, y son tantos los favores que la Virgen María concede a quienes la invocan con el título de Auxiliadora, que ésta devoción ha llegado a ser una de las más populares en todo el mundo. San Juan Bosco decía: "Propagad la devoción a María Auxiliadora y veréis lo que son milagros" y recomendaba repetir muchas veces esta pequeña oración: "María Auxiliadora, rogad por nosotros". (Historia de la Devoción a María Auxiliadora. Aciprensa.com)

4.13.- Nuestra Señora de Lourdes; Misterios de la Virgen María.

La advocación católica de Nuestra Señora de Lourdes hace referencia a las dieciocho apariciones de la Virgen María que Bernadette Soubirous (1844-1879) afirmó haber presenciado en la gruta de Massabielle, a orillas del río Gave, en las afueras de la población de Lourdes, Francia, en las estribaciones de los Pirineos, en 1858.

Ya en vida de Bernadette, multitud de católicos creyeron en las apariciones de la Virgen María como vehículo de la gracia del Espíritu Santo de Dios, su propio Ser, y el papa Pío IX autorizó al obispo local para que permitiera la veneración de la Virgen María en Lourdes en 1862, unos diecisiete años antes de la muerte de Bernadette.

Bernadette Soubirous fue proclamada santa por el papa Pío XI en 8 de diciembre de 1933. Desde entonces, la advocación de la Virgen María como Nuestra Señora de Lourdes ha sido motivo de gran veneración, y su santuario es uno de los más visitados del mundo.

Los cristianos de la Iglesia católica invocan a Nuestra Señora de Lourdes como patrona de los enfermos.

Bernadette Soubirous, una adolescente pobre y analfabeta de catorce años, aseguró haber visto en 18 ocasiones a la Virgen María en una gruta del paraje de Massabielle, al occidente del poblado de Lourdes entre el 11 de febrero y el 16 de julio de 1858.

En la tercera aparición, la niña habló con la Señora en gascón, dialecto occitano que se usa en la zona, la cual se dirigió a ella usando el "usted" (*voi*) de cortesía y pidiéndole: "¿Me haría usted el favor de venir aquí durante quince días?" (*Boulet aoue era gracia de bié aci penden quinze dias?*). Bernadette le prometió que lo haría. A su vez, la Señora le anunció que no le prometía hacerla feliz en este mundo, sino en el otro.

En sucesivas apariciones, el mensaje fue tomando cuerpo:

- Invitación a la Penitencia y a la oración por los pecadores (21 de febrero).

- Invitación a vivir una pobreza más evangélica.

- Solicitud de que se hicieran procesiones a la gruta y le fuera erigida allí una capilla (2 de marzo).

El 25 de febrero, según testificó Bernadette, la Virgen le dijo que fuera a tomar agua de la fuente y que comiera de las plantas que crecían libremente allí. Ella interpretó que debía ir a tomar agua del cercano río Gave y hacia allá se dirigió. Pero la Señora le enseñó con el dedo que escarbara en el suelo. Al excavar en el fango e intentar beber, Bernadette ensució su rostro, y sus gestos y apariencia fueron motivo de escepticismo por parte de muchas de las de las 350 personas presentes, ya que el manantial no se manifestó de inmediato. Sin embargo, poco después surgió una fuente de agua que, hasta el día de hoy, es meta de peregrinaciones por parte de muchos católicos y que ha sido testigo de numerosos milagros. El manantial que brotó aquel 25 de febrero de 1858 produce cien mil litros de agua por día, de forma continua desde aquella fecha hasta nuestros días.

Ante la reiterada petición de Bernardette de que revelara su nombre, el 25 de marzo de 1858 (en su decimosexta aparición) la Señora le dijo: *"Que soy era Immaculada Councepciou"* ("Yo soy la Inmaculada Concepción"). El dogma católico de la Inmaculada Concepción de la Virgen María había sido solemnemente proclamado el 8 de diciembre de 1854, tres años antes. La expresión resultaba ajena al vocabulario de Bernadette y, en principio, fue motivo de desconcierto, tanto en el propio Padre Peyramale -párroco de Lourdes- como en otras autoridades eclesiásticas y civiles. Sin embargo, Bernadette Soubirous mantuvo una consistente actitud de calma durante todos los incisivos interrogatorios que se le hicieron, sin cambiar su historia ni su actitud, ni pretender tener un conocimiento más allá de lo dicho respecto de las visiones descritas.

El último interrogatorio ante la comisión eclesiástica, presidida por el obispo de Tarbes, Laurence, fue el 1 de diciembre de 1860. El anciano obispo terminó emocionado, al repetir Bernardita el gesto y las palabras que la Virgen hiciera el 25 de marzo de 1858: "Yo soy la Inmaculada Concepción".

El 18 de enero de 1862, el anciano obispo de Tarbes publicó la carta pastoral con la cual declaró que "la Inmaculada Madre de Dios se ha aparecido verdaderamente a Bernardita". En ese mismo año, el papa Pío IX autorizó al obispo local para que permitiera la veneración de la Virgen María en Lourdes. Desde entonces los diversos pontífices han apoyado de varias formas la devoción y la peregrinación al santuario. El papa Pío X extendió la celebración de la memoria a toda la Iglesia. El papa Pío XI ratificó definitivamente la celebración de Nuestra Señora de Lourdes al beatificar a Bernadette Soubirous el 6 de junio de 1925, y canonizarla en la Solemnidad de la Inmaculada Concepción del Año Santo de la Redención, el 8 de diciembre de 1933. En 1937, el mismo Pío XI nombró a Eugenio Pacelli como Delegado Papal para visitar y venerar personalmente a la Virgen María en Lourdes. El 8 de septiembre de 1953, en conmemoración del centenario del dogma de la Inmaculada Concepción, el papa Pío XII, decretó en su Carta Encíclica Fulgens Corona la celebración de un Año Mariano (el primero en la historia de la Iglesia católica) en todo el mundo, mientras describía los sucesos de Lourdes con las siguientes palabras:

"Y parece como si la Virgen Santísima hubiera querido confirmar de una manera prodigiosa el dictamen que el Vicario de su divino Hijo en la tierra, con el aplauso de toda la Iglesia, había pronunciado. Pues no habían pasado aún cuatro años cuando cerca de un pueblo de Francia, en las estribaciones de los Pirineos, la Santísima Virgen, vestida de blanco, cubierta con cándido manto y ceñida su cintura de faja azul, se apareció con aspecto juvenil y afable en la cueva de Massabielle a una niña inocente y sencilla, a la que, como insistiera en saber el nombre de quien se le había dignado aparecer, ella, con una suave sonrisa y alzando los ojos al cielo, respondió: "Yo soy la Inmaculada Concepción». Bien entendieron esto, como era natural, los fieles, que en muchedumbres casi innumerables, acudiendo de todas las partes en piadosas peregrinaciones a la gruta de Lourdes, reavivaron su fe, estimularon su piedad y se esforzaron por ajustar su vida a los preceptos de Cristo". (Pío XII, Carta encíclica Fulgens Corona, N° 3-4)

Las apariciones fueron revelaciones privadas y no públicas, por lo cual la Iglesia católica no las considera artículos de fe -no incorporaron material nuevo como objeto de fe de la Iglesia católica, ni se requiere de sus fieles que crean en ellas-. En la fe de la Iglesia católica, Dios elige a quién curar y por qué medios, pues "vuestros pensamientos no son los míos, ni vuestros caminos son mis caminos, dice el Señor" (Isaías 55, 8). En el decir de Blaise Pascal, "Dios tiene sus razones que nuestra razón no conoce".

Por otra parte, las autoridades de la Iglesia católica han expresado explícitamente su devoción a Nuestra Señora de Lourdes de distintas formas. El 25 de marzo de 1958, centenario de aquella aparición en la que la "Señora" se presentó con las palabras "Yo soy la Inmaculada Concepción", el cardenal Angelo G. Roncalli, luego papa y beato Juan XXIII, consagró la gran Basílica subterránea de San Pío X. En la clausura del centenario de las apariciones de Lourdes, lo expresó así: "La Iglesia, por la voz de sus papas, no cesa de recomendar a los católicos que presten atención al mensaje de Lourdes".

El calendario litúrgico católico celebra la "Festividad de Nuestra Señora de Lourdes" el día de la primera aparición, es decir, el 11 de febrero. En 1992, el papa Juan Pablo II instituyó la celebración de la "Jornada Mundial del Enfermo" a realizarse el 11 de febrero de cada año, en memoria litúrgica de Nuestra Señora de Lourdes.

En 1983 y 2004, Juan Pablo II en persona visitó Lourdes, al igual que lo haría su sucesor Benedicto XVI el 15 de septiembre de 2008, en conmemoración del 150 aniversario de las apariciones de 1858.

Hoy, el Santuario de Nuestra Señora de Lourdes es uno de los sitios principales de peregrinaje católico en el mundo. Con una población de aproximadamente 15,000 habitantes, Lourdes recibe actualmente la visita de unos 6,000,000 de peregrinos por año.

La imagen de la Virgen de Lourdes que los fieles católicos veneran sigue en general la descripción que Bernadette hiciera de Nuestra Señora:

- Joven.

- Vestida de blanco con una cinta de color azul a la cintura.

- Con las manos juntas en actitud orante.

- Con un rosario colgándole del brazo.

- Con una rosa dorada en cada pie.

La Iglesia Católica siempre consideró a la Virgen María como una figura íntimamente próxima a todo sufrimiento humano, desde aquel momento descrito por el Evangelio según San Juan:

> *"Junto a la cruz de Jesús, estaban su madre y la hermana de su madre, María, mujer de Cleofás y María Magdalena. Jesús, viendo a su madre y junto a ella al discípulo a quien amaba (María Magdalena), dice a su madre: "Mujer, ahí tienes a tu hija." Luego dice al*

discípulo: "Ahí tienes a tu madre". Y desde aquella hora el discípulo la acogió en su casa". Juan 19, 25-27

A partir de los hechos testimoniados por Bernadette Soubirous, la Iglesia Católica consideró a la Virgen María, en su advocación de Nuestra Señora de Lourdes, la patrona de los enfermos.

Es importante señalar que tanto las apariciones de Lourdes como la existencia de hechos "no explicables científicamente por las leyes naturales" no constituyen artículos de fe —estos últimos incluidos en el credo—.

"Le Bureau des Constatations Médicales" y de "Le Comité Médical International" de Lourdes, que rigen el análisis científico de las curaciones producidas en Lourdes, lo hacen de forma sumamente estricta. De los aproximadamente 7,000 expedientes de curación registrados desde las apariciones, sólo 67 casos han sido reconocidos por la Iglesia como milagros en un siglo y medio. "La Iglesia siempre ha sido muy cuidadosa acerca de las curaciones", dijo el facultativo francés Patrick Theillier, director de la oficina médica. "Prefiere no reconocer un milagro verdadero a proclamar uno donde no existe". En efecto, tal es el grado de rigor manifestado en este tema que la curación de Marie Bailly, aquejada de peritonitis tuberculosa en último estadio (el famoso "Dossier 54" de los Archivos de "Le Bureau des Constatations Médicales" de Lourdes), y testimoniada por el mismísimo -y por entonces escéptico- Dr. Alexis Carrel (Premio Nobel de Fisiología o Medicina en 1912), no se encuentra incluida entre los casos considerados "milagrosos" por la Iglesia católica, simplemente por una constatación insuficiente del estado psíquico de la paciente previo a su curación.

La persona más joven que se considera recibió esa gracia fue un niño de 2 años: Justin Bouhort, de Lourdes (Francia), que padecía hipotrepsia crónica post infecciosa con retardo del desarrollo motor. El más reciente reconocimiento de un milagro por parte de la Iglesia Católica sobrevino en el año 2005. Asimismo, se reconoció que 6 milagros tuvieron lugar por intercesión de Nuestra Señora de Lourdes sin que los enfermos viajaran a Lourdes. La mayoría de los milagros se produjeron por contacto con el agua de Lourdes (49 milagros de los 67). Para que una curación se considere "milagrosa" se deben cumplimentar una serie de requisitos, entre los que se cuentan:

- Que la dolencia sea incurable, desde un punto de vista científico.

- Que se haya puesto de manifiesto la total ineficacia de los medicamentos o protocolos empleados en su tratamiento.

- Que la curación haya sobrevenido de forma súbita y no gradual.

- Que la curación haya sido absoluta, con efectos duraderos, y no solamente una remisión.

- Que la curación no sea el resultado de una interpretación derivada del estado psíquico de la persona.

Algunos de 67 casos de curación considerados "milagrosos" por la Iglesia católica son los siguientes:

- Jeanne Fretel, de Rennes (Francia). Visitó Lourdes el 10 de mayo de 1948, a los 31 años. Tenía peritonitis tuberculosa, con enflaquecimiento extremo y fiebre. Fue llevada a Lourdes en estado comatoso. Le fue dado un fragmento minúsculo de Eucaristía y despertó. Se informó que fue "inmediata y permanentemente curada" esa noche mientras yacía en su silla de ruedas al lado del manantial. Ella todavía no se había bañado en el manantial, ni bebido de su agua. Su curación fue reconocida oficialmente el 11 de noviembre de 1950.

- Hermano Léo Schwager, de Fribourg (Suiza). Visitó Lourdes el 30 de abril de 1952, a la edad de 28 años. Sufría esclerosis múltiple desde los 5 años. Su curación fue reconocida oficialmente el 18 de diciembre de 1960.

- Alicia Couteault, de Bouille-Loretz (Francia). Visitó Lourdes el 15 de mayo de 1952, a la edad de 34 años. Sufría esclerosis múltiple desde hacía tres años. Su curación fue reconocida oficialmente el 16 de julio de 1956.

- Marie Bigot, de La Richardais (Francia). Visitó Lourdes en dos oportunidades, el 8 de octubre de 1953 y 10 de octubre de 1954, a la edad de 31 y 32 años respectivamente. Padecía de aracnoiditis a nivel de la fosa posterior (causal de su ceguera, sordera y hemiplegia). Su curación fue reconocida oficialmente en Rennes, el 15 de agosto de 1956.

- Ginette Nouvel, de Carmaux (Francia). Visitó Lourdes el 21 de septiembre de 1954 a la edad de 26 años. Padecía el Síndrome de Budd-Chiari (trombosis de las ramas principales de las venas suprahepáticas). Su curación fue reconocida el 31 de mayo de 1963 en la diócesis de Albi.

- Elisa Aloi, luego Elisa Varcalli, de Patti (Italia). Visitó Lourdes el 5 de junio de 1958, a la edad de 27 años. Padecía tuberculosis osteoarticular y fístulas en diversos sitios del miembro inferior derecho. Su curación fue reconocida el 26 de mayo de 1965 en la diócesis de Messina (Italia).

- Juliette Tamburini, de Marsella (Francia). Visitó Lourdes el 17 de julio de 1959, a la edad de 22 años. Padecía osteoperiostitis femoral con fístulas y epistaxis. Su curación fue reconocida el 11 de mayo de 1965 en la diócesis de Marsella.

- Vittorio Micheli, de Scurelle (Italia). Visitó Lourdes el 1 de junio de 1963, a la edad de 23 años. Padecía de sarcoma (cáncer) de pelvis. Su tumor canceroso era tan grande y terrible que desencajó su muslo izquierdo, dejando su pierna izquierda paralizada. Después de ser bañado en las aguas del manantial, se liberó del dolor y pudo caminar. La disminución del tamaño del tumor se produjo de inmediato, aunque la verificación final se realizó en febrero de 1964, fecha en la que no sólo el tumor había desaparecido por completo, sino que además se había recalcificado la unión con la cadera, habiendo retornado Vittorio a su vida normal. La curación fue reconocida el 26 de mayo de 1976 en la diócesis de Trento.

- Serge Perrin, de Lion d'Angers (Francia). Visitó Lourdes el 1 de mayo de 1970 a la edad de 41 años. Sufría de hemiplejía recurrente del lado derecho, con lesiones oculares, por trombosis bilateral de la arteria carótida. Los síntomas, que incluían dolor de cabeza, deterioro del habla y de la visión, y parálisis parcial del lado derecho, comenzaron sin advertencia previa en febrero de 1964. Durante los siguientes seis años vivió confinado a una silla de ruedas, casi ciego. En 1969 viajó a Lourdes, retornando en el mismo estado alarmante. Durante su peregrinaje a Lourdes en 1970, sintió un calor repentino de pies a cabeza, retornando su visión y su capacidad de caminar sin ayuda alguna. Regresó de Lourdes con la confirmación médica de hallarse curado. Su curación fue reconocida oficialmente el 17 de junio de 1978 en la diócesis de Angers.

- Delizia Cirolli, luego Delizia Costa, de Paternò (Sicilia, Italia). Visitó Lourdes el 24 de diciembre de 1976 a la edad de 12 años. Padecía del Sarcoma de Ewing en la rodilla derecha. Los doctores sugirieron la amputación pues el avance de la enfermedad podría resultar fatal, pero sus padres se rehusaron. La madre llevó a la niña a Lourdes. A su retorno a Italia, el tumor evidenció una rápida regresión hasta desaparecer toda evidencia del mismo. El tumor dejó su tibia angulada, requiriéndose una operación correctiva (osteotomía). La niña recomenzó a caminar, comer, y vivir normalmente. Su curación fue reconocida el 28 de junio de 1989 en la diócesis de Catania (Italia). Ella se hizo enfermera.

- Jean-Pierre Bély, de La Couronne (Francia). Visitó Lourdes el 9 de octubre de 1987, a la edad de 51 años. Padecía esclerosis múltiple desde 1972 y su estado se deterioró año tras año. Cuando partió en peregrinación a Lourdes, el 5 de octubre de 1987, había sido reconocido por el sistema sanitario francés con un grado de invalidez total. En Lourdes, después de recibir la unción de los enfermos en la explanada del Santuario, experimentó una profunda paz interior. Repentinamente, recobró la sensibilidad táctil y pudo moverse nuevamente. En el acto, él no se atrevió a ponerse de pie. En la noche siguiente, una voz interior le repitió: «Levántate y anda», lo cual hizo. Como a él mismo le gustaba destacar: "el Señor ha curado primero mi corazón, y luego mi cuerpo". El médico que le atendió, Dr. Patrick Fontanaud, agnóstico, reconoció abiertamente que resulta científicamente inexplicable lo que sucedió. Después de 12 años de investigaciones médicas, su curación fue oficialmente reconocida el 9 de febrero de 1999 en la diócesis de Angoulême. Una comisión canónica declaró que esa curación fue "un signo eficaz de Cristo Salvador, que se consumó por la intercesión de Nuestra Señora de Lourdes".

- Anna Santaniello de Salerno (Italia). Nacida, en 1911, sufría una cardiopatía severa derivada de fiebre reumática aguda, conocida en el ambiente científico como enfermedad de Bouillaud. Como consecuencia de su enfermedad, tenía dificultades para hablar, estaba incapacitada para caminar, y presentaba ataques de asma severos, cianosis en el rostro y los labios, y edemas en los miembros inferiores. El 16 de agosto de 1952, a la edad de 41 años, peregrinó a Lourdes con la organización italiana UNITALSI (Unión Nacional Italiana de Transporte de Enfermos a Lourdes y al Santuario Internacional). Ella hizo el viaje a Lourdes en tren en una camilla. Durante su estancia encontró asilo en Notre-Dame, precursor de la actual Casa de Nuestra Señora, en el Santuario, siendo objeto de vigilancia constante. El 19 de agosto de 1952 fue conducida e introducida a la piscina de Lourdes en camilla, saliendo del agua por sus propios medios.

Esa misma tarde, participó de la procesión mariana de las antorchas. El Comité Médico Internacional de Lourdes calificó la curación de la mujer de "extraordinaria" en 1961. El 21 de septiembre de 2005, la curación milagrosa de Anna Santaniello fue reconocida oficialmente por monseñor Gerardo Pierro, arzobispo de la diócesis de Salerno (Italia), cuando ella contaba con 94 años de edad. Anna Santaniello confió más tarde que, estando enferma, no oró para sí misma en la gruta de Lourdes, pero por un joven de veinte años, Nicolino, que había perdido el uso de sus piernas después de un accidente. Permaneció soltera y, en el ejercicio de la profesión de enfermera pediátrica, trató desde su regreso a Italia a cientos de niños desfavorecidos.

Para los creyentes católicos, científicos o no, la atención no se centra en lo sorprendente o extraordinario de los hechos ocurridos, sino en Dios, de cuya autoridad emana el poder para realizarlos. Al igual que Jesús en los evangelios, "cuya discreción reduce al mínimo el riesgo de una posible interpretación mágica", los creyentes son llamados a vivir estos sucesos de forma sencilla, desconfiando de las grandes palabras.

Una curación extraordinaria es un desafío, pero ciertamente sería desafortunado plantearlo como un "desafío a la ciencia". Es más bien un desafío para el espíritu humano. En Lourdes, la Iglesia católica considera que, por intercesión de la Virgen María, se han producido muchos más cambios de vida que curaciones del cuerpo. Aunque no se trató de una conversión abrupta, sino gradual, la de Alexis Carrel es quizá la más conocida, por tratarse de un científico laureado con el Premio Nobel de Fisiología o Medicina en 1912. (Nuestra Señora de Lourdes, wikipedia.com 2013)

No corresponde tratar de dilucidar el misterio que encierra toda conversión, pero sí se puede hacer una aproximación al converso, describir su trayectoria antes y después de su encuentro con el misterio, estudiar el contexto y subrayar lo que tiene de significativo para nuestros días.

Alexis Carrel provenía de una familia católica devota y fue educado por los jesuitas. Sin embargo, al momento de ingresar a la Universidad, ya no practicaba su religión. Él era un estudiante de medicina de segundo año cuando el presidente francés, Marie Francois Sadi Carnot, fue asesinado por un anarquista en Lyon en 1894. El cuchillo del anarquista había cortado una arteria de primer orden, por lo que el presidente murió luego de dos días de agonía. En esos tiempos, la sutura de un vaso sanguíneo grande todavía era un tema sin solución segura. El joven estudiante de medicina Carrel decidió resolver el problema. Julius H. Comroe, profesor emérito del Cardiovascular Research Institute (University of California at San Francisco) escribió: "Carrel ganó el Premio Nobel en Fisiología y Medicina en 1912, y no lo ganó por alguna investigación oscura y esotérica, sino "en reconocimiento a su trabajo en sutura vascular y en trasplantes de vasos sanguíneos y órganos." Entre 1901 y 1910, Alexis Carrel, utilizando animales de experimento, efectuó todas las acciones y desarrolló todas las técnicas conocidas hoy en cirugía vascular (...)."

Seis años más tarde de sus inicios, ya médico y asistente en el Departamento de Anatomía, Carrel leyó su trabajo científico publicado en la Sociedad de Medicina de Lyon el 12 de mayo de 1902. Ese trabajo científico hizo historia y lo catapultaría a la fama una década después, como Carrel intuía que lo haría. Dos semanas más tarde se encontró en el tren que llevó a Marie Bailly a Lourdes. Lo que pasó desde ese momento durante los siguientes cinco días fue escrito por Carrel después, aunque el manuscrito recién fue publicado en 1948 bajo el título *"Le voyage de Lourdes, suivi de fragments de journal et de méditations"*, cuatro años después de su muerte ocurrida en noviembre de 1944. En 1950, fue publicado en una traducción al Inglés como *"The Voyage to Lourdes"*.

Un colega de Alexis Carrel y ex-compañero de clases le pidió que tomara su lugar como médico a cargo de un tren que trasladaba gente enferma a Lourdes. Carrel estaba interesado en Lourdes, pero no para evaluar la "autenticidad" de los milagros. En esos momentos, el no creía en milagros. Él estaba interesado en justipreciar de forma personal la velocidad con que se producía la curación de diferentes enfermedades o lesiones informadas en Lourdes. Dotado de un fino sentido de observación, sus amigos decían de él que tenía "el ojo en la espalda..."

De entre los enfermos, el Dr. Alexis Carrel fijó su atención en una joven enferma agonizante, Marie Bailly (a quien él llamó con el seudónimo de "Marie Ferrand" en sus escritos -publicados de forma póstuma bajo el título de "Un viaje a Lourdes"-). Marie Bailly estaba afectada por peritonitis tuberculosa en último estadio, una enfermedad ciertamente mortal en esa época.

> *La historia de Marie Bailly es bien conocida en el ámbito médico. Toda su familia había muerto de tuberculosis. Ella había tenido úlceras tuberculosas, lesiones de los pulmones, y luego, una peritonitis, diagnosticada tanto por un médico general como por un cirujano reconocido de Burdeos, Bromilloux. Su estado era muy grave y podía morir en cualquier momento. El médico había expresado que de la única forma que ella podría curarse era con un milagro.*

Retirando los cobertores, el cuerpo de Marie estaba expuesto de nuevo. El abdomen estaba hinchado como antes, pero algo más pronunciado en el lado izquierdo... "Temo que se me muera entre las manos...", habría declarado Carrel. Cuando el tren arribó a Lourdes, la joven Marie Bailly estaba semiconsciente, pero al llegar ella al Hospital de Lourdes propiamente dicho, ella estaba consciente. Carrel tenía una visión tan pesimista de la condición de la joven que prometió "convertirse en monje" si ella llegaba con vida a la Gruta, situada apenas a 400 metros del hospital. Por insistencia de Marie Bailly, una jarra llena de agua del manantial de Lourdes fue vertida tres veces sobre el abdomen, ciertamente muy hinchado, de la joven. Media hora más tarde, el pulso de la joven comenzó a disminuir y el vientre hasta entonces hinchado se acható. Durante ese tiempo, Marie Bailly permaneció totalmente consciente. Carrel quedó perplejo: el científico que regía su interior se negó a aceptar la posibilidad de un milagro, pero su mente tampoco lograba obtener una conclusión empírica y pragmática.

La curación repentina de Marie Bailly se dio a conocer ampliamente en Lyon, junto con el hecho de que Carrel estuvo presente durante su curación. Un periódico publicó un artículo, implicando que Carrel se negaba a creer en el milagro. En consecuencia, el Dr. Carrel se vio compelido a publicar una respuesta que no agradó a nadie. Él criticó a los creyentes por tomar con demasiada facilidad algo inusual como si se tratara de milagro. Y, por otra parte, reprochó a quienes se negaban a mirar los hechos cada vez que parecía ser un milagro (implicando en gran medida a los miembros de la comunidad médica).

Medio año después el Dr. Carrel tuvo que abandonar la Facultad de Medicina. Primero fue a París, de allí a Montreal, de allí a la Universidad de Chicago, y desde allí, a través de una conferencia en la Universidad Johns Hopkins, el Instituto Rockefeller. El caso de Marie Bailly se convirtió en una gran noticia en Francia recién a partir de 1913, después que Alexis Carrel, con el halo del Premio Nobel de Fisiología/Medicina de 1912, volvió de visita a Francia.

Los detalles más precisos sobre los hechos de importancia que constituyen la columna vertebral del "caso Bailly" se pueden obtener del "Dossier 54", en los archivos de "Le Bureau des Constatations Médicales", organismo que, junto con "Le Comité Médical International", rige el análisis científico de las curaciones producidas en Lourdes. El "Dossier 54" también se encuentra en la introducción redactada por Stanley L. Jaki (ganador del Premio Templeton 1987) en ocasión de una re-edición del libro de Carrel "Un viaje a Lourdes".

Marie Bailly nació en 1878. Tanto su padre, un óptico, como su madre murieron de tuberculosis. De sus cinco hermanos, sólo uno no sufrió esa enfermedad. Ella tenía veinte años cuando se evidenciaron por primera vez los síntomas de la tuberculosis pulmonar. Un año más tarde, se le diagnosticó meningitis tuberculosa, de la que se recuperó repentinamente cuando utilizó agua de Lourdes. Dos años más tarde, en 1901, sufrió peritonitis tuberculosa. Poco después, ella ya no podía retener los alimentos. En marzo de 1902, los médicos en Lyon se negaron a operarla por miedo a que ella muriera en la mesa de operaciones.

El 25 de mayo de 1902, le rogó a sus amigos que la metieran "de contrabando" en un tren que llevaba enfermos a Lourdes. Ella tenía que ser objeto de tránsito ilícito ya que, por regla general, estaba prohibido llevar a gente moribunda en esos trenes. El tren partió de Lyon al mediodía. A las 2 de la mañana siguiente, ella se estaba muriendo. Se llamó a Alexis Carrel. Él le suministró morfina a la luz de una lámpara de kerosene y permaneció con ella. Tres horas más tarde, él diagnosticó ese caso como peritonitis tuberculosa y dijo a media voz que no iba a llegar a Lourdes con vida. El diagnóstico inmediato en ese tiempo dependía en gran medida de un procedimiento de palpación.

En Lourdes, Marie Bailly fue examinada por varios médicos. El 27 de mayo, ella insistió en ser llevada a la Gruta, aunque los médicos (entre ellos Carrel) tenían miedo de que muriera en el camino. El "Expediente 54" ("Dossier 54") del Archivo de la Oficina Médica contiene las declaraciones inmediatas realizadas por tres médicos, incluyendo el propio Carrel, y el testimonio de Marie Bailly, que escribió en noviembre y entregó a Carrel, quien lo remitió debidamente a la Oficina Médica de Lourdes. Los aspectos más destacados del testimonio de la propia Marie Bailly son los siguientes:

Al llegar a los baños contiguos a la gruta, no se le permitió la inmersión. Pidió que un poco de agua de los baños se derramara sobre su abdomen. Esto le causó un dolor punzante en todo el cuerpo. Aun así, ella pidió se reiterara. La segunda vez, ella sintió mucho menos dolor. Cuando el agua se vertió sobre su abdomen por tercera vez, le daba una sensación muy agradable.

Mientras tanto Carrel estaba detrás de ella, con un bloc de notas en sus manos. Marcó el momento, el pulso, la expresión facial y otros datos clínicos, como testigo ocular. El abdomen, enormemente hinchado y muy duro, comenzó a aplanarse y, en un plazo de 30 minutos, había desaparecido la hinchazón por completo. No se observó ningún tipo de descarga corporal.

Ella fue llevada primero a la Basílica y, a continuación, a la Oficina Médica, donde fue examinada de nuevo por varios médicos, entre ellos Carrel. Por la noche, ella se sentó en su cama y cenó sin vomitar. A la mañana siguiente, se levantó por sí misma y ya estaba vestida cuando Carrel la volvió a ver. (Nuestra Señora de Lourdes, wikipedia.com 2013)

Carrel no podía dejar de registrar que ella estaba curada. "¿Qué vas a hacer con tu vida ahora?", le preguntó Carrel. "Me uniré a las Hermanas de la Caridad para pasar mi vida cuidando a los enfermos", fue la respuesta de Marie Bailly. Al día siguiente, Marie Bailly se subió al tren por su cuenta y, después de un viaje de 24 horas en duros bancos, llegó renovada a Lyon. Allí tomó el tranvía y se fue a la casa familiar, donde tendría que "probar" que ella era realmente Marie Bailly, la misma que sólo cinco días antes había salido de Lyon en un estado crítico. (Nuestra Señora de Lourdes, wikipedia.com 2013)

Carrel continuó tomando un gran interés en ella. Le pidió a un psiquiatra que la pusiera a prueba cada dos semanas, lo que se realizó durante cuatro meses. Ella fue examinada regularmente en busca de trazas de la tuberculosis. A fines de noviembre, ella fue declarada en buen estado de salud, tanto física como mental. En diciembre, ella entró en el noviciado en París. Sin tener una recaída, ella vivió la vida ardua de una Hermana de la Caridad hasta 1937.

Carrel tenía ante sí un problema. Si alguien conocía los hechos del caso era él, quien humanamente sabía lo que pasó con Marie Bailly. Sin embargo, no se atrevía a creer que algo más que simplemente las fuerzas naturales había intervenido en la recuperación repentina de Marie Bailly. Continuó regresando a Lourdes para poder ver otras curaciones repentinas. Él esperaba percibir de esta forma alguna fuerza puramente natural que produjera las llamadas curaciones "milagrosas" y que lo hiciera a través del poder de la oración, al cual él consideraba una fuerza psíquica puramente natural. La prueba de ello está en su famoso libro *"L'homme, cet inconnu"* ("La Incógnita del Hombre - El Hombre, Ese Desconocido"), que apareció publicado por primera vez en francés en 1934, luego en inglés y, posteriormente, en treinta idiomas. Allí se hace referencia, precisamente en este sentido, a varios de los milagros de Lourdes.

Para entonces, habían pasado treinta y dos años desde que Carrel había estado detrás de la camilla de Marie Bailly. En todos esos años, se había entrevistado con sacerdotes una y otra vez. Se reunió con teólogos, o mejor dicho, algunos teólogos lo buscaron a él, con la esperanza de que Carrel les diera una confirmación "científica" de los milagros. Nada de esto parecía haberlo acercado a la fe de su infancia. Entonces, Marie Bailly murió en 1937 a la edad de 58 años.

Al año siguiente, Carrel se topó con un sacerdote, Rector del Seminario Mayor en Rennes, con quien desarrolló rápidamente una relación. El Rector le sugirió ver a un monje trapense, Alexis Presse. El Padre Alexis había pasado una década restaurando y reabriendo abadías en ruinas en toda Francia. En 1939 comenzó a trabajar en una abadía en ruinas en Bouquen, a sólo una hora en automóvil de la residencia de verano de Carrel en Bretaña. Cuando se dirigía con su esposa, Carrel permaneció refunfuñando y dijo: "El encuentro con los sacerdotes le hace a uno más daño que bien". Al llegar a las ruinas vino un monje, el Padre Alexis, miró a Carrel, quien comenzó a sentir "algo extraño corriendo a través de él". Cuatro años más tarde, en noviembre de 1944, Carrel se moría en París. El mensaje fue enviado al Padre Alexis en Bretaña. El monje abordó un tren militar que transportaba bananas de América a las tropas que seguían combatiendo a los alemanes más allá de París. Llegó justo a tiempo. Carrel pidió los sacramentos antes de morir, el 5 de noviembre de 1944. Eduardo de la Hera hizo una descripción de los conversos que quizá se corresponda con la de Alexis Carrel, un converso de "Nuestra Señora de Lourdes":

> *"Los conversos son esas personas que, después de haber vivido al margen de toda fe religiosa, un día inolvidable dieron un viraje tan intenso a la trayectoria de su vida que cambiaron de rumbo. Y comenzaron, si se me permite la expresión, a "tomarse en serio a Dios". Dios trastocó sus vidas. En cierto sentido, se las complicó. Alguien pudo ver en ellos a seres sugestionados, alucinados o alienados. Pero no, ellos no se salieron de este mundo: el suyo y el de todos, el único que tenemos. (...) Tampoco se transformaron en fanáticos de lo religioso. Supieron, simplemente, mostrarse coherentes con su verdad y respetuosos con la verdad de los otros." Eduardo de la Hera*

Esta es la esencia de lo que realmente le sucedió en Lourdes a aquel hombre laureado con el premio Nobel. La totalidad del famoso "Dossier 54" brinda sólo la mitad de la respuesta a la pregunta: ¿Qué ocurrió realmente? La otra mitad no se trata tanto de medicina sino que se enmarca en el plano de la fe católica.

Por cierto, esta curación no fue reconocida como "milagrosa" por la Iglesia. El caso de Marie Bailly, fue discutido en varias ocasiones en distintos niveles por la Oficina Médica de Lourdes y, finalmente, en París, en su nivel más alto, por el Comité Internacional. Era el año 1964.

Se tomó la decisión en contra de la naturaleza milagrosa de la cura. ¿La razón?

Debido a que los primeros médicos que la atendieron no habían considerado la posibilidad de un embarazo psicológico (pseudociesis) –para lo cual se requeriría de más informes psicológicos y psiquiátricos previos a la curación–, el Comité Internacional decidió fallar en contra de la recomendación de considerar a la curación de Marie Bailly para su aprobación eclesiástica como "milagro". Se podría suponer que se trataba de una suposición descabellada. ¿Podrían tantos médicos diagnosticar incorrectamente semejante caso? ¿Podrían todos los médicos equivocarse al momento de palpar la pesada mucosidad del abdomen? Esto, debido a que la peritonitis de Marie Bailly no producía una mucosidad líquida, sino pesada. La palpación puede fácilmente establecer la presencia de esa mucosidad densa y pesada, especialmente cuando se presenta en grandes cantidades. Más aún, ¿a dónde había ido a parar toda esa pesada mucosidad en sólo 30 minutos? Por último, Marie Bailly había superado todas las pruebas psicológicas posteriores a su curación con gran éxito. Ella resultó ser una persona equilibrada, con sentido común y difícilmente impresionable.

Sin embargo, el fallo fue en contra, a fin de excluir la más mínima posibilidad de error en la certificación de ese hecho como "milagroso". Eso, aunque quien firmara en representación de la ciencia médica que se trataba de un hecho inexplicable fuera un Premio Nobel de Fisiología o Medicina.

En cierto sentido, las contribuciones del Dr. Alexis Carrel en el campo de la medicina no perduraron en el reconocimiento que se les debería, ni siquiera por parte de sus colegas científicos. En el artículo antes mencionado, Julius H. Comroe señaló: "En 1974, antes de iniciar una charla a un grupo de científicos cardiovasculares en su reunión anual, le entregué a cada uno una tarjeta que tenía en la parte superior esta requisitoria: «Sin consultar a nadie, por favor escriba a continuación del nombre de cada persona (mencionada), aquélla que considera fue su mayor contribución a la ciencia biomédica». Seguían cuatro nombres, uno de los cuales era Alexis Carrel. Cuando las respuestas fueron tabuladas, encontré que sólo 7 de los 111 que retornaron sus tarjetas conocían sus grandes contribuciones a la cirugía vascular, 33 sólo conocían sus últimos trabajos sobre cultivos de órganos, y 71 escribieron después del nombre de Carrel: NOADE -nunca oí acerca de él-."11 Sin embargo, el renacimiento espiritual de Alexis Carrel llegó a ser uno de los ejemplos más reconocidos de conversiones en Lourdes. (Nuestra Señora de Lourdes, wikipedia.com 2013)

En su libro póstumo "Viaje a Lourdes", el protagonista lleva el seudónimo de Dr. "Lerrac", que es su apellido al revés, Carrel. Allí, Alexis Carrel escribió:

"Y él se fue a la gruta, a contemplar atentamente la imagen de la Virgen María, las muletas que, como exvotos, llenaban las paredes iluminadas por el resplandor de los cirios, cuya incesante humareda había ennegrecido la roca... Lerrac tomó asiento en una silla al lado de un campesino anciano y permaneció inmóvil largo rato con la cabeza entre las manos, mecido por los cánticos nocturnos, mientras del fondo de su alma brotaba esta plegaria: "Virgen Santa, socorro de los desgraciados que te imploran humildemente, sálvame. Creo en ti, has querido

responder a mi duda con un gran milagro. No lo comprendo y dudo todavía. Pero mi gran deseo y el objeto supremo de todas mis aspiraciones es ahora creer, creer apasionada y ciegamente sin discutir ni criticar nunca más. Tu nombre es más bello que el sol de la mañana. Acoge al inquieto pecador, que con el corazón turbado y la frente surcada por las arrugas se agita, corriendo tras las quimeras. Bajo los profundos y duros consejos de mi orgullo intelectual yace, desgraciadamente ahogado todavía, un sueño, el más seductor de todos los sueños: el de creer en ti y amarte como te aman los monjes de alma pura..." Eran las tres de la madrugada y a Lerrac le pareció que la serenidad que presidía todas las cosas había descendido también a su alma, inundándola de calma y dulzura. Las preocupaciones de la vida cotidiana, las hipótesis, las teorías y las inquietudes intelectuales habían desaparecido de su mente. Tuvo la impresión de que bajo la mano de la Virgen, había alcanzado la certidumbre y hasta creyó sentir su admirable y pacificadora dulzura de una manera tan profunda que, sin la menor inquietud, alejó la amenaza de un retorno a la duda." Alexis Carrel

Quizá el número total de curaciones declaradas como milagros sólo sea un dato anecdótico, puesto que la importancia de "Nuestra Señora de Lourdes" viene dada por el renacimiento espiritual de aquellos que a ella acuden. (Nuestra Señora de Lourdes, wikipedia.com 2013)

"Nuestras indagaciones no llegarán nunca a dilucidar el misterio de un renacer espiritual y de los caminos de la gracia. Con todo, puede pretenderse ver cómo se encuadra

en su época, cómo la moldea y es moldeado por ella."
Romano Guardini

El 24 de septiembre de 2008, el Arzobispo de Canterbury
y primado de la Comunión Anglicana Rowan Williams
peregrinó al mismísimo Santuario de Nuestra Señora
de Lourdes para honrar a la Inmaculada Concepción,
predicando ante 20,000 personas en la Eucaristía
Internacional. En su homilía destacó:

*"María se nos presenta aquí como la primera misionera,
"el primer mensajero del Evangelio", como la llamó el
obispo de Lourdes, Perrier: el primer ser humano que llevó
la buena nueva de Jesucristo a otra persona; cosa que
hace simplemente llevando a Cristo dentro de sí. Ella nos
recuerda que la misión comienza no con la entrega de
un mensaje hecho de palabras sino en el camino hacia
otra persona con Jesús en el corazón. Ella atestigua la
primordial importancia de, sencillamente, llevar a Jesús,
incluso antes de que existan las palabras o las acciones
para mostrarle y explicarle. (...) Cuando María se le
apareció a Bernadette, la primera vez lo hizo como una
figura anónima, una hermosa mujer, una «cosa» misteriosa,
no identificada aún como la Madre Inmaculada del Señor.
Y Bernadette –inculta, carente de instrucción doctrinal–
saltó de gozo, reconociendo que allí había vida, que allí
estaba la cura. Recordad sus narraciones en las que habla
de sus movimientos agraciados y ligeros a las órdenes de
la Señora; como si ella, al igual que Juan en el vientre de
Isabel, comenzara a bailar siguiendo la música del Verbo
Encarnado que lleva su Madre. Sólo poco a poco encontrará
Bernadette las palabras para que el mundo sepa; sólo poco
a poco, podríamos decir, descubre cómo escuchar a la*

Señora y referir lo que tiene que decirnos. (...) Los vecinos, los maestros y el clero de la parroquia de Bernadette sabían lo que pensaban que necesitaban saber sobre la Madre de Dios, pero tuvieron que quedar sorprendidos por esta adolescente incapaz de expresarse, inerme e insignificante que había saltado de gozo reconociendo haber encontrado a María como madre, hermana, portadora de su Señor y Redentor. (...) Hoy aquí, con Isabel y Bernadette, decimos con agradecido estupor: "¿Qué he hecho para merecerme que la madre de mi Señor haya venido hasta mí?" Y reconocemos que el deseo de nuestro corazón ha sido satisfecho y lo más profundo de nuestro ser ha sido llevado a una nueva vida." Rowan Williams, Arzobispo de Canterbury y primado de la Comunión Anglicana

Este hecho fue considerado como muy significativo en orden a la unidad de los cristianos y fue seguido por la visita histórica del Papa Benedicto XVI al primado anglicano el 17 de septiembre de 2010, en ocasión del 50 aniversario del primer encuentro de un Papa y un Arzobispo de Canterbury en los tiempos modernos, el de Juan XXIII y el arzobispo Geoffrey Fisher, en diciembre de 1960. A ello a su vez siguió el recibimiento de Benedicto XVI a Rowan Williams en el Vaticano el 18 de noviembre de 2010, poco después de que cinco obispos anglicanos anunciaran su pase a la Iglesia católica, aprovechando el nuevo ordinariato creado a tal fin por la Santa Sede. En tal ocasión, el Papa Benedicto XVI y Rowan Williams oraron juntos. En el sentir de la Iglesia, Nuestra Señora de Lourdes constituye un camino de superación de las divisiones entre los cristianos, en orden al cumplimiento del mandato de Jesús: "Que todos sean uno". Juan 17, 21. (Nuestra Señora de Lourdes, wikipedia.com 2013)

4.14.- Nuestra Señora del Rosario; Misterios de la Virgen María.

Nuestra Señora del Rosario o Virgen del Rosario es una advocación mariana venerada en la Iglesia Católica, por lo que celebra el 7 de octubre la fiesta de la *Bienaventurada Virgen María del Santísimo Rosario*.

Cuenta la leyenda que la Virgen María se apareció en 1208 a Santo Domingo de Guzmán en una capilla del monasterio de Prouilhe, Francia, con un rosario en las manos, le enseñó a rezarlo y le dijo que lo predicara entre los hombres; además, le ofreció diferentes promesas referentes al rosario. El santo se lo enseñó a los soldados liderados por su amigo Simón IV de Montfort antes de la Batalla de Muret, cuya victoria se atribuyó a la Virgen. Por ello, Montfort erigió la primera capilla dedicada a esta advocación.

Un creciente número de hombres se unió a la obra apostólica de Santo Domingo y, con la aprobación del Santo Padre, Domingo formó la Orden de Predicadores (más conocidos como Dominicos). Con gran celo predicaban, enseñaban y los frutos de conversión crecían. A medida que la orden crecía, se extendieron a diferentes países como misioneros para la gloria de Dios y de la Virgen María.

El rosario se mantuvo como la oración predilecta durante casi dos siglos. Cuando la devoción empezó a disminuir, la Virgen María se apareció a Alano de la Rupe y le dijo que reviviera dicha devoción. La Virgen María le dijo también que se necesitarían volúmenes inmensos para registrar todos los milagros logrados por medio del rosario y reiteró las promesas dadas a Santo Domingo referentes al rosario.

Las Promesas de Nuestra Señora, Reina del Rosario, tomadas de los escritos del Beato Alano:

1. Quien rece constantemente mi Rosario, recibirá cualquier gracia que me pida.

2. Prometo mi especialísima protección y grandes beneficios a los que devotamente recen mi Rosario.

3. El Rosario es el escudo contra el infierno, destruye el vicio, libra de los pecados y abate las herejías.

4. El Rosario hace germinar las virtudes para que las almas consigan la misericordia divina. Sustituye en el corazón de los hombres el amor del mundo con el amor de Dios y los eleva a desear las cosas celestiales y eternas.

5. El alma que se me encomiende por el Rosario no perecerá.

6. El que con devoción rece mi Rosario, considerando sus sagrados misterios, no se verá oprimido por la desgracia, ni morirá de muerte desgraciada, se convertirá si es pecador, perseverará en gracia si es justo y, en todo caso será admitido a la vida eterna.

7. Los verdaderos devotos de mi Rosario no morirán sin los Sacramentos.

8. Todos los que rezan mi Rosario tendrán en vida y en muerte la luz y la plenitud de la gracia y serán partícipes de los méritos bienaventurados.

9. Libraré bien pronto del Purgatorio a las almas devotas a mi Rosario.

10. Los hijos de mi Rosario gozarán en el cielo de una gloria singular.

11. Todo cuanto se pida por medio del Rosario se alcanzará prontamente.

12. Socorreré en sus necesidades a los que propaguen mi Rosario.

13. He solicitado a mi Hijo la gracia de que todos los cofrades y devotos tengan en vida y en muerte como hermanos a todos los bienaventurados de la corte celestial.

14. Los que rezan Rosario son todos hijos míos muy amados y hermanos de mi Unigénito Jesús.

15. La devoción al Santo rosario es una señal manifiesta de predestinación de gloria.

En el siglo XV su devoción había decaído, por lo que nuevamente la imagen se apareció al beato Alano de la Rupe, le pidió que la reviviera, que recogiera en un libro todos los milagros llevados a cabo por el rosario y le recordó las promesas que siglos atrás dio a Santo Domingo.

En el siglo XVI, San Pío V instauró su fecha el 7 de octubre, aniversario de la victoria en la Batalla de Lepanto, donde las fuerzas cristianas derrotaron a los turcos que invadían Europa (atribuida a la Virgen), denominándola Nuestra Señora de las Victorias; además, agregó a la letanía de la

Virgen el título de Auxilio de los Cristianos. Su sucesor, Gregorio XIII, cambió el nombre de su festividad al de Nuestra Señora del Rosario. A causa de la victoria en la batalla de Temesvár en 1716, atribuida por Clemente XI a la imagen, el papa ordenó que su fiesta se celebrase por la Iglesia universal. León XIII, cuya devoción por esta advocación hizo que fuera apodado "el Papa del Rosario", escribió unas encíclicas referentes al rosario, consagró el mes de octubre al rosario e incluyó el título de Reina del Santísimo Rosario en la letanía de la Virgen.

Como anécdotas, tanto la Virgen de Lourdes en su aparición de 1858 como la de Fátima en 1917 pidieron a sus aparecidos que rezasen el rosario. Gran parte de los papas del siglo XX fueron muy devotos de esta advocación, y Juan Pablo II manifestó en 1978 que el rosario era su oración preferida.

Es patrona de multitud de ciudades y localidades repartidas por todo el mundo, así como de las batallas cristianas:

Europa y con ella toda la cristiandad estaba en grave peligro de extinción. Los Musulmanes se proponían hacer desaparecer, a punta de espada, el cristianismo. Ya habían tomado Tierra Santa, Constantinopla, Grecia, Albania, África del Norte y España. En esas extensas regiones el cristianismo era perseguido, y muchos mártires derramaron su sangre, muchas diócesis desaparecieron completamente. Después de 700 años de lucha por la reconquista, España y Portugal pudieron librarse del dominio musulmán. Esa lucha comenzó a los pies de la Virgen de Covadonga y culminó con la conquista de Granada, cuando los reyes católicos, Fernando e Isabel, pudieron definitivamente expulsar a los moros de la península en el 1492. Esta victoria tuvo una importancia incalculable ya que en ese mismo año ocurrió el descubrimiento de América y la fe cristiana comenzó a propagarse en el nuevo continente.

En la época del Papa Pío V (1566 - 1572), los musulmanes controlaban el Mar Mediterráneo y preparaban la invasión de la Europa cristiana. Los reyes católicos de Europa estaban divididos y parecían no darse cuenta del peligro inminente. El Papa pidió ayuda pero se le hizo poco caso. El 17 de septiembre de 1569 pidió que se rezase el Santo Rosario. Por fin en 1571 se estableció una liga para la defensa de Europa. El 7 de octubre de 1571 se encontraron las flotas cristianas y musulmanas en el Golfo de Corinto, cerca de la ciudad griega de Lepanto. La flota cristiana, compuesta de soldados de los Estados Papales, de Venecia, Génova y España y comandada por Don Juan de Austria, entró en batalla contra un enemigo muy superior en tamaño. Se jugaba el todo por el todo. Antes del ataque, las tropas cristianas rezaron el santo rosario con devoción. La batalla de Lepanto duró hasta altas horas de la tarde pero, al final, los cristianos resultaron victoriosos.

En Roma, el Papa se hallaba recitando el rosario en tanto se había logrado la decisiva y milagrosa victoria para los cristianos. El poder de los turcos en el mar se había disuelto para siempre. El Papa salió de su capilla y, guiado por una inspiración, anunció con mucha calma que la Santísima Virgen María había otorgado la victoria. Semanas más tarde llegó el mensaje de la victoria de parte de Don Juan, quién desde un principio, le atribuyó el triunfo de su flota a la poderosa intercesión de Nuestra Señora del Rosario. Agradecido con Nuestra Madre, el Papa Pío V instituyó la fiesta de Nuestra Señora de las Victorias y agregó a las Letanía de la Santísima Virgen el título de "Auxilio de los Cristianos". Más adelante, el Papa Gregorio III cambió la fiesta a la de Nuestra Señora del Rosario.

Los turcos seguían siendo poderosos en tierra y, en el siglo siguiente, invadieron a Europa desde el Este y, después de tomar enormes territorios, sitiaron a Viena, capital de Austria. Una vez más, las tropas enemigas eran muy superiores. Si conquistaban la ciudad toda Europa se hacía muy vulnerable. El emperador puso su esperanza en Nuestra Señora del Rosario. Hubo gran lucha y derramamiento de sangre y la ciudad parecía perdida. El alivio llegó el día de la fiesta del Santo Nombre de María, 12 de septiembre, de 1683, cuando el rey de Polonia, conduciendo un ejército de rescate, derrotó a los turcos.

El Príncipe Eugenio de Saboya derrotó en Temesvar (en la Rumania moderna) a un ejército turco dos veces más grande que el suyo, el 5 de agosto de 1716, que en aquel entonces era la fiesta de Nuestra Señora de las Nieves. El Papa Clemente XI atribuyó esta victoria a la devoción manifestada a Nuestra Señora del Rosario. En acción de gracias, mandó que la fiesta del Santo Rosario fuera celebrada por la Iglesia universal.

Un gran apóstol del rosario en familia es el Padre Patrick Peyton, quién llevó a cabo los primeros planes para que se hiciera una cruzada a nivel mundial del rosario en familia en el Holy Cross College, Washington D.C., en enero de 1942. Hizo esta cruzada en acción de gracias a María Santísima por la restauración de su salud. De una forma maravillosa la cruzada se propagó por todo el mundo con el lema: "La familia que reza unida, permanece unida".

A lo largo de los siglos los Papas han fomentado la pía devoción del rezo del rosario y le han otorgado indulgencias.

Dijo Nuestro Señor: "Donde dos o tres estén reunidos en mi nombre, allí estoy yo en medio de ellos" (Mateo 18:20).

El rosario en familia es algo maravilloso. Es un modo práctico de fortalecer la unidad de la vida familiar. Es una oración al alcance de todos. Los Papas, especialmente los más recientes, han hecho gran énfasis sobre la importancia del rosario en familia.

El Papa dominico, San Pío V (1566 - 1572) dio el encargo a su congregación de propagar el santo rosario. Muchos Papas han sido grandes devotos del rosario y lo han propagado con profunda convicción y confianza.

Su Santidad León XIII escribió doce encíclicas referentes al rosario. Insistió en el rezo del rosario en familia, consagró el mes de octubre al rosario e insertó el título de "Reina del Santísimo Rosario" en la Letanía de la Virgen. Por todo esto mereció el título de "El Papa del Rosario"

Su Santidad Juan Pablo II nos insistió en el rezo del Santo Rosario. Recen en familia, en grupos. Recen en privado. Inviten a todos a rezar. No tengan miedo de compartir la fe. Nada más importante. El mundo está en crisis. Nuestras fuerzas humanas no son suficientes. La victoria vendrá una vez más por la Virgen María.

A la Virgen María le encanta el rosario. Es la oración de los sencillos y de los grandes. Es tan simple, que está al alcance de todos; se puede rezar en cualquier parte y a cualquier hora. El rosario honra a Dios y a la Santísima Virgen de un modo especial. La Virgen llevaba un rosario en la mano cuando se le apareció a Bernardita en Lourdes. Cuando se les apareció a los tres pastorcitos en Fátima, también tenía un rosario. Fue en Fátima donde ella misma se identificó con el título de "La Señora del Rosario".

4.15.- La Virgen de Fátima; Misterios de la Virgen María.

La Virgen María se le apareció en seis ocasiones en 1917 a tres niños; Lucía de 10 años, Francisco de 9 años, y Jacinta de 7 años. En los momentos que estos estaban llevando las ovejas a las colinas que pertenecían al padre de Lucía conocidas como Ensenada de Irene. Fue ahí donde la Santísima Virgen María bajo el nombre de Nuestra Señora del Rosario se les apareció en seis ocasiones en 1917, con la excepción de una séptima vez en 1920 en la cual sólo se le apareció a Lucía. En esta 1917 el mundo estaba recibiendo los estragos de la Primera Guerra Mundial y en Rusia se gestaba la revolución que volcaría el sistema social y económico de muchos países de la tierra, y en el cual se sumergió casi la mitad de los habitantes del planeta. Es bajo esta situación que la Virgen de Fátima intercede por el ser humano para paliar los males morales y sociales, a través de su mensaje.

Cuando Nuestra Señora de Fátima se le apareció a los niños vestía con un manto extraordinariamente blanco, con un borde de oro que caía hasta sus pies. En sus manos llevaba el Rosario que parecían estrellas relucientes, con un crucifijo que era la gema más radiante por sobre todas las demás. Le dijo a Lucia que Ella venía del cielo que no temieran. La presencia de la Virgen María le producía felicidad y un gozo confiado.

En la primera aparición la Divina Madre les dijo a los niños que regresaran a este mismo sitio todos los días trece de cada mes durante seis meses a la misma hora para Ella revelarle su deseo. Y luego volvería una séptima vez. Lucía cuenta que mientras la Virgen María pronunciaba estas palabras, abría sus manos, y fueron cubiertos por una luz celestial que provenía directamente de sus manos y esta luz que penetró sus almas y corazones les hacía comprender que de alguna forma provenía del propio Espíritu Santo de Dios. Y la luz los hacía sentirse abrazados por Ella. Luego por un impulso de Gracia Divina cayeron de rodillas repitiendo desde lo más profundo de sus corazones: **"Oh Santísima Trinidad, te adoramos. Mi Dios, mi Dios, te amo en el Santísimo Sacramento".** (*Este hecho concuerda con la revelación de este libro de que la Virgen María, la Madre de Dios es en sí el Dios mismo como parte de la Santísima Trinidad del Espíritu Santo de Dios.*)

Los niños permanecieron de rodillas en el torrente de esta fuente de luz maravillosa, hasta que Nuestra Señora del Rosario habló de nuevo. Ella le habló sobre la guerra en Europa, de la cual estos niños no tenían ninguna noción. La Santísima Virgen María le pidió que rezaran el Rosario todos los días, para traer la paz al mundo con el final de la guerra. Después de haberle dicho esto, la Divina Madre se comenzó a elevar lentamente hacia el este, hasta desaparecer en el firmamento. La luz que la rodeaba se confundía entre las estrellas, como si el cielo la absolviera.

Lucía había pedido a los otros niños que mantuvieran todo en secreto, sabiendo las dificultades que ellos experimentarían si estos eventos se supieran. Sin embargo, Jacinta no pudo contener su entusiasmo, y prontamente olvidó su promesa y le reveló todo a su madre, quien la escuchó pacientemente pero no le creyó, pensando que era una invención de la niña. Entre toda la familia solo su padre estuvo inclinado a aceptar la historia como verdad. El creyó en la honestidad de su hija, y como tenía alguna apreciación de las obras de Dios, se convirtió en el primer creyente de las apariciones de la *Virgen María en Fátima*.

La madre de Lucía, cuando finalmente le contaron lo que había ocurrido, creyó que su propia hija era la instigadora de un fraude, o más aún de una blasfemia. Lucía recordó rápidamente lo que la Virgen María le había dicho sobre el hecho de que ellos sufrirían mucho. María Rosa, la madre de Lucía, no pudo hacer que ésta se retractara, aún bajo amenazas. Finalmente la llevó donde el sacerdote de la parroquia, para sin éxito, tratar de que ella se retractara. El 13 de Junio, cuando los niños estaban con la Virgen, les revelaron que Ella tenía pocos creyentes, y muchos en contra en las comunidades de Aljustrel y de Fátima. En esta oportunidad cuando ellos llegaron vieron que había una pequeña multitud esperándolos y por lo cual ellos rezaron el Rosario junto con la multitud que estaba presente. Al llegar la Virgen ellos vieron el reflejo de la luz que se le acercaba y luego a Nuestra Señora del Rosario a orilla del roble. Y la Divina Virgen le dijo: quiero que vengan aquí el próximo mes. Quiero que continúen diciendo el Rosario todos los días. Después de cada misterio, mis hijos, quiero que recen de la siguiente manera; "Oh mi buen Jesús, perdona nuestros pecados, líbranos del fuego del infierno. Lleva a todas las almas al cielo, especialmente a las más necesitadas de tu Divina Misericordia". Quiero que aprenda a leer y escribir, y luego les diré que más quiero de ustedes. También quiero que sepan que pronto me llevaré a Jacinta y a Francisco al cielo, pero tú Lucia te quedarás un tiempo más aquí, ya que Jesús desea que tú me hagas conocer y amar en la tierra. El también desea que tú establezca devoción en el mundo entero a mi Inmaculado Corazón. Pero tú no estarás sola, hija mía, no te sientas triste porque yo estaré contigo siempre y mi Inmaculado Corazón será tu consuelo y el camino que te llevará hasta Dios."

Habiendo la Divina *Virgen María* dicho estas últimas palabras, abrió sus manos, y les transmitió como la primera vez, el reflejo de esa luz intensa que le hizo sentir que estaban sumergidos dentro del mismo Dios. Jacinta y Francisco parecían estar en la parte de la luz que se elevaba hacia los Cielos, mientras que Lucía estaba en la parte que se derramaba sobre la tierra. En frente de la palma de la mano derecha de Nuestra Señora del Rosario estaba un corazón rodeado de espinas que parecían clavársele. Esto le hizo pensar que éste era el Inmaculado Corazón de la *Virgen María* ofrecido por los pecados de la humanidad, deseando ansiosamente curación. Esta segunda aparición terminó como en la primera ocasión, con Nuestra Señora elevándose hacia el este y desapareciendo en la inmensidad del cielo.

La aparición de la *Virgen María* del 13 de Julio se convirtió en la más controversial del mensaje de Fátima, proveyendo un secreto en tres partes que los niños guardaron celosamente. En las primeras dos partes, la visión del infierno y la profecía del futuro rol de Rusia y cómo prevenirlo, no fueron reveladas hasta que Lucía las escribió en su tercer diario, en obediencia al obispo, en 1941. La tercera parte, comúnmente conocido como el Tercer Secreto, fue más tarde comunicado al obispo, quien lo envió sin leer al Papa Pío XII. En esta aparición la Santa Virgen dijo a los niños; "**quiero que vengan aquí el día trece del próximo mes. Quiero que continúen rezando el Rosario todos los días en honor a Nuestra Señora del Rosario, para obtener la paz del mundo y el final de la guerra, *porque sólo Ella puede obtenerlo*. Deben venir aquí todos los meses, y en octubre yo les diré quién soy y lo que quiero de ustedes. Después haré un milagro para que todos crean.**" (Fíjese aquí bien claro donde la *Virgen María* (el *Espíritu Santo de Dios*) le dice a los niños: "... continúen rezando el Rosario todos los días en honor a Nuestra Señora del Rosario... porque solo Ella puede obtener la paz del mundo y el final de la guerra." Vuelvo y hago hincapiés: "Solo Ella puede lograrlo", es decir, nadie más puede. Está claro que en este momento la *Virgen María* está revelando su poder y autoridad por sobre todas las cosas, algo que solo siendo en Propio *Espíritu Santo de Dios* podría hacer.)

"Y curaré algunas personas de las que ustedes me pidan pero otras no las curaré." (Aquí en ningún momento la Virgen dice que intercederá antes Dios o antes Jesús para que cure a algunas personas. Ella aquí también establece Su Propia Autoridad, afirmando categórica; "CURARÉ", es decir, Ella curará no que pedirá que otro cure.)

La *Virgen María* continúa diciéndole a los niños; **"... También quiero que ustedes hagan sacrificios por los pecadores, y digan seguido, especialmente cuando hagan un sacrificio: Oh Jesús, esto es por amor a Ti, por la conversión de los pecadores, y en reparación por las ofensas cometidas contra el Inmaculado Corazón de María.** (Aquí claramente la Virgen María está reclamando por las ofensas cometidas por los hombres en contra de su Divina Persona al no haberle dado su lugar como Ente Supremo.)

Continua narrando Lucia que mientras Nuestra Señora de Fátima decía estas palabras abrió sus manos una vez más, como lo había hecho en los dos meses anteriores. Los rayos de luz parecían penetrar la tierra, y vieron como si fuera un mar de fuego. Sumergidos en este fuego estaban demonios y almas en formas humanas, como tizones transparentes en llamas, todos negros o color bronce quemado, flotando en el fuego, ahora levantadas en el aire por las llamas que salían de ellos mismos juntos a grandes nubes de humo, se caían por todos lados como chispas entre enormes fuegos, sin peso o equilibrio, entre chillidos y gemidos de dolor y desesperación, que nos horrorizaron y nos hicieron temblar de miedo. Los demonios podían distinguirse por su similitud aterradora y repugnante a miedosos animales desconocidos, negros y transparentes como carbones en llamas. Horrorizados y como pidiendo auxilio, miramos hacia Nuestra Señora, quien nos dijo, tan amable y tristemente: **"Ustedes han visto el infierno, donde van las almas de los pobres pecadores. Es para salvarlos que Dios quiere establecer en el mundo una devoción a mi Inmaculado Corazón. Si ustedes hacen lo que yo les diga, muchas almas se salvarán, y habrá paz. Esta guerra cesará, pero si los hombres no dejan de ofender a Dios, otra guerra más terrible comenzará muy pronto. Cuando ustedes vean una noche que es iluminada por una luz extraña y desconocida sabrán que esta es la señal que Dios les dará que indicará que está a punto de castigar al mundo con la guerra y el hambre."**

La Divina Virgen María de Fátima vino al mundo en estas fechas y en este lugar para pedir que Rusia fuera consagrada a su Inmaculado Corazón, y pedir que los primeros Sábados de cada mes se hicieran comuniones en nombre de la santísima Madre para el perdón de todos los pecados del mundo. Si estos deseos se cumplen, Rusia se convertirá y habrá paz, si no, Rusia repartirá sus errores alrededor del mundo, trayendo nuevas guerras y persecuciones a la Iglesia, los justos serán martirizados y el Santo Padre (el papa) tendrá que sufrir mucho, ciertas naciones serán aniquiladas. Pero al final el Inmaculado Corazón de María triunfará. El Santo Padre (el papa) consagrará a Rusia a la Virgen María, y esta será convertida y el mundo disfrutará de un período de paz. En Portugal la fe siempre será preservada. El Espíritu Santo de Dios revelará al mundo sobre la verdadera composición de la

Divina Trinidad del Ser Supremo de la cual María es parte fundamental. Luego, al igual que todas las veces anteriores, Nuestra Señora del Rosario comenzó a ascender hacia el este, hasta que finalmente desapareció en la inmensa oscuridad del firmamento.

La posesión del Secreto probó ser una gran prueba para los tres pequeños niños. Sus familias, sus vecinos, devotos y creyentes de las apariciones, y el clero, trataron sin éxito que fuera revelado. Finalmente, en cuanto el día de la aparición se acercaba hasta el gobierno civil, que era secular y venenosamente anti clerical, alarmado por el número de personas que estaban interesándose en los eventos de Fátima, atentaron con arrebatárselos y de alguna manera demostrar que todo era un fraude. Con el pretexto de proveerles su propio automóvil, para que los niños pudieran trasladarse seguramente en medio de la multitud que rodeaba sus hogares, el administrador civil o alcalde del distrito en el que estaba ubicado el pueblo de Fátima, llegó a Aljustrel en la mañana del 13 de agosto. En un intento para desconocer la verdad, sin éxito, el 11 de agosto, Arturo Santos, un influyente funcionario, planeó una trampa para que los niños quedaran bajo su custodia para forzarlos a revelar todo. Este se ofreció para llevar a los tres niños y a sus padres a ver al párroco, pero al llegar a la casa parroquial él abandonó a los padres llevándose solo a los niños hasta la cedes del distrito en Vila Nova de Ourem. Aquí el intentó persuadirlos, los amenazó de muerte y los encerró en una celda con diferentes criminales para hacerlos retractarse de su historia, sin ningún resultado. A pesar de sus edades, su fe en la Virgen María y su coraje fueron imperturbables.

En Cova al mediodía del día 13 de Agosto, los signos externos característicos de la aparición de la Virgen María se hicieron visibles para la multitud, la mayor multitud hasta el momento. Después que estos signos terminaron la multitud se dispersó, sin saber del juicio de los niños, el cual duró dos días. Así en la fiesta de la Asunción el 15 de Agosto, el Administrador condujo a los niños de nuevo al pueblo de Fátima y los dejó frente a la rectoría. Aquí fueron vistos por la gente que salía de Misa tratando de averiguar con el padre de Lucía dónde habían estado los niños. Este fue el único esfuerzo serio por parte de las autoridades por intervenir con Nuestra Señora de Fátima.

Esta situación hizo que los planes de la Virgen se retrasaran un poco. El domingo 19 Lucía, su hermano Juan y Francisco estaban pastoreando sus ovejas en un lugar llamado Valinhos. Era alrededor de las 4 de la tarde, presintiendo que la Virgen estaba a punto de aparecer, Lucía le ofreció unos cuantos centavos a Juan para que fuera a buscar a Jacinta. Mientras ella y Francisco esperaban vieron la luz típica. Tan pronto como Jacinta llegó se apareció la Virgen María. Y les dijo; "**vengan otra vez a Cova da Iria el trece del mes que viene, y continúen rezando el Rosario todos los días. El último día yo haré un milagro para que todos crean. Con las ofrendas que las gentes están dejando aquí quiero que hagan dos andas -para cargar estatuas- para la fiesta de Nuestra Señora del Rosario. Quiero que Lucía y Jacinta lleven una de ellas con dos niñas más. Ustedes dos se vestirán de blanco. Y también quiero que Francisco, con tres niños, cargue la otra. Los niños también han de vestir de blanco. Lo que quede de las ofrendas ayudará para la construcción de la capilla que ha de ser construida aquí.**

A pesar de las burlas causadas por la prensa secular y atea, miles de personas se reunieron en Cova para la aparición del mes de septiembre. Ahora mientras se rezaba el

Rosario la multitud pudo ver a los niños ponerse de pie mirando hacia el este y ver como sus rostros cambiaron asombrosamente. Las demás personas no podían ver a la Virgen, pero esta vez personas que estaban cerca de Lucía la escucharon preguntar: ¿Qué quieres de mí? Pero no alcanzaron a oír la respuesta de la Virgen; **"continúen diciendo el Rosario, mis hijos. Díganlo todos los días para que cese la guerra. En octubre vendrá Nuestro Señor, así como Nuestra Señora del Perpetuo Socorro y Nuestra Señora del Monte Carmelo. San José se aparecerá con el Niño Jesús para bendecir al mundo. A Dios le agradan sus sacrificios, pero no quiere que se pongan los cordones de noche para ir a dormir. Sólo pónganselos durante el día.**

A Lucía le preocupaba que mucha gente creyera que ella era una impostora y un fraude, por lo cual pedían que fuera colgada o quemada. Por lo cual la Virgen María le prometió que en octubre haría un milagro para que le creyeran.

Durante la noche del 12 al 13 de octubre había llovido toda la noche, empapando el suelo y a los miles de peregrinos que viajaban a Fátima de todas partes para ver la aparición de Nuestra Señora. A pie, por carro y carrozas venían, entrando a la zona de Cova por el camino de Fátima, hasta llegar al sitio de las apariciones en donde se construyó la capillita y la estatua de Nuestra Señora del Rosario de Fátima. En cuanto a los niños, lograron llegar a Cova entre las adulaciones y el escepticismo que las gentes les manifestaba. Cuando llegaron encontraron críticos que cuestionaban su veracidad y la puntualidad de la aparición, quien había prometido llegar al medio día. Ya habían pasado las doce según la hora oficial del país. Sin embargo cuando el sol había llegado a su apogeo Nuestra Señora se apareció como había dicho. **Y les dijo; "quiero que**

se construya una capilla aquí en mi honor. Quiero que continúen diciendo el Rosario todos los días. La guerra pronto terminará, y los soldados regresarán a sus hogares." En esta ocasión la Virgen María le dijo; **"Yo soy la Señora del Rosario". En cuanto a tus peticiones debo decirte que algunas serán concedidas, y otras las debo negar. Las personas deben rehacer sus vidas y pedir perdón por sus pecados. No deben de ofender más a Nuestro Señor, ya lo han ofendido demasiado.**

Mientras Nuestra Señora del Rosario se eleva hacia el este Ella tornó las palmas de sus manos hacia el cielo oscuro. Aunque la lluvia había cedido, nubes oscuras continuaban al oscurecer el sol, que de repente se escapa entre ellos y se ve como un suave disco de plata. En este momento dos distintas apariciones pudieron ser vistas, el fenómeno del sol presenciado por unos 70,000 espectadores y aquella que fue vista sólo por los niños. Después que la Virgen se desapareció en la inmensa distancia del firmamento, se vio la figura de San José y el Niño Jesús haciendo la señal de la cruz con sus manos. Luego cuando esta aparición terminó vieron a Nuestro Señor Jesucristo y a la Virgen María con el aspecto de la Dolorosa. Nuestro Señor Jesucristo parecía bendecir al mundo al igual que lo hizo San José. Cuando esta aparición desapareció, nuevamente se vio a Nuestra Señora, esta vez con el aspecto de Nuestra Señora del Carmen. (Aquí podemos darnos cuenta que todas las diferentes imágenes de la Virgen son en sí una solo; la de María, y todas las imágenes en general son en sí el Espíritu Santo de Dios en sus diferentes interpretaciones humanas.)

Según continua narrando Lucía en su diario; "A la una en punto de la tarde, mediodía solar, la lluvia cesó, el cielo de color gris nacarado iluminaba la vasta región árida con una extraña luz. El sol tenía como un velo de gasa transparente que hacía fácil el mirarlo fijamente. El tono grisáceo madre perla que se tornó en una lámina de plata que se rompió cuando las nubes se abrían y el sol de plata envuelto en el mismo velo de luz gris, se vio girar y moverse en el círculo de las nubes abiertas. De todas las bocas se escuchó un gemido y las personas cayeron de rodillas sobre el suelo fangoso".

Y continua diciendo Lucía, "la luz se tornó en un azul precioso, como si atravesara el vitral de una catedral y esparció sus rayos sobre las personas que estaban de rodillas con los brazos extendidos. El azul desapareció lentamente y luego la luz pareció traspasar un cristal amarillo. La luz amarilla tiñó los pañuelos blancos, las faldas oscuras de las mujeres. Lo mismo sucedió en los árboles, las piedras y en la sierra. La gente lloraba y oraba con la cabeza descubierta ante la presencia del milagro que habían esperado. Los segundos parecían como horas, así de intensos eran".

Según la hermana Lucía, esa tarde en Fátima, todos podían mirar con facilidad el sol, que por alguna razón no les cegaba. El Sol parecía titilar primero en un sentido y luego en otro. Sus rayos se esparcían en muchas direcciones y pintaban todas las cosas en diferentes colores, los árboles, la gente el aire y la tierra. Pero lo más extraordinario era que el sol no lastimaba sus ojos. Todo estaba tranquilo y en silencio y todos miraban hacia arriba, hacia el sol, el cual de pronto comenzó a moverse y a danzar en el cielo, hasta que parecía desprenderse de su lugar y caer sobre los presentes. Era algo extraordinariamente asombroso. El sol transformó todo de diferentes colores – amarillo, azul y blanco, entonces se sacudió y tembló, parecía una rueda de fuego que caía sobre la gente. Empezaron a gritar "¡nos va a matar a todos!", otros clamaron a Nuestro Señor para que los salvara. Cuando al fin el sol dejó de saltar y de moverse todos respiraron aliviados. Aun estaban vivos, y el milagro predicho por los niños fue visto por todos.

Era para entonces cerca de las 2 de la tarde. EL sol unos momentos antes había aparecido entre unas nubes, las cuales lo ocultaban y brillaba clara e intensamente, atrayendo todas las miradas. Se veía como un disco con un aro claramente marcado, luminoso y resplandeciente, pero que no hacía daño a los ojos de los presentes. La luz era de un color naranja claro y resplandeciente que tenía algo del brillo de una perla. No se parecía en nada a la luna en una noche clara porque al uno verlo y sentirlo parecía un cuerpo vivo. No era una esfera como la luna ni tenía el mismo color o matiz. Perecía como una rueda de cristal hecha de la madre de todas las perlas. No se podía confundir con el sol visto a través de la neblina ya que no había neblina en ese momento, porque no era opaca, difusa ni cubierta con un velo. Esa tarde, en Fátima daba luz y calor y aparentaba un claro cofre con un arco bien definido. (La Virgen de Fátima. Wiki pedía, 2012)

Esta fue la última aparición en Fátima para Jacinta y Francisco. Pero no para Lucía a la cual Nuestra Señora del Rosario se la apareció una séptima vez en 1920, como lo había prometido la Virgen María el mes de mayo. Esta vez Lucía estaba en oración, antes de dejar Fátima para ir a un internado de niñas. Nuestra Señora del Rosario vino para pedirle que se dedicara enteramente a Dios. (La Virgen de Fátima. Wiki pedía, 2012)

Juan Pablo II el único papa que hizo intentos reales por reconocer la divinidad de la Virgen Marías, como reina de la corte de las estrellas celestiales. También fue el único papa que trató de reencausar la Iglesia Católica

Romana por el sendero del verdadero cristianismo, en su vano esfuerzo reconoció el poder de la parte femenina del Espíritu Santo de Dios y el papel de María Magdalena como Apóstola de los Apóstoles. En el día de la Juventud colocó a "La María del Nuevo Advenimiento" como especial y divinamente asociada con el Día Mundial de la Juventud, el cual Juan Pablo II promovió durante varios años. Esta fue adorada durante toda la noche en la vigilia de oración de los peregrinos que se reunieron con el papa más cristiano de la era de la Iglesia Católica Romana. En esta oportunidad, en sus pláticas, Juan Pablo II por momentos se dirigió personalmente a la Virgen María en el cielo. El papa comenzó sus discurso diciendo: "Con mi corazón lleno de alabanza para la Reina del Cielo, el signo de la esperanza y la fuente de consuelo en nuestro peregrinaje de fe a la Jerusalén celestial, les saludo a todos ustedes que están presentes en esta solemne liturgia. En esta liturgia les presento a ustedes, a María, como la mujer vestida del sol, oh mujer vestida del sol, la juventud del mundo te saluda con tanto amor.... En María la victoria final de la vida sobre la muerte ya es una realidad". Es evidente, aquí, que el papa Juan Pablo II hace esfuerzo por resaltar algo que la Iglesia Católica Romana ha ocultado durante toda la historia de la humanidad de la era cristiana, la Verdadera Majestad y Divinidad de María en el cielo y la tierra.

Las iglesias del mundo se están uniendo sobre puntos comunes de fe, gracias a la intervención bondadosa de la Virgen María. Ella a pesar de saber que los portadores de la fe, no portan una verdadera fe porque en el pasado todo fue distorsionado, se afianza a su bondad infinita con la esperanza en el hombre y la mujer del comienzo de los tiempos. El comienzo de la era cristiano mariana del Espíritu Santo de Dios que a de marca su inicio el 13 de enero de 2013. En donde lo que parecía acercarte a Dios, te alejará y lo que parecía alejarte de Dios, te acercará. Debemos reconocer que fue Luis Grignon de Montfort el gran peregrino que por primera vez dedicó su vida y su ministerio a adorar a la Virgen María. Cuando él era seminarista se ganó un viaje especial a un Santuario de la Virgen María que era concedido a los más sobresalientes de sus clases. Y al llegar al santuario permaneció ocho horas seguidas, inmóvil, rezando de rodillas. Esto demuestra a la misma vez la paciencia y la devoción de Luis, quien fue el primer cristiano en reconocer la divinidad de María. El llegó a conocer a María más que cualquier otro mortal. Para él sus dos mejores amigos eran Jesús y María. Su primera Misa quiso celebrarla en un altar de la Virgen María, y durante muchos años la Catedral de Nuestra Señora de París fue su templo preferido y su refugio.

Durante su vida, el Papa Juan Pablo II manifestó haber rezado todos los días a la Virgen María, a la cual él le atribuyó haber salvado su vida. "En cierto momento del 13 de mayo de 1981, durante una audiencia papal al aire libre en la Plaza de San Pedro, en presencia de 75,000 personas y ante la vista de unos 11 millones de televidentes, el Papa Juan Pablo II divisó a una niña que llevaba un pequeño retrato de Nuestra Señora de Fátima. Justamente al inclinarse para hacerle una ligera caricia a la niña, el asesino Mehmet Ali Agca, descargó dos tiros precisamente en dirección de donde momentos antes le había apuntado a la cabeza del papa. El asesino falló los tiros a la cabeza del papa porque este se inclinó en ese preciso momento a reverenciar la imagen de la Virgen María. A la par que dos peregrinos caían al suelo levemente herido, se oyeron dos disparos más, y esta vez la sangre de Juan Pablo II manchaba su blanca sotana papal, pero sus heridas no fueron mortales. El 13 de mayo de 1991 y otra vez en la misma fecha de 1994, Juan Pablo II fue a Fátima y dio gracias a Nuestra Señora de Fátima por haberle salvado la vida en el atentado de asesinato de 1981. El Papa Juan Pablo II fue el hombre más convencido, después de San Luis, de la divinidad de la Virgen María. Y ningún hombre de la actualidad ha sido más devoto de la parte femenina de Dios. Juan Pablo II dedicó a sí mismo y su pontificado a Nuestra Señora la Virgen María, llevó la M de María en su escudo de armas; su lema personal, bordado en latín en el interior de sus capas, es "totus tuus sum María" que significa "María, soy todo tuyo".

Juan Pablo II estuvo plenamente convencido, como lo están miles de personas más, de que fue María la que puso fin al comunismo en toda Europa. Su fe está firmemente basada en las insignes profecías que María pronunciara en Fátima en 1917. De acuerdo a la Hermana Lucía, que formaba parte del grupo de niños y niñas que afirmó haberla visto. La Virgen predijo el surgimiento del totalitarismo soviético mucho antes de que esto se hiciera realidad. En una visión subsiguiente, ella les indicó al papa y a sus obispos que dedicaran a Rusia a su Inmaculado Corazón para de esa manera poner fin al comunismo. Los esfuerzos del papado por llevar a cabo dicha encomienda fracasaron en los años 1942, 1952, y 1982. Fue Juan Pablo II quien finalmente cumplió la orden en 1984, un año después subió al poder Mijail Gorbachov quien inició la caída del imperio soviético. El mundo reconocerá a su debido tiempo que la derrota del comunismo fue resultado de la intercesión del divino poder de María.

Al investigar sobre las revelaciones de este libro pude encontrar gran similitud en algunos análisis de los autores de "El Trueno De La Justicia" en cuanto a la visión de que María se refiere a sí misma como la que "aplastaría la serpiente", en el fin de los tiempos, puesto que ella es la "mujer" de Génesis 3:15. Examinando con detenimiento este pasaje bíblico vemos que esta interpretación es correcta. En Génesis 3:15 dice: "Y pondré enemistad entre ti y la mujer, y entre tu simiente y la simiente suya; ésta te herirá en la cabeza, y tú le herirás en el calcañar". Este versículo es una profecía y a la vez una promesa de que algún día vendría una mujer, y "esta te herirá en la cabeza, y tú la herirás en el calcañar". Como se puede interpretar claramente dice que la mujer herirás a la serpiente, de todos modos vencería al enemigo asestándole un golpe fatal en la cabeza al final de los tiempos. Esta profecía fue complementada en Apocalipsis 12 y cumplida con las apariciones de la Virgen de Fátima: "Una gran señal apareció en el cielo: una Mujer, vestida de sol, con la luna bajo sus pies y una corona de doce estrellas sobre su cabeza". Si se analizan los relatos de los niños y las niñas que interactuaron en estas apariciones podremos identificar a Nuestra Señora de Fátima como la representación bíblica de la Mujer vestida del sol.

El 12 de abril de 1947, en Tre Fontane, Roma, Nuestra Santísima Madre anunció, "Yo soy la Virgen del Apocalipsis". Gobbi uno de los sacerdotes más connotado del Movimiento Mariano, quien se dice ha recibido más revelaciones de parte de María que cualquier otra persona, asevera que la Virgen María le dijo lo siguiente el 24 de abril de 1980: "Yo soy la Virgen de la Revelación. En Mí, la obra maestra del Padre se realiza de manera tan perfecta, que Él puede derramar en Mí la Luz de su predilección. El Verbo asume su naturaleza humana en mi seno virginal, y así puede venir a ustedes por medio de mi verdadera función de Madre. El Espíritu Santo me atrae, como imán, hacia lo íntimo de la vida de amor entre el Padre y el Hijo, me transforma interiormente y me asimila tanto a Él que me hace su Esposa. Los llevaré a la plena comprensión de la Sagrada Escritura".

4.16.- Nuestra Señora del Carmen; Misterios de la Virgen María.

La más antigua devoción a la Virgen María, con más de veinte siglos. El nombre del Carmen viene del Monte Carmelo o "viña de Dios" que está en Tierra Santa. Según el Libro de los Reyes, allí vivió el Profeta Elías con un grupo de jóvenes, dedicados a la oración. Corría el año 300 antes de Cristo, y una gran sequía asolaba la región; el Profeta subió a la montaña para pedir lluvia y divisó una nube de luminosa blancura de la cual brotaba el agua en abundancia; comprendió que la visión era un símbolo de la llegada del Salvador esperado, que nacería de una doncella inmaculada para traer una lluvia de bendiciones. Desde entonces, aquella pequeña comunidad se dedicó a rezar por la que sería Madre del Redentor, comenzando así la devoción a Nuestra Señora del Carmen (o Carmelo). (La Virgen del Carmen, usuarios.advance.com)

Muchos acontecimientos han sucedido a través del tiempo en dicha localidad, pero las oraciones continuaron elevándose desde el Carmelo: es que los hombres y las instituciones pasan, pero las obras del Espíritu Santo de Dios permanecen porque participan un poco de su eternidad. Así encarnó la parte femenina del Espíritu Santo de Dios en la Virgen María y llega a ser la Madre del Salvador: según la tradición visitó a los monjes y los estimuló a continuar sus oraciones. Luego vino la pasión y muerte, seguidas de la resurrección y marcha al Cielo de Jesús, y más tarde de su Madre. Luego vendrían las invasiones musulmanas, pero las oraciones del Carmelo no se interrumpen sino que los monjes deciden trasladarse a Europa. Allí los encontramos en el Siglo XIII: su Superior, San Simón Stock estaba en oración, preocupado por nuevas persecuciones, cuando se le aparece la mismísima

Madre de Dios para decirle: "amadísimo hijo, recibe el Escapulario de mi orden para que quien muriese llevándolo piadosamente, no padezca el fuego eterno". El Papa Gregorio XIII declaró verdadera esta aparición después de serios estudios, y basándose en los favores que recibían los que usaban el Escapulario. También fue reconocida esta aparición por el Papa Juan XXII, que recibió una nueva aparición de la Virgen María, en la que prometía sacar del purgatorio el primer sábado después de su muerte a sus devotos. (La Virgen del Carmen, usuarios.advance.com)

Esta devoción se difundió por toda Europa y contó con Santos de la talla de San Juan De la Cruz y Santa Teresa; no es extraño que llegara a América y acompañara el despertar a la fe de nuestros indígenas que la veneraron desde mediados del siglo XVI. Ya en el siglo XVIII se encuentra en Mendoza, Argentina, la imagen que hoy es venerada allí, pues don Pedro de Núñez "caballero de gran fortuna y devoción, donó la imagen y todo lo necesario para el culto de la Virgen del Carmen". Primero estuvo en el templo de los Padres Jesuitas estando fundada la Cofradía. En 1776, a raíz de la expulsión de la Orden, la imagen fue trasladada a San Francisco, desde donde presidiría una de las más bellas jornadas de la historia. Llega el año 1814, momento en el que San Martín hizo de los pacíficos habitantes de Cuyo, heroicos soldados forjadores de libertad, pero ellos necesitaron una Madre que los ampare y de sentido a tanto sacrificio. Es conocida la profunda devoción que el Libertador profesó a la Virgen María y que lo hizo nombrarla Generala de su Ejército, superando los respetos humanos de una época en la que el liberalismo había impuesto la idea de que "la religión es asunto privado". Tanta importancia dio al tema, que lo decidió con su Estado Mayor, según dice Espejo en su obra El Paso de los Andes: "la devoción a la Virgen del Carmen estaba muy arraigada en Cuyo y casi todos los soldados llevaban su escapulario, por eso fue ella la que tuvo preferencia" dice, y más adelante describe la brillante ceremonia (5 de enero de 1817) durante la cual San Martín le entrega su bastón de mando, la nombra Generala, y hace bendecir también la Bandera de los Andes, "saludada por dianas y la banda con cajas y clarines, mientras rompía una salva de veintiún cañonazos, ante el ejército de gran gala y todo el pueblo de Mendoza". Más tarde, después de sus triunfos, entregará definitivamente su bastón, esta vez en el silencio que acompaña a todo lo grande y dejando aquella conocida carta: "la protección que ha prestado al Ejército de los Andes su Patrona y Generala la Virgen del Carmen son demasiado visibles..." Ambas reliquias, el bastón y la carta, se conservan hoy en el Camarín de la Virgen María, como mudos testigos de la parte que Ella tuvo en la grandeza de alma del Libertador. Siendo Generala del Ejército Argentino, junto a la banda, acompaña a la imagen nuestra bandera. Como así también las banderas de Perú y Chile, al ser esta advocación Patrona de los 2 países vecinos. (La Virgen del Carmen, usuarios.advance.com)

Por inquietud de Fray Leonardo Maldonado, el Papa Pío X, decretó: "que la Sagrada Imagen de la Virgen María bajo el título del Carmen que se venera en la Iglesia de San Francisco en Mendoza, sea con voto solemne coronada con corona de oro". Apoyó su resolución en la "Suficiente constancia que existe de la popular veneración de la imagen, de su fama y celebridad como también de las gracias admirables y celestiales, dones concedidos copiosamente por ella". La corona, ofrenda de sus devotos, le fue impuesta en memorable ceremonia el 8 de septiembre de 1911 y es un recuerdo de tal solemnidad que se decretó tal día como Fiesta Patronal de la Provincia y en ese día, desde 1950 es también honrada muy especialmente la Santísima Virgen del Carmen de Cuyo, en las escuelas de Mendoza, como Patrona de la Escuela Primaria, instituida en tal carácter por decisión superior; y de la educación en sus tres niveles por decreto del 30-08-80. En 1982 fue declarada Patrona de la 8º Brigada de Montaña. (La Virgen del Carmen, usuarios.advance.com)

En las palabras de Benedicto XVI, (15,VII,06): "El Carmelo, alto promontorio que se yergue en la costa oriental del Mar Mediterráneo, a la altura de Galilea, tiene en sus faldas numerosas grutas naturales, predilectas de los eremitas. El más célebre de estos hombres de Dios fue el gran profeta Elías, quien en el siglo IX antes de Cristo defendió valientemente de la contaminación de los cultos idolátricos la pureza de la fe en el Dios único y verdadero. Inspirándose en la figura de Elías, surgió la Orden contemplativa de los "Carmelitas", familia religiosa que cuenta entre sus miembros con grandes santos, como Teresa de Ávila, Juan de la Cruz, Teresa del Niño Jesús y Teresa Benedicta de la Cruz (en el siglo, Edith Stein). Los Carmelitas han difundido en el pueblo cristiano la devoción a la Santísima Virgen del Monte Carmelo, señalándola como modelo de oración, de contemplación y de dedicación a Dios. María, en efecto, antes y de modo insuperable, creyó y experimentó que Jesús, Verbo encarnado, es el culmen, la cumbre del encuentro del hombre con Dios. Acogiendo plenamente la Palabra, "llegó felizmente a la santa montaña" (Oración de la colecta de la Memoria), y vive para siempre, en alma y cuerpo, con el Señor. A la Reina del Monte Carmelo deseo hoy confiar todas las comunidades de vida contemplativa esparcidas por el mundo, de manera especial las de la Orden Carmelitana, entre las que recuerdo el monasterio de Quart, no muy lejano de aquí (Valle de Aosta). Que María ayude a cada cristiano a encontrar a Dios en el silencio de la oración.

El Escapulario era usado como símbolo de unión con una orden religiosa y su espiritualidad desde antes del siglo X, aun viviendo la vida corriente en medio del mundo. Consistían en una franja de tela igual al hábito de los religiosos, que se introducía por la cabeza cayendo hacia adelante y atrás, de ahí su nombre que viene de escápula", espalda en latín; con el tiempo redujeron su tamaño hasta el actual. Lo importante es que no se trata de un amuleto o de algo con poderes mágicos. Es un signo sacramental que hace presente el amor de la Virgen hacia quienes son buenos hijos de Dios, viven en su amistad, o sea gracia y cumplen su ley. Hoy se sustituye para el uso diario por la medalla correspondiente, ambos reciben las mismas indulgencias y pueden ser usados por quienes no pertenecen a la Cofradía.

El Escapulario es un signo externo, sacramental, que presupone una vida de gracia. La preparación conveniente, consiste en: 1- Ser muy devotos de la Santísima Virgen María, en especial bajo la advocación del Carmen de Cuyo. 2 - Participar en todas las ceremonias que se realizan en su honor. 3 - Saber que es un compromiso de por vida, una Alianza entre Nuestra Señora y el que lo recibe. 4 - Tener una conducta de acuerdo a las normas y leyes de la Iglesia. 5 - Unas de las condiciones primordiales impuestas por la Santísima Virgen del Carmen, es el uso permanente de este escapulario, o la medalla que lo reemplazó. Ésta debe ser con la imagen de la Virgen y el Sagrado Corazón en el reverso. 6 - Todas las personas que conforman la Hermandad del Carmelo, prometen rezar el Santo Rosario diariamente o al menos 3 Avemarías en honor a su Patrona.

El escapulario de la Santísima Virgen María se impone todo los 1° Miércoles de mes, el 16 de julio y durante la novena, a las personas que lo deseen recibir. La promesa de la Virgen del Carmen a San Simón Stock fue que quien muriese con el escapulario no padecerá del fuego eterno. En otra aparición al Papa Juan XXII, prometió sacar del purgatorio a las almas que muriesen piadosamente, con el escapulario, en el sábado siguiente a su muerte.

"La devoción del escapulario del Carmen ha hecho descender sobre el mundo una copiosa lluvia de gracias espirituales y temporales" (Pío XII, 6-VIII-1950).

El escapulario carmelita es un sacramental, es decir un objeto religioso que la Iglesia ha aprobado como signo que nos ayuda a vivir santamente y a aumentar nuestra devoción. Los sacramentales deben mover nuestros corazones a renunciar a todo pecado, incluso al venial.

El escapulario, al ser un sacramental, no nos comunica gracias como hacen los sacramentos sino que nos disponen al amor a Dios y a la verdadera contrición del pecado si los recibimos con devoción.

Los seres humanos nos comunicamos por símbolos. Así como tenemos banderas, escudos y también uniformes que nos identifican. Las comunidades religiosas llevan su hábito como signo de su consagración a Dios.

Los laicos no pueden llevar hábito, pero los que desean asociarse a los religiosos en su búsqueda de la santidad pueden usar el escapulario. La Virgen dio a los Carmelitas el escapulario como un hábito miniatura que todos los devotos pueden llevar para significar su consagración a ella. Consiste en un cordón que se lleva al cuello con dos piezas pequeñas de tela color café, una sobre el pecho y la otra sobre la espalda. Se usa bajo la ropa, junto con el rosario y la medalla milagrosa, el escapulario es uno de los más importantes sacramentales marianos.

San Alfonso Ligorio, doctor de la Iglesia, manifiesta: "Así como los hombres se enorgullecen de que otros usen su uniforme, así Nuestra Señora Madre María está satisfecha cuando sus servidores usan su escapulario como prueba de que se han dedicado a su servicio, y son miembros de la familia de la Madre de Dios."

La palabra escapulario viene del Latín "scapulae" que significa "hombros". Originalmente era un vestido superpuesto que cae de los hombros y lo llevaban los monjes durante su trabajo. Con el tiempo se le dio el sentido de ser la cruz de cada día que, como discípulos de Cristo llevamos sobre nuestros hombros. Para los Carmelitas particularmente, pasó a expresar la dedicación especial a la Virgen Santísima y el deseo de imitar su vida de entrega a Cristo y a los demás.

En el año 1246 nombraron a San Simón Stock general de la Orden Carmelita. Este comprendió que, sin una intervención de la Virgen María, a la orden le quedaba poco tiempo. Simón recurrió a María poniendo la orden bajo su amparo, ya que ellos le pertenecían. En su oración la llamó "La flor del Carmelo" y la "Estrella del Mar" y le suplicó la protección para toda la comunidad. En respuesta a esta ferviente oración, el 16 de julio de 1251 se le apareció la Virgen a San Simón Stock y le dio el escapulario para la orden con la siguiente promesa:

"Este debe ser un signo y privilegio para ti y para todos los Carmelitas: quien muera usando el escapulario no sufrirá el fuego eterno".

Aunque el escapulario fue dado a los Carmelitas, muchos laicos con el tiempo fueron sintiendo el llamado de vivir una vida más comprometida con la espiritualidad carmelita y así se comenzó la cofradía del escapulario, donde se agregaban muchos laicos por medio de la devoción a la Virgen María y al uso del escapulario. La Iglesia ha extendido el privilegio del escapulario a los laicos.

La Santísima Virgen María se apareció al Papa Juan XXII en el siglo XIV y le prometió para quienes cumplieran los requisitos de esta devoción que "como Madre de Misericordia con mis ruegos, oraciones, méritos y protección especial, les ayudaré para que, libres cuanto antes de sus penas, (...) sean trasladadas sus almas a la bienaventuranza".

Desde entonces, muchos papas, santos y teólogos católicos han explicado que, según esta promesa, quien tenga la devoción al escapulario y lo use, recibirá de María Santísima a la hora de la muerte, la gracia de la perseverancia en el estado de gracia (sin pecado mortal) o la gracia de la contrición (arrepentimiento). Por parte del devoto, el escapulario es una señal de su compromiso a vivir la vida cristiana siguiendo el ejemplo perfecto de la Virgen Santísima.

El escapulario tiene 3 significados:

1- El amor y la protección maternal de María: El signo es una tela o manto pequeño. Vemos como María cuando nace Jesús lo envuelve en un manto. La Madre siempre trata de cobijar a sus hijos. Envolver en su manto es una señal muy maternal de protección y cuidado. Señal de que nos envuelve en su amor maternal. Nos hace suyos. Nos cubre de la ignominia de nuestra desnudes espiritual.

2- Pertenencia a María: Llevamos una marca que nos distingue como sus hijos escogidos. El escapulario se convierte en el símbolo de nuestra consagración a María. Consagración significa pertenecer a María, es decir reconocer su misión maternal sobre nosotros y entregarnos a ella para dejarnos guiar, enseñar, moldear por Ella y en su corazón. Así podremos ser usados por Ella para la extensión del Reino de su Hijo.

En 1950 Papa Pío XII escribió acerca del escapulario: "que sea tu signo de consagración al Inmaculado Corazón de María, lo cual estamos particularmente necesitando en estos tiempos tan peligrosos". En estas palabras del Papa vemos una vez más devoción a la Virgen del Carmen es devoción a la Inmaculada. Quien lleve el escapulario debe estar consciente de su consagración a Dios y a la Virgen y ser consecuente en sus pensamientos, palabras y obras.

3- El suave yugo de Cristo: "Carguen sobre ustedes mi yugo y aprendan de mí, porque soy paciente y humilde de corazón, y así encontrarán alivio. Porque mi yugo es suave y mi carga liviana". (Mateo 11:29-30)

El escapulario simboliza ese yugo que Jesús nos invita a cargar pero que María nos ayuda a llevar. Quién lleva el escapulario debe identificarse como católico sin temor a los rechazos y dificultades que ese yugo le traiga.

El escapulario es un signo de nuestra identidad cristiano - mariana, vinculados de íntimamente a la Virgen María con el propósito de vivir plenamente según nuestro bautismo. Representa nuestra decisión de seguir a Jesús por María en el espíritu de los religiosos pero adaptado a la propia vocación. Esto requiere que seamos humildes, castos y obedientes por amor a Dios.

Al usar el escapulario constantemente hacemos silenciosa petición de asistencia continua a la Santísima Madre. La Virgen María nos enseña e intercede para que recibamos las gracias para vivir como ella, abiertos de corazón al Señor, escuchando Su Palabra, orando, descubriendo a Dios en la vida diaria, y cercano a las necesidades de nuestros hermanos. El escapulario además es un recuerdo de que nuestra meta es el cielo y todo lo de este mundo está pasando.

En momentos de tentación, tomamos el escapulario en nuestras manos e invocamos la asistencia de la Madre, resueltos a ser fieles al Señor. Ella nos dirige hacia el Sagrado Corazón de su Hijo Divino y el demonio es forzado a retroceder vencido.

Imposición del Escapulario:

- La imposición se hace preferentemente en comunidad.

- Es necesario que en la celebración quede bien expresado el sentido espiritual de las gracias unidas al Escapulario de la Virgen del Carmen y los compromisos asumidos con este signo de devoción a la Santísima Virgen.

- El primer escapulario debe ser bendecido por un sacerdote e impuesto por él mientras dice la oración:

"Recibe este escapulario bendito y pide a la Virgen Santísima que por sus méritos, lo lleves sin ninguna mancha de pecado y que te proteja de todo mal y te lleve a la vida eterna".

Una vez bendecido el primer escapulario, el devoto no necesita pedir la bendición para escapularios posteriores.

Los escapularios gastados, si han sido bendecidos no se deben echar a la basura. Se pueden quemar o enterrar como signo de respeto.

Por su parte, la medalla-escapulario tiene en una cara la imagen del Sagrado Corazón de Jesús y la imagen de la Bienaventurada Virgen María en su reverso. En 1910, el Papa Pío X declaró que, una persona válidamente investida en su escapulario de tela podía llevar la medalla-escapulario en su lugar, provisto que tuviera razones legítimas para sustituir su escapulario de tela por la medalla- escapulario. Esta concesión fue hecha a petición de los misioneros en los países del trópico, donde los escapularios de tela se deterioran pronto. Ahora bien, el Papa Pío X y su sucesor, el Papa Benedicto XV, expresaron su profundo deseo de que las personas continuaran llevando el escapulario de tela cuando fuera posible, y que no sustituyeran el escapulario de tela por la medalla escapulario sin que medie primero razón suficiente. La vanidad o el miedo a profesar su fe en público no pueden ser razones que satisfagan a Nuestra Señora. Estas personas corren el riesgo de no recibir la promesa del escapulario del Carmen. ("Otorga mucha importancia a tu escapulario" del Apostolado Mundial de Fátima, Washington, NJ 07882-0976 USA).

Los Papas y Santos han alertado muchas veces acerca de no abusar de la promesa de nuestra madre como si nos pudiéramos salvar llevando el escapulario sin conversión. El Papa Pío XI nos advierte: "aunque es cierto que la Virgen María ama de manera especial a quienes son devotos de ella, aquellos que desean tenerla como auxilio a la hora de la muerte, deben en vida ganarse dicho privilegio con una vida de rechazo al pecado y viviendo para darle honor"

Vivir en pecado y usar el escapulario como ancla de salvación es cometer pecado de presunción ya que la fe y la fidelidad a los mandamientos es necesaria para todos los que buscan el amor y la protección de Nuestra Señora.

San Claude de la Colombiere advierte: "Tu preguntas: ¿y si yo quisiera morir con mis pecados?, yo te respondo, entonces morirás en pecado, pero no morirás con tu escapulario"

El Privilegio Sabatino es una promesa de la Virgen que consiste en la liberación del purgatorio, el primer sábado (día que la Iglesia ha dedicado a la Virgen), después de la muerte por medio de una intercesión especial de la Virgen. Se originó en una bula o edicto que fue proclamado por el Papa Juan XXII en marzo 3, 1322 como resultado de una aparición que tuvo de la Virgen en la que prometió para aquellos que cumplieran los requisitos de esta devoción que "como Madre de Misericordia, con mis ruegos, oraciones, méritos y protección especial, les ayudaré para que, libres cuanto antes de sus penas, sean trasladadas sus almas a la bienaventuranza".

Condiciones para que aplique este privilegio

1) Usar el escapulario con fidelidad.

2) Observar castidad de acuerdo al estado de vida.

3) Rezo del oficio de la Virgen (oraciones y lecturas en honor a la Virgen) o rezar diariamente 5 décadas del rosario.

El Papa Pablo V confirmó en una proclamación oficial que se podía enseñar acerca del privilegio sabatino a todos los creyentes.

Es evidente que la Virgen María quiere revelarnos de manera especial el escapulario. Reporta Lucia (vidente de la Virgen de Fátima, luego convertida en la Hermana María del Inmaculado Corazón), que en la última aparición (Octubre, 1917, día del milagro del sol), la Virgen María vino vestida con el hábito carmelita y con el escapulario en la mano y recordó que sus verdaderos hijos lo llevaran con reverencia. También pidió que los que se consagraran a ella lo usaran como signo de dicha consagración.

El Papa Pío XII habló frecuentemente del Escapulario. En 1951, aniversario 700 de la aparición de Nuestra Señora a San Simón Stock, el Papa ante una numerosa audiencia en Roma exhortó a que se usara el Escapulario como "Signo de Consagración al Inmaculado Corazón de María" (tal como pidió la Virgen en Fátima). El Escapulario también representa el dulce yugo de Jesús que María nos ayuda a sobrellevar. Y finalmente, el Papa continuó, El Escapulario nos marca como hijos escogidos de María y se convierte para nosotros (como lo llaman los alemanes) en un "Vestido de Gracia".

El mismo día que San Simón Stock recibió de María el Escapulario y la promesa, el fue llamado a asistir a un moribundo que estaba desesperado. Cuando llegó puso el Escapulario sobre el hombre, pidiéndole a la Virgen María que mantuviera la promesa que le acababa de hacer. Inmediatamente el hombre se arrepintió, se confesó y murió en gracia de Dios".

El Beato Papa Gregorio X fue enterrado con su escapulario solo 25 años después de la Visión del Escapulario. 600 años más tarde cuando abrieron su tumba, su escapulario estaba intacto.

San Alfonso Ligorio y San Juan Bosco tenían una especial devoción a la Virgen del Carmen y usaban el Escapulario. Cuando murió San Alfonso Ligorio le enterraron con sus vestiduras sacerdotales y con su Escapulario. Muchos años después cuando abrieron su tumba encontraron que su cuerpo y todas las vestimentas estaban hechas polvo, sin embargo su Escapulario estaba intacto. El Escapulario de San Alfonso está en exhibición en su Monasterio en Roma.

San Alfonso Ligorio nos dice: "Herejes modernos se burlan del uso del Escapulario. Lo desacreditan como una insignificancia vana y absurda."

San Pedro Claver, se hizo esclavo de los esclavos por amor. Cada mes llegaba a Cartagena, Colombia un barco con esclavos. San Pedro se esforzaba por la salvación de cada uno. Organizaba catequistas, los preparaba para el bautismo y los investía con el Escapulario. Algunos clérigos acusaron al santo de celo indiscreto. Sin embargo él continuó su obra hasta tener más de 300,000 conversos.

San Claudio de Colombiere (director espiritual de Santa Margarita María) manifestó: "Yo quería saber si María en realidad se había interesado en mí, y en el Escapulario Ella me ha dado la seguridad más palpable. Sólo necesito abrir mis ojos, Ella ha otorgado su protección a este Escapulario: "Quien muera vestido en él no sufrirá el fuego eterno". Y agregó; "Debido a que todas las formas de amar a la Santísima Virgen y las diversas maneras de expresar ese amor no pueden ser igualmente agradables a ella y por consiguiente no nos ayudan en el mismo grado para alcanzar el cielo, lo digo sin vacilar ni un momento, ¡El Escapulario Carmelita es su predilecto!", y continua diciendo; "Ninguna devoción ha sido confirmada con mayor número de milagros auténticos que el Escapulario Carmelita".

"Un sacerdote de Chicago fue llamado para ir a asistir a un moribundo que había estado lejos de su fe y de los sacramentos por muchos años. El moribundo no quiso recibirlo, ni hablar con él. Pero el sacerdote insistió y le enseñó el Escapulario que llevaba. Le preguntó si le permitiría ponérselo. El hombre aceptó con tal que el sacerdote lo dejara en paz. Una hora más tarde el moribundo mandó a llamar al sacerdote pues deseaba confesarse y morir en gracia y amistad con Dios"

El demonio odia el Escapulario. Un día al Venerable Francisco Yepes se le cayó el Escapulario. Mientras se lo ponía, el demonio aulló: "¡Quítate el hábito que nos arrebata tantas almas!".

Un misionero Carmelita de Tierra Santa fue llamado a suministrar la unción de los enfermos en el año 1944. Notó que mientras caminaba, sus pies se hundían cada vez más en el fango hasta que, tratando de encontrar tierra firme, se deslizó en un pozo de fango en el que se hundía hacia la muerte. Pensó en la Virgen y besó su hábito el cual era Escapulario. Miró entonces hacía la Montaña del Carmelo gritando: "¡Santa Madre del Carmelo! ¡Ayúdame! ¡Sálvame!". Un momento más tarde se encontró en terreno sólido. Atestiguó más tarde: "Sé que fui salvado por la Santísima Virgen por medio de su Escapulario Carmelita. Mis zapatos desaparecieron en el lodo y yo estaba cubierto de él, pero caminé las dos millas que faltaban, alabando a María".

En el verano de 1845 el barco inglés, "Rey del Océano" se hallaba en medio de un feroz huracán. Las olas lo azotaban sin piedad y el fin parecía cercano. Un ministro protestante llamado Fisher en compañía de su esposa e hijos y otros pasajeros fueron a la cubierta para suplicar misericordia y perdón. Entre la tripulación se encontraba el irlandés John

McAuliffe. Al mirar la gravedad de la situación, el joven abrió su camisa, se quitó el Escapulario y, haciendo con él la Señal de la Cruz sobre las furiosas olas, lo lanzó al océano. En ese preciso momento el viento se calmó. Solamente una ola más llegó a la cubierta, trayendo con ella el Escapulario que quedó depositado a los pies del muchacho.

Durante lo acontecido el ministro había estado observando cuidadosamente las acciones de McAuliffe y fue testigo del milagro. Al interrogar al joven se informaron acerca de la Santísima Virgen y su Escapulario. El Señor Fisher y su familia resolvieron ingresar en la Iglesia Católica lo más pronto posible y así disfrutar la gran protección del Escapulario de Nuestra Señora.

En mayo de 1957, un sacerdote Carmelita en Alemania publicó una historia extraordinaria de cómo el Escapulario había librado un hogar del fuego. Una hilera completa de casas se había incendiado en Westboden, Alemania. Los piadosos residentes de una casa de dos familias, al ver el fuego, inmediatamente colgaron un Escapulario a la puerta de la entrada principal. Centellas volaron sobre ella y alrededor de ella, pero la casa permaneció intacta. En 5 horas, 22 hogares habían sido reducidos a cenizas. La única construcción que permaneció intacta, en medio de la destrucción, fue aquella que tenía el Escapulario adherido a su puerta. Los cientos de personas que vinieron a ver el lugar que Nuestra Señora había salvado son testigos oculares del poder del Escapulario y de la intercesión de la Santísima Virgen María.

En Octubre de 1952, un oficial de la Fuerza Aérea en Texas escribió lo siguiente: "Seis meses después de comenzar a usar el Escapulario, experimenté un notable cambio en mi vida. Casi inmediatamente comencé a asistir a Misa todos los días. Durante la cuaresma viví fervorosamente como nunca lo había hecho. Fui iniciado en la práctica de la meditación y me encontré realizando débiles intentos en al camino de la perfección. He estado tratando de vivir con Dios y doy el crédito al Escapulario de María".

Recordemos que el escapulario es un signo poderoso del amor y protección maternal de María y de su llamada a una vida de santidad y sin pecado. Usar el escapulario es una respuesta de amor a la Madre que vino a darnos un regalo de su misericordia. Debemos usarlo como recordatorio que le pertenecemos a ella, que deseamos imitarla y vivir en gracia bajo su manto protector. Se puede ganar indulgencia plenaria:

- el día en que se recibe el escapulario

- el 16 de mayo, en la Festividad de San Simón Stock.

- el 16 de julio, en la Solemnidad de la Santísima Virgen del Carmen,

- el 20 de julio, en la Festividad del Profeta San Elías.

- el 1 de octubre, en la Festividad de Santa Teresita del Niño Jesús.

- el 15 de octubre, en la Festividad de Santa Teresa de Jesús.

- el 14 de noviembre, en la Festividad de todos los Santos de la Orden.

- **el 14 de diciembre, en la Festividad de San Juan De La Cruz**.

5

La Virgen María en el Espíritu Santo en éste tercer milenio.

El Padre Nicolás Schwizer sostiene que hoy en día, más que nunca, nuestro camino como cristianos cuesta mucho. Infidelidad, duda, desorientación e inseguridad, aun en medio de la propia Iglesia, dificultan nuestra vida cristiana. Según Él, precisamos más claridad y seguridad, buscamos una luz para poder orientarnos en la oscuridad de nuestro tiempo. Esta luz para nosotros es la *Virgen María*. Ella es el modelo vital y la enseñanza intuitiva para la vida del cristiano, para la vida de todos nosotros.

El Padre Nicolás continua diciendo: "La *Virgen María*, nuestro modelo vital, es también alumbrada por las lecturas bíblicas de hoy. La primera lectura la destaca como reverso de Eva, como nueva Eva. Sabemos que Eva es compañera y ayudante de Adán en el pecado original, en la ruina del género humano. También *María* no es mero instrumento pasivo, sino compañera y ayudante de Cristo para la salvación del mundo. La desobediencia y la incredulidad de Eva son compensadas por la obediencia y la fe de *María*. Eva nos trajo la muerte, *María* nos trajo la vida (creó la vida). Así la Virgen inmaculada, la nueva Eva se nos revela como ser del paraíso. En este mundo del mal,

Dios conserva la idea original de pureza y santidad del paraíso en la persona de *María*. Concebida sin pecado, así entra la Santísima Virgen en la vida e irradia una belleza propia del paraíso." (Padre Nicolás Schwizer, catholic.net)

La Santísima *Virgen María* representa la perfección de la obra del *Espíritu Santo de Dios* y es en Ella en donde se conjuga la esencia de la redención de Cristo en toda su plenitud. La Biblia no expresa en su contenido la verdadera grandeza de la divina personalidad de *María* como la parte femenina de la Santísima Trinidad del *Espíritu Santo de Dios*. Ella aunque encarnó en una figura humana siempre ha sido parte del Ser divino al igual que su Hijo, Jesucristo y el Propio *Espíritu Santo de Dios*.

Por eso, el ángel Gabriel declaró que Ella está "llena de gracia". Aunque en verdad, toda su persona está a plenitud llena de todos los dones del *Espíritu Santo de Dios*, ya que toda perfección y redención proviene de Su Propio Ser Divino. Desde su encarnación Ella vino con la armonía perfecta entre su cuerpo, alma y espíritu. Cuando miramos la imagen de la *Virgen María* se despiertan en nosotros grandes sentimientos de deseos y esperanzas.

El *Espíritu Santo de Dios* nos eligió antes de la creación del mundo, para tener la oportunidad de ser parte de Él. Todos los seres humanos fuimos creados a imagen y semejante del *Espíritu Santo de Dios* y todos (as) tenemos la oportunidad de convertirnos en hombres nuevos o en mujeres nuevas. El *Espíritu Santo de Dios* nos infundió a través del bautismo la vida divina de *María* y de Cristo y todos debemos aspirar a mantener este don durante toda nuestra vida.

A través del bautismo en el *Espíritu Santo de Dios* todos somos llamados, a convertirnos en seres humanos nuevos, a imagen de Cristo y de la *Virgen María*. Todos debemos imitar a la Virgen y a Jesús, y procurar cumplir la misión de "Hágase en mí tu voluntad" para lograr alcanzar la sintonía con el *Espíritu Santo de Dios*. Y así ver nacer y crecer en nosotros el hombre nuevo, que tanto admiramos en *Jesús* y la mujer nueva que admiramos en *María*.

La Santísima *Virgen María* es modelo de renovación y esperanza, pero también, Madre y Educadora de hombres y mujeres nuevos (as). Su seno, en el que Dios se formó, es el mejor molde para forjar seres humanos a imagen del *Espíritu Santo de Dios*. Los padres de la Iglesia la llamaron no sólo creatura del paraíso, sino también la puerta del paraíso. Puerta al paraíso porque nos atrae y educa hacia ese ideal, y nos introduce en el paraíso. (Padre Nicolás Schwizer, catholic.net)

5.1.- La Virgen María; un camino seguro para la salvación.

No debemos dejarnos confundir, no hay ningún riesgo en el culto mariano: Muchos argumentan erróneamente que *María* aparte de Cristo, que le hace "competencia", y que se coloca como "pantalla" entre Dios y nosotros. En el origen de ese temor suelen encontrarse experiencias negativas, provocadas por prácticas desviadas del culto Mariana, o enfoques falsos sobre la persona de *María*. Pero tales temores no corresponden a la realidad querida por el *Espíritu Santo de Dios* y así es proclamada por la *Iglesia Cristiano Mariana del Espíritu Santo* en su vida y en su doctrina.

La Santísima Trinidad del *Espíritu Santo de Dios* es el verdadero centro de nuestra fe, es la razón verdadera de nuestra confianza, es el último fin de nuestro amor. Jesucristo y la *Virgen María* son los medios dispuestos por el *Espíritu Santo de Dios* para ayudar al ser humano a lograr una sintonía armoniosa con Él. En el Dios trino, *Jesús y María,* ambos forman parte de los misterios centrales de la fe cristiano - mariana, *Jesús* representa la Parte masculina del Ser y *María* la Parte femenina, y ambos fueron formados en un todo "Divino" llamado *Espíritu Santo de Dios* o YHVH (que se pronuncia Yahvé y significa el único Dios que existe en la lengua judía antigua).

"Haced lo que él os diga" son las últimas palabras de la *Virgen María* conservadas en el Evangelio mutilado de la Biblia. Y más que a los sirvientes de la boda, son palabras dirigidas a los hombres y las mujeres de todos los tiempos. Es lamentable que muchas otras palabras expresadas por Ella en momentos trascendentales del nacimiento de nuestra era, no fueran recogidas en estos importantes relatos para conocer más profundamente todo el anhelo, la vivencia y la misión de *María* en su ministerio. Hoy en día, se hace difícil reconocer que *María* es el verdadero centro de la fe cristiana. Ella por su papel protagónico en la historia general de la salvación y en la creación es por obligación el centro de enfoque de los hombres y las mujeres de los nuevos tiempos.

Juan Pablo II dijo: "*María* estuvo de verdad unida a *Jesús.* No se han conservado en el Evangelio muchas palabras suyas; pero las que han quedado nos llevan de nuevo a su Hijo y a su palabra. En Caná de Galilea se dirigió a los sirvientes con estas palabras: "Hagan lo que él os diga". Y en la actualidad Ella sigue repitiendo esas mismas palabras "Hagan lo que él os diga" o "hagan lo que Yo os diga" o "hagan lo que manda el Espíritu Santo de Dios" o "hagan lo que YHVH diga".

La *Virgen María* es para nosotros el camino normal hacia la salvación a través de la Santísima Trinidad. Ya que si el camino por el cual *Jesús* llegó al ser humano es *María*, entonces, precisamente *María* es el camino por el que nosotros podremos llegar a Cristo. Cuando le damos a *María* un lugar privilegiado en nuestros corazones, y nos confiamos a su educación, entonces estamos en el camino hacia su Hijo, entonces Ella nos conduce hacia Cristo y el *Espíritu Santo de Dios*. Es consciente de esta verdad que el Papa Pio X dijo: "*María* no sólo es el camino normal hacia Cristo sino también el camino más fácil, más corto y más seguro hacia Cristo", y continua diciendo sobre Ella: "La Divina *Virgen María* nos regala un conocimiento vital de Cristo."

La devoción a La *Virgen María* es uno de los grandes dones que el *Espíritu Santo de Dios* le ha dado al pueblo: lo demuestra el gran entusiasmo con el cual se ha recibido la imagen de la Virgen en todos los lugares. Y cuanto más amamos a la Virgen, más amamos a Cristo Jesús. Ya que Ellos son en sí un solo Ser.

La divinidad de *María*, representa la divinidad femenina y maternal de la santísima Trinidad del *Espíritu Santo de Dios*. Ella nos regala familiaridad con el mundo sobrenatural y hace de la fe cristiana una similitud entre la vida en la Iglesia y en el hogar, de hombres y mujeres formando familias como madres, padres, hijos, hijas, hermanos y hermanas. El poder de *María* explica la fuerza y el arraigo de la devoción mariana en el pueblo a pesar de que las intensiones de los hombres del cristianismo han sido tenerla relegada a un simple papel de sierva, a pesar de ser Ella la verdadera Reina del Universo.

Estudiando un poco sobre los principales Santos de todos los tiempos podemos darnos cuenta que cada uno de ellos y cada una de ellas, prueban con su vida la verdad y la importancia de *María* en el camino del cristianismo. Han sido casi sin excepción hombres y mujeres con una gran *devoción mariana*. Muchos de ellos hasta se han consagrado a la Virgen y Ella, sin falta, los ha conducido a la Santísima Trinidad del *Espíritu Santo de Dios*. Esto demuestra que todo el amor que le regalamos a la Divina *Virgen María*, Ella lo lleva hacia las entrañas en donde nace el Altísimo. Es así como nuestro amor encuentra, por medio de *María*, el camino más fácil, más corto, más seguro y más fecundo hacia *el Espíritu Santo de Dios*.

La vida de la *Virgen María*, por su propio origen, está complementada en la composición del *Espíritu Santo de Dios* con la vida de Nuestro Señor Jesucristo. La *Virgen María* es divina, santa y llena de toda la Gracia de su Espíritu Creador. Ella es el principio de su propio infinito, Ella representa el primer momento de la existencia del Ser. Ella es llamada sagrario, tabernáculo, santuario del Espíritu Santo de Dios. *María* cohabita en el *Espíritu Santo de Dios* de un modo del todo singular y superior. El Espíritu de santidad actúa en la *Virgen María* y a través de Ella.

El Espíritu Santo siempre ha actuado junto con la Virgen. A través de la unión de Ellos nació Jesucristo, "el Hijo de Dios". El *Espíritu Santo* y *María* son el Padre y la Madre de *Jesucristo,* y los tres forman en Sí un solo Ser Divino. La Parte Femenina del *Espíritu Santo de Dios* encarnó en la figura humana de la Santísima *Virgen María* de manera totalmente voluntaria y libre, para entregarse al *Espíritu Santo de Dios*, y a través de esta relación dar ejemplo de unión y sacrificio familiar como la Primera Familia del Universo.

El *Espíritu Santo de Dios* quiso dar ejemplo de esposa, de madre y de hermana a través de su encarnación en la *Virgen María*, y dar ejemplo de padre, de hijo y de hermano en la persona de *Jesucristo*. Cada uno de Ellos tenía que recorrer su propio camino para la creación de la fe. Y cuando llegó la gran Hora del sacrificio, sobre el monte Calvario, fueron controlados en Ella los deseos y necesidades naturales de madre. En ese momento, todo quedó sujeto a la voluntad del *Espíritu Santo de Dios*. Cuán difícil fue para Ella soportar en su presencia la crucifixión de su Hijo y aunque ambos tenían el poder para cambiar la situación fue también su propia y voluntaria decisión que todos estos hechos sucedieran de la manera en que sucedieron. Ambos estaban seguros de que todo debía consumarse de esa manera para Ellos poder adentrarse de un modo más perfecto dando ejemplo de vida y sacrificio a la humanidad.

A pesar de su divinidad, *María* ha sido ejemplo de bondad humana. A pesar de que los seres humanos no le habíamos sabido reconocer su verdadera posición en la creación, Ella no se ha molestado con nosotros y se ha mantenido dando amparo a los necesitados del mundo.

En el principio del cristianismo *María* dio muestras de ser instrumento principal de la fe al convertirse en el Espíritu de Pentecostés. En dicha ocasión, *María* condujo a los apóstoles y discípulos a la sala del Cenáculo, les transmitió su anhelo profundo de que Ellos cumplieran con la voluntad del *Espíritu Santo de Dios* y les dio las fuerzas del Altísimo para que obraran sobre toda la Iglesia de tal manera.

En Pentecostés se colmó en *María* la luz del *Espíritu Santo de Dios*. Allí quedó completamente compenetrada y transformada en Él. Ya en su vida tuvo un cuerpo humano espiritualizado, es decir, el Espíritu transformado en un cuerpo de carne y hueso, el cual no podía ser destruido ya que no era corruptible. Después de Pentecostés quedó preparada para la ascensión en cuerpo y alma hacia su origen; el *Espíritu Santo de Dios*, en el seno de la Santísima Trinidad. Ella y su hijo, *Jesús*, nos dieron ejemplo de cómo nosotros también podemos insertarnos en el *Espíritu Santo de Dios*.

El mejor de los regalos del *Espíritu Santo de Dios* a la humanidad, después de su creación es la encarnación de *María* para engendrar a su hijo *Jesús*. *Jesús* moribundo sobre la cruz, a pesar de quedar desposeído de todo, poseía aún el Tesoro más preciado del universo, Su Divina Madre. La cual nos entregó para que en su partida Ella siguiera protegiéndonos. Juan 19, 25-27 nos narra este episodio de *Jesús* en sus últimos minutos sobre la cruz, y la fortaleza de su madre parada frente a Él sin flaqueza a pesar del dolor que desgarraba su alma, desprovista de toda divinidad. En dicha narración se hace notar que las tres mujeres más amadas por *Jesús* estaban presente en el momento del reparto de las vestiduras y del sorteo de la túnica del Salvador. Juan deja bien explicito aquí que esa túnica era obra de *María,* la madre de Jesús, y que es precisamente ese sorteo lo que hace brotar los recuerdos en la cabeza del moribundo y lo que le impulsa a fijar su atención en el grupo de discípulas que hacían guardia al pie de la cruz. Ya que el grupo de curiosos se habían alejados a sus diferentes quehaceres. Quedando únicamente los soldados de guardia y el pequeño grupo de mujeres fieles, ya que todos los demás Apóstoles varones, por miedo, no estaban en ese importante momento junto al Mesías crucificado.

El grupo de mujeres fieles estaba encabezado por *María,* la madre del Hijo de Dios, quien yacía moribundo colgado en la cruz. Pero Ella no estaba sola, había a su lado otras dos mujeres: María la hermana de su Madre y María Magdalena su compañera. Tal como lo narra Juan el evangelista, estaban allí junto a la cruz: *"María, su madre; María, la hermana de su madre, la esposa de Cleofás; y María Magdalena"*. Las tres mujeres se acercaron a la cruz, para tratar de percibir el último aliento de *Jesús*, ya que ninguna ley les impedía a los parientes acercarse a los condenados. Los soldados custodiaban las cruces para impedir cualquier posible forma de manifestación de las multitudes seguidoras de *Jesús;* pero no apartaban a los curiosos que se acercaban a ver en pequeños grupos. Realmente poco podían los guardias temer de aquellas tres mujeres indefensas. Los mismos soldados debían de tener compasión de aquel condenado a quien tantas gentes seguía y a la hora de la verdad, solo tres fieles mujeres le quedaron.

Sabemos que estas tres mujeres estaban paradas junto a la cruz y que se mantuvieron firmes hasta el último suspiro de *Jesús*. *María* tuvo algún momento de desmayo dentro de su condición humana, ya que Ella había sido despojado en esos momentos, y por voluntad propia, de su divinidad, para poder sufrir, "en carne propia", a la par que su hijo, aquellos terribles momentos de la crucifixión. Pero la divina Madre siempre tuvo el soporte de María Magdalena, quien a partir de aquel día se convirtió en su hija por petición del propio *Jesús* que entre sus últimas palabras les dijo a ambas: "Madre, he ahí a tu hija; Hija, he ahí a tu madre". Este hecho trascendental, los manipuladores de la palabra de Dios, al escribir la Biblia se lo atribuyeron a Juan, aunque el propio evangelista describe claramente que el discípulo que más amaba *Jesús* era María Magdalena y no él.

La *Virgen María* es mucho más que una simple devoción, más que una bandera, más que una santa patrona, Ella es el verdadero origen de la vida, el origen de Dios. Debemos reconocer la divinidad de *María*, y colocarla en su justa dimensión conjuntamente con el Espíritu Santo de Dios y su Hijo Jesús. *María* es la genuina representación de la síntesis entre fe y vida, entre lo divino y lo humano. Modificando un poco las palabras del Padre José Kentenich diríamos: Quien quiere ser constructor y colaborador para el mundo actual, ha de vincularse a *María*. Han de vincularse a Ella todos los humanos, sin importar pueblos, razas, ni culturas, para que Ella los conduzca hacia la Santísima Trinidad del *Espíritu Santo de Dios*.

María nos enseña, con su ser y su actuar, que toda perfección y redención viene del *Espíritu Santo de Dios*, en la que Ella y Jesucristo se condensa en total plenitud. En *María* el *Espíritu Santo de Dios* puede documentar la perfección de su obra. *María*, como persona humana, es quien más plenamente realiza el ideal del ser humano como cristianos en este tercer milenio. Con Ella podemos encontrar el paraíso perdido, de deseos y esperanzas, y lograr la perfecta armonía entre el cuerpo, el alma y el espíritu.

Todos los cristianos somos convertidos en seres humanos nuevos, el día de nuestro bautismo. En ese momento, el *Espíritu Santo de Dios* nos infunde en el alma las vidas divinas de Cristo y *María*. Lo que para la santa Madre y su Hijo es un don, para nosotros es una lucha de toda la vida. Por lo cual, todos (as) nosotros (as) somos llamados (as), a convertirnos en hombres y mujeres nuevos (as), en armonía con la imagen de Cristo y de *María*. Todos nosotros somos invitados a imitar a *Jesús* y a la *Virgen María* en el *Espíritu Santo*, y a abrirnos a su voluntad, haciendo nuestra vida según sus deseos. El Verbo se hizo carne en *María y Jesús*, y hoy se sigue haciendo carne en los hombres y las mujeres con *Consciencia Cósmica*.

María es plenitud de amor. Su vida y sus actos de hoy día comprueba que eso es cierto. Porque lo que más caracteriza su vida, es que Ella vive en plena comunión de amor no sólo con el *Espíritu Santo de Dios*, sino también con los seres humanos. Así aparece la *Virgen María* desde las primeras escenas del Evangelio hasta nuestros días con sus apariciones gloriosas y generosas. Ella vive ligada por hondos lazos de amor a los seres humanos de todos los tiempos.

El *Espíritu Santo de Dios* está siempre en *María*. Desde el mismo instante en que ella fue encarnada, la creó a plenitud con todos sus propios dones. Por eso *María* es también llamada "la Inmaculada", la sin pecado. Para pecar se necesita no cumplir con el mandato de amar a Dios y al prójimo, lo cual Ella cumple plenamente ya que Ella es en sí el propio Dios en su parte femenina.

La salvación a través de Jesucristo, igual como sucede a través de *María*, comienza con la liberación del pecado y el retorno a una vida plena de amor. Lo cual se logra a través de la apertura del corazón hacia el Ser Divino y a todos nuestros congéneres, mientras que al mismo tiempo echamos fuera el egoísmo y el orgullo. Pidámosle a la *Virgen María* que nos ayude a liberarnos de todo lo que en el corazón se opone al amor. Pidámosle fuerzas para vencer en nosotros mismos el orgullo y el egoísmo, que nos separan cada vez más a uno de los otros. Pidámosle que abra nuestros corazones al amor hacia Dios y los demás seres humanos. El que abre su corazón al amor, por vivir en comunión con la Santísima Trinidad del Espíritu Santo de Dios y con sus congéneres, está ya salvado, y liberado de los mezquinos sentimientos que autodestruyen el ser humano.

La *Virgen María* nos enseña que el amor nos ayuda a ser solidarios y compasivos. Ella comparte con *Jesús* y con el *Espíritu Santo* su grandeza divina y su misión. Su amor y su compasión se han convertido en comunión de vida y obra, y en comunión en la alegría y en la aflicción.

"Por ser Madre, *María* posee un carisma, un don especial para unir los corazones y abrirlos al amor, para hacernos hermanos. Ella quiere hacernos comprender que toda la felicidad del Evangelio de su Hijo se resume en estas simples palabras: vivir en comunión con el Espíritu Santo de Dios y con nuestros semejantes. *María* quiere que se cree en el mundo un ambiente de unidad y de amor. Nos pide crearlo, cultivarlo y perfeccionarlo permanentemente en nuestros hogares, nuestros lugares de trabajo, nuestros vecindarios y nuestros grupos. Y nos invita, a la vez, a construir todos juntos una sociedad más solidaria y manifestarlo en ayuda real a los que sufren, a los que dependen de nosotros y a los que se acercan a nosotros."(María la llena de Amor. es.catholic.net)

Todas estas situaciones son la realidad del mundo moderno en el cual nos ha tocado vivir y el cual debemos dejar como herencia a nuestros hijos y nuestras hijas. Por lo cual es preciso que hoy más que nunca necesitamos dar vida, dar a luz en el mundo a *Jesús* como lo hace *María*, dar a conocer la grandeza del Espíritu Santo de Dios, en sus tres divinas personas, el único que puede redimir todos los pecados del mundo, devolvernos el valor y la dignidad, y darnos vida en abundancia por toda la eternidad. En estos precisos momentos del tercer milenio debemos vivir un nuevo adviento, una nueva espera de la manifestación de la Santísima Trinidad del *Espíritu Santo de Dios* en un mundo que tanto necesita re encontrar su origen, lo cual solo podremos encontrar con la acción conjunta de **Jesús y la Virgen María en el Espíritu Santo de Dios.**

Para que *Jesús* viniera al mundo se necesitaron dos elementos: la encarnación de la parte femenina del Espíritu Santo, en *María*, y la Obra y Gracia del Propio Espíritu Santo en el divino vientre de *María*. De esta forma quedó establecido que todo advenimiento de Cristo para el mundo, requiere de la acción conjunta de la Santísima Trinidad del Espíritu Santo de Dios, en las Divinas Personas del Espíritu Santo (el Padre), la Virgen María (la Madre) y el propio Jesús (el Hijo).

Necesitamos establecer la verdadera composición de la Santísima Trinidad del Espíritu Santo de Dios para pedir por una nueva efusión del Espíritu Santo en un nuevo pentecostés en el que todos los fieles reconozcamos la real personalidad de Jesús y la *Virgen María* en el *Espíritu Santo de Dios*. Y Juntos todos unidos sin sectarismo preparar un nuevo Advenimiento, una nueva era de fe: *"la era cristiano mariana de la nueva Iglesia del Espíritu Santo de Dios".*

La unión del Espíritu Santo de Dios Padre y del Espíritu Santo de Dios Madre, encarnada en *María*, dio como resultado el engendro del Espíritu Santo de Dios Hijo, el cual es llamado Jesús. Pero lo maravilloso de esta misión es que no se limita a aquel preciso momento sino, que es una misión que se manifiesta eternamente en las almas, para promover que por la unión divina de ambos, Cristo nazca en cada corazón que se abra a él día tras día. Todas las gracias llegan a nosotros desde el *Espíritu Santo de Dios Padre* a través de los meritos de Dios Madre y Dios Hijo. Se distribuyen a través de la obra de *María*, no solo como un reflejo de su santidad, sino también como parte central de la Suprema Divinidad que Ella ostenta. Como esposa del

Espíritu Santo de Dios Padre y debido a su relación intima y estrecha con El, *María* colabora libre y conscientemente en el trabajo y la obra de santificación del *Espíritu Santo de Dios*, su Propio Ser.

Está comprobado que *María* no es el simple instrumento humano del *Espíritu Santo de Dios*, es el reflejo de su propia obra en el proceso de santificación de las almas. Ella lleva a todas las almas las gracias ganadas por su propio Ser, en Cristo, el cordero de Dios sacrificado en la Cruz. Vemos como la presencia de *María*, irremediablemente atrae el derramamiento del Espíritu Santo en la Iglesia, ya que en Sí es su propio Ser. *María* es la Parte femenina del Ser Supremo en el *Espíritu Santo de Dios*. *María* siempre se ha mantenido entre nosotros, pero Hoy más que nunca *María* ha estado visitando el mundo, de una manera jamás antes vista, posiblemente en espera de que nosotros hagamos conciencia de su divinidad antes de Ella traer un nuevo pentecostés sobre la Iglesia. *María* está actuando en el *Espíritu Santo de Dios* para traer un nuevo advenimiento de Cristo a la Iglesia y al mundo, como una continuación del pasaje de la visitación y el de Pentecostés.

Nosotros hemos visto en la Iglesia en los últimos 30 años una gran manifestación del Espíritu Santo de Dios que parece ser un signo de los tiempos que nos revela las primicias de avanzar a un nuevo pentecostés en donde todos los seres humanos tendremos un total y pleno conocimiento sobre "Jesús y la *Virgen María* en el *Espíritu Santo de Dios*". Como podemos apreciar en las palabras del Papa Pablo VI: "Que necesidad, primera y última, advertimos para esta nuestra Iglesia bendita y querida? Que necesita realmente? Lo debemos decir, temblorosos y en oración, porque es su misterio, es su vida: es el Espíritu Santo, animador y santificador de la Iglesia, su aliento divino, el viento de sus velas, su principio unificador, su fuente interior de luz y de energía, su apoyo y su consolador, su manantial de carisma y de cantos, su paz y su gozo, su prenda y preludio de vida bienaventurada y eterna. La Iglesia tiene necesidad de un perenne Pentecostés: necesita fuego en el corazón, palabra en los labios, profecía en la mirada. La Iglesia necesita ser templo del Espíritu Santo, es decir, de total limpieza y de vida interior. La Iglesia y el mundo necesitan más que nunca que el prodigio de Pentecostés se prolongue en la historia". (Pablo VI, 1972)

La Iglesia necesita un nuevo pentecostés y para lograrlo debemos unirnos en oración para ponernos en contacto con **Jesús y la Virgen María en el Espíritu Santo de Dios**, y dejarnos guiar, formar y moldear por su ser. "El reconocimiento de la divinidad de *María*, renueva maravillosamente nuestra era de fe haciendo surgir un nuevo Pentecostés, y concede que la nueva Iglesia cristiano mariana del Espíritu Santo de Dios, se mantenga orando perseverantemente e insistentemente como un solo corazón y una sola mente, juntos con *Jesús y la Virgen María en el Espíritu Santo de Dios*, promoviendo así el reinado divino de la verdadera Santísima Trinidad, un reino de justicia, de amor y de paz".

A través de estas oraciones el *Espíritu Santo de Dios* nos está revelando el papel relevante de *María*, y al igual que la primera venida del Mesías fue a través de la encarnación de *María* y del poder del Espíritu Santo, este nuevo advenimiento o resurgir del cuerpo místico, se está desarrollando a través de *Jesús y* la *Virgen María en el Espíritu Santo de Dios*. Está demostrado que *María* juega un papel indispensable en esta preparación de la Iglesia cristiano mariana para que juntos clámenos al *Espíritu*

Santo de Dios, "Ven, Señor", "Ven y Reina de una manera nueva en el corazón de todo hombre y toda mujer".

El *Espíritu Santo de Dios* se ha manifestado en estos tiempos para revelarnos la verdadera divinidad de María, ya que en el pasado la mezquindad de los hombres la mantuvo oculta de este mundo en un punto más bajo que la más insignificante mujer. Pero hoy el Espíritu Santo de Dios quiere hacernos ver que Él Propio Dios es obra maestra de sus propias manos y por eso Él quiere ser alabado y glorificado a través de nuestra contemplación de las maravillas que hoy en día está haciendo la *Virgen María* en la humanidad.

María es el camino por donde vino Nuestro Señor Jesucristo a nosotros la primera vez, y sigue siendo el camino por donde nosotros podemos llegar a Él. Ella es el medio más seguro y el camino directo para encontrar a Jesucristo y hallarle perfectamente. De forma tal que si la salvación del mundo comenzó por medio de la encarnación de *María*, es por medio de Ella que debemos alcanzar la plenitud del *Espíritu Santo de Dios* en su Hijo. Ella resplandece en estos momentos, más que nunca, en misericordia, poder y gracia.

Tal y como planteará el papa Juan Pablo II: "Es precisamente porque el Espíritu Santo quiere revelar y manifestar poderosamente a *María* en estos tiempos de gran dificultad para la Iglesia, que la estrategia específica para la victoria de la Iglesia sobre el Príncipe de la Oscuridad es La consagración al *Inmaculado Corazón de María*. La victoria si llega, llegara por medio de *María...Cristo vencerá por medio de Ella*, porque Él quiere que las victorias de la Iglesia en el mundo contemporáneo y en el mundo futuro estén unidas a Ella". (Juan Pablo II; Cruzando el umbral de la Esperanza).

De igual manera pudimos ver en los relatos sobre la Virgen de Fátima que Ella le dijo a la niña Lucia: **"Al final mi Inmaculado Corazón triunfara"**. Por lo cual debemos estar confiados y con la fe bien en alto, en que este triunfo del Inmaculado Corazón de María y el triunfo del Espíritu Santo de Dios en este nuevo pentecostés son un mismo triunfo; el triunfo de *"Jesús y la Virgen María en el Espíritu Santo de Dios"*.

Este gran triunfo conjunto de Jesús y la *Virgen María* en el Espíritu Santo de Dios, en la Iglesia y el mundo, traerá consigo un nuevo advenimiento de Cristo, en una era en la cual, como dijo el papa Juan Pablo II, la humanidad parece haber perdido su conciencia y su corazón. Es en estos precisos momentos en los cuales más necesitamos del corazón inmaculado de *María y de Jesús*, hoy que el hombre cada vez más endurece su corazón, estrechando la barrera entre el bien y el mal, siendo incapaz de entregar un amor verdadero.

El *Espíritu Santo de Dios* se hizo mujer fecunda, en *María*. Con Ella, en Ella y de Ella produjo a su obra maestra, que es Él mismo, hecho hombre, en *Jesús*. Por ello, cuanto más compenetrados estemos con *María*, más poderoso y fecundo será el Espíritu Santo de Dios al depositar sus dones sobre cada uno de nosotros para reproducir la gran obra de Jesucristo.

El *Espíritu Santo de Dios* no solo quiere que la divinidad de *María* se conozca, sino que lo ha hecho una condición para establecer su nuevo reinado, con una nueva presencia espiritual de *Jesús* y la *Virgen María*, en un nuevo pentecostés. De forma tal, que su Iglesia, sus gentes y las naciones sean consagradas al Inmaculado corazón de *María*, para que siendo Ella reina de nuestros corazones, nos lleve por el camino seguro y nos prepare para el Reinado del Corazón Inmaculado de Jesús.

Ahora bien, la gracia del *Espíritu Santo de Dios*, es y será por siempre Cristo; él es el único revelador y portador ante el hombre del amor del Creador. Y esto nos lleva a descubrir el verdadero misterio que se asignó *María*. Ella, desde el primer instante de su encarnación, es de Cristo. Es decir, desde el primer momento de su existencia, Ella participa de forma anticipada de la acción redentora y santificadora que llevaría a cabo el Hijo eterno de Ella y del Espíritu Santo, el mismo que, mediante la Encarnación, se convirtió en su propio hijo. *María* es la Madre del mismo que la engendró a Ella. Juan Pablo II expresó acertadamente este misterio al decir: "María recibe la vida de aquél al que ella misma dio la vida". (*Redemptoris Mater,* 10).

La maternidad divina de *María* fue un hecho absolutamente único e irrepetible: el *Espíritu Santo de Dios* se hizo hombre en las entrañas de la *Virgen María.* Con la relación entre el *Espíritu Santo de Dios Padre* y el *Espíritu Santo de Dios Madre,* representado en *María,* se engendró el hijo de Dios. La acción del Espíritu Santo en *María,* su propio Ser, fue el primer Pentecostés, y es aquí cuando el Espíritu Santo irrumpió sobre todos los creyentes, igual como lo hace hoy día *María* en sus diferentes advocaciones alrededor del mundo. (Miguel Payá Andrés; María, esposa del Espíritu. www.franciscanos.org)

BIBLIOGRAFÍA

- Amada, José Félix de. Compendio de los milagros de Nuestra Señora del Pilar, Zaragoza, 1680.

- Antonov, Vladimir. "La Enseñanza Original de Jesús Cristo". Traducción del ruso al español por Oscar Orchard, Alfredo Salazar, y Anton Teplyy. 2007

- Ariza, Alberto E. O.P., Hagiografía de Nuestra Señora de Chiquinquirá. Bogotá, Editorial Iqueima, 1950.

- Braaten y Jensen, editores, Christian Dogmatics, Philadelphia, PA: Fortress Press, 1984, tomo 1, pp. 90 – 400.

- Cardinal Francis George and Barbara Reid. Abiding Word, Vol. I, p. 57

- De La Cruz, Juan. Los Verdaderos Misterios del Cristianismo. Editora Palibrio, 2012.

- Díez Macho, Alejandro & Piñero, Antonio. *Apócrifos del antiguo testamento*. Madrid: Ediciones Cristiandad.

- Díez Macho, Alejandro (1984). *Tomo I*. Introducción General. ISBN 978-84-7057-361-3.

- Díez Macho, Alejandro (1984). Tomo IV. Ciclo de Henoc. ISBN 978-84-7057-353-8.

- Díez Macho, Alejandro (1987). Tomo V. Testamentos o discursos de Dios. ISBN 978-84-7057-421-4.

- Eerdmans, B. Eerdman's Handbook to the History of Christianity, Grand Rapids, MI: Eerdmans Publishing Co., 1977, p. 164.

- E. H. Klotsche, The History of Christian Doctrine, Grand Rapids, MI: Baker Book House, 1979, p. 69.

- García Bazán, Francisco. (2003) *La Gnosis eterna. Antología de textos gnósticos griegos, latinos y coptos.* Madrid: Editorial Trotta. ISBN 978-84-8164-585-9.

- Gil Zúñiga, José Daniel. "El culto a la Virgen de Los Ángeles (1824-1935): una aproximación a la mentalidad religiosa en Costa Rica". Tesis de Licenciatura, Universidad Nacional, 1982, Costa Rica.

- Gonzalez, J.L. A History of Christian Thought, Nashville, TN: Abingdon Press, 1970, vol. 1, p. 247- 325.

- Grandes Temas Bíblicos; Libros CLIE -Galvani, 113 -08224 Terrassa (Barcelona)

- Jonas, Hans (2003). La religión gnóstica. El mensaje del Dios Extraño y los comienzos del cristianismo.2da. ed. Editorial Siruela, Madrid. ISBN 978-84-7844-492-2.

Juan Pablo II; Cruzando el umbral de la Esperanza.

Juan Pablo II; *Redemptoris Mater.*

Maxwell, Mervyn (1989). Dios Revela el Futuro. Pacific Press, t. 2, pp. 321, 328, 346, 347

- Montfort, San Luis María Grignion. Tratado de la Verdadera Devoción a la Santísima Virgen, Parte 1-3

- Neve, J.L. A History of Christian Thought, The United Lutheran Publication House, 1943, vol. 1, p. 119.

- Payá, Miguel Andrés; María, Esposa del Espíritu. www. franciscanos.org

- Pieper, Francis D.D., Christian Dogmatics, St. Louis, MO: Concordia Publishing House, 1951, Vol. 1, p. 350-385.

- Piñero, Antonio (2009). *Tomo VI. Escritos apocalípticos.* ISBN 978-84-7057-542-6.

- Piñero, Antonio. (2009) Textos Gnósticos de Nag Hammadi. 2da. Edición. Editorial Trotta: Madrid. Volumen II. Traducción, introducción y notas de Antonio Piñero, José Montserrat Torrents, Francisco García Bazán, Fernando Bermejo y Ramón Trevijano. ISBN 978-84-8164-885-0.

- Richard A. Lauersdorf. Winter Haven, Florida. 20 de abril de 1999

- Richardson, Padre. The Office of the Holy Spirit.

- Rodríguez, Antonio. La Religión judía. Editorial Cristiana. pp. 347-351.

- Santos Otero, Aurelio de (2009). Los evangelios apócrifos. 1ra. Ed. Edición. Madrid: B. A. C. ISBN 978-84-220-1409-6.

- White, Elena. (1909). El Camino a Cristo. Pacific Press. pp. 33, 34, 47, 48

- W.W. Westphal. Convención de la CELC, Abril de 1999, Winter Haven, Florida.

- The Catholic Encyclopedia.

- Our Orthodox Christian Faith)

- www.aciprensa.com/Historia de la Devoción a María Auxiliadora.

- www.adoremosalquevive.com "No tengan miedo les he dado mi espíritu". Adela Galindo.

- www.arquimercedes-lujan.com.ar/wp.../Boletin-N°-5.pdf

- www.bienaventurada.com/Mariologia01.pdf

- www.celam.org/.../Documento_Conclusivo_Santo_Domingo

- www.corazones.org; María, Esposa del Espíritu Santo. Adela Galindo.

- www.corazones.org; El Espíritu Santo y la Virgen María en el Nuevo Milenio. Adela Galindo.

- www.es.catholic.net/María La Llena de Amor

- www.google.com P. Javier Rodríguez Orozco, PENTECOSTES JUVENIL.

- www.obispadodecadizyceuta.org/ María Madre de Dios y Madre Nuestra.

- www.op.org.ar/ La Virgen María en la actual.

- www.pijamasurf.com/ Asherah la Esposa de Dios fue editada de la Biblia.

- www.regnummariae.org/la_bienaventurada.htm

- www.unican.es/NR/.../MariaenlafedelaIglesia.pdf

- www.wikipedia.com/La Virgen de la Altagracia

- www.wikipedia.com/Nuestra Señora del Rosario

- www.wikipedia.com/La Virgen de Fátima.

- www.wikipedia.com/La Virgen de la Caridad del Cobre.

- www.wikipedia.com/La Virgen de Guadalupe.

- www.wikipedia.com /La Virgen de Coromoto

- www.wikipedia.com/La Virgen de las Mercedes

- www.wikipedia.com/Nuestra Señora de Lourdes

- www.wikipedia.com/La Virgen del Carmen

- www.wikipedia.com/Nuestra Señora de Los Ángeles

- www.wikipedia.com/La Virgen del Rosario de Chiquinquirá.

- www.wikipedia.com/La Virgen del Pilar

- www.wikipedia.com/Nuestra Señora del Perpetuo Socorro

- www.wikipedia.com/Nuestra Señora de la Divina Providencia

- www.wikipedia.com/Nuestra Señora de la Inmaculada Concepción